LA

NOUVELLE-CALÉDONIE

DEPUIS SA DÉCOUVERTE (1774) JUSQU'A NOS JOURS.

ESSAI HISTORIQUE.

LA 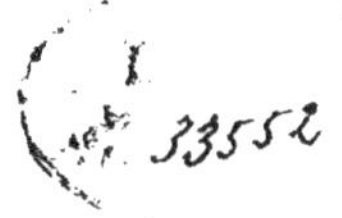

DEPUIS SA DÉCOUVERTE (1774) JUSQU'A NOS JOURS

PAR

ALFRED SCHREINER.

Avec une carte photo-lithographique.

PARIS

LIBRAIRIE DE LA SOCIÉTÉ DES GENS DE LETTRES

PALAIS-ROYAL, 15-17-19, GALERIE D'ORLÉANS

1882.

PRÉFACE.

En écrivant ce livre nous n'avons pas eu la prétention de faire œuvre littéraire, nous avons voulu simplement combler une lacune : toutes les personnes qui s'intéressent à la Nouvelle-Calédonie savent combien il est difficile de se procurer des notions précises sur l'histoire de la colonie, et spécialement sur la période qui suit l'occupation française. Ce n'est pas que nous n'estimions à leur juste valeur tous les ouvrages qui, avant le nôtre, se sont occupés de la Nouvelle-Calédonie. Mais ces ouvrages, ou sont déjà anciens, comme celui de M. Ch. Brainne, publié en 1854, ou se bornent à raconter certaines périodes très-courtes de l'histoire que nous nous proposons d'em-

brasser dans son ensemble. Si notre livre
était utile aux personnes qui visitent la Nouvelle-Calédonie, et particulièrement aux
militaires et aux marins qui sont appelés à
servir dans ces parages, notre ambition
serait satisfaite.

CHAPITRE I.

La Nouvelle-Calédonie, qui fait partie du groupe de ces terres, désignées sous le nom général de Mélanésie, est une île de forme allongée, qui s'étend du nord-ouest au sud-est, entre le 20e et le 23e degré de latitude sud, et entre le 161° et le 164° de longitude est du méridien de Paris.

D'une longueur d'environ 370 kilom., elle ne mesure que 55 kilom. dans sa plus grande largeur. La superficie de l'île est donc, à peu près, de deux millions d'hectares, c'est-à-dire trois fois l'étendue de la Corse et quarante fois celle du département de la Seine.

Une double chaîne de montagnes, courant dans le sens de la longueur, partage l'île en deux versants à peu près égaux. La direction de cette chaîne et sa constitution géologique donnent tout lieu de croire que la Nouvelle-Calédonie, de même que le continent australien, n'aurait surgi qu'à la suite d'un de ces gigantesques soulèvements qui dans les temps préhistoriques ont bouleversé notre globe.

De nombreux ruisseaux, des rivières torrentueuses s'échappent de toutes parts des flancs de ces montagnes. Pendant la saison sèche, ce ne sont en général que de minces filets d'eau descendant jusqu'à la mer par alternatives de bassins et de cascades; mais à l'époque de l'hivernage, beaucoup de ces ruisseaux se changent en torrents impétueux, roulant des quartiers de roc, charriant des arbres et entraînant tout sur leur passage. Quelques rivières, entre autres la Néra qui arrose Bourail, causent fréquemment de sérieux dommages aux plantations riveraines; et cependant, malgré les inondations et leurs dégâts, tous ces cours d'eau sèment sur leurs bords une luxuriante fertilité.

Le terrain accidenté de la Nouvelle-Calédonie rend la navigation fluviale très-difficile, sinon impossible; toutefois le Diahot, qui arrose le nord de la colonie, permet aux navires d'un faible tonnage de remonter son cours très-avant dans les terres; de même la Néra et quelques autres rivières donnent accès aux petits bâtiments, mais en général à marée haute seulement.

Toute l'île ne se compose que d'un enchevêtrement de collines, de montagnes peu élevées[1] et séparées les unes des autres par de riantes vallées et de fertiles petites plaines. Entre Gatope et Houagape, c'est-à-dire vers la partie la plus large de la Nouvelle-Calédonie, ces petits vallons se multipliant à l'infini relient entre eux de jolis mamelons boisés, et vont, par une vaste échancrure de la montagne, se perdre dans un espace plus ouvert : l'immense vallée de Voh.

La côte, très-tourmentée, change d'aspect à chaque instant : ici, ce sont des rochers à pic ; là, une plage de sable ; plus loin, la montagne vient en pente douce se fondre avec les palétuviers du rivage ; ailleurs, le bord de la mer est jonché de débris de corail que la lame y amène pendant les gros temps ; partout on rencontre des anses, des baies, des rades, dont malheureusement beaucoup n'ont pas assez de fond pour recevoir de forts navires, ou bien sont exposées au mauvais temps.

---

1. Cependant le Grand Piton de Paulé atteint 1462 mètres et le pic Humboldt 1650 mètres d'altitude.

Cependant chaque côte possède une grande rade. Sur la côte orientale, c'est la magnifique rade de Canala[1], et sur la côte occidentale, c'est celle de Nouméa. Cette dernière, toutefois, est moins bonne que celle de Canala, et les terribles cyclones qui passent quelquefois sur l'île, mettent les bâtiments sur rade, sinon en danger de couler bas, du moins en danger d'être fortement avariés.

Le chef-lieu de la colonie est Nouméa. Située sur une presqu'île, autrefois privée d'eau douce, cette ville naissante a dû, pendant longtemps, se contenter de l'unique et fade eau de pluie, et, bien souvent, par suite d'une sécheresse prolongée, la provision d'eau n'ayant pu se renouveler, on en était réduit à chercher la ration journalière à 8 kilom. de la ville. Heureusement, une conduite d'eau — dont nous parlerons plus tard — en alimentant largement la capitale, a changé cet état de choses.

Pendant ces dernières années, d'immenses travaux de terrassement ont agrandi et embelli la

---

1. Nous devons encore citer la rade de Pam, à l'embouchure du Diahot, comme une des meilleures de la Nouvelle-Calédonie.

ville, de larges rues, plantées de bouraos — à
l'instar de Papéiti — sillonnent la ville en tous
sens; de jolies maisons, n'ayant plus rien de
commun avec les baraques d'autrefois, s'élèvent
de toutes parts. Parmi les édifices publics on peut
citer avec avantage : l'hôtel du Gouvernement,
le Trésor, l'hôpital de la Marine, les Magasins
de la flotte, l'Artillerie, l'Imprimerie du Gouvernement et la Caserne de l'infanterie de
marine, construite sur le plan de celle de la
Martinique.

A 1 kilom. de distance et en face du chef-lieu,
s'allonge l'île Nou, sur laquelle est établi le Pé-
nitencier-Dépôt. C'est entre cette île, la presqu'île
Ducos et la presqu'île de Nouméa que s'étend la
rade.

A part le chef-lieu, aucun endroit de la colonie
ne mérite le nom de ville; les lieux habités par
des Européens sont, à peu d'exceptions près, ou
des propriétés isolées, ou des villages de transportés, ou des postes militaires.

Voici, du reste, une rapide nomenclature des
principaux lieux que l'on rencontre en faisant le
tour de l'île par le sud : la mission de Saint-Louis,
à quelques kilomètres de Nouméa, dirigée, comme
le reste des établissements religieux de la colo-

nie, par les RR. PP. Maristes[1]; la baie du Sud
(baie du Prony), où se trouve un camp de transportés; le village de Naketi; le poste militaire de
Canala; l'ancienne mission d'Houagape; le poste
militaire d'Oubatche; la mission de Pouébo; les
villages d'Oégoa et du Caillou sur les bords du
Diahot, dans le pays des mines, et qui ne sont
guère habités que par des commerçants et des
mineurs; le village des transportés libérés de
Bourail avec son poste militaire et enfin le poste
et le camp des transportés d'Uaraï. Entre Uaraï
et Nouméa se trouvent plusieurs camps de transportés, quelques postes de gendarmerie et un
assez grand nombre de propriétés isolées appartenant à des colons.

La Nouvelle-Calédonie est littéralement enve-
loppée par une colossale ceinture de corail, coupée
de distance en distance, de façon à présenter des
passages plus ou moins larges et diversement
profonds auxquels on a donné le nom de *passes,*
et qui permettent aux navires d'atterrir. Ces canaux
correspondent ordinairement à l'embouchure des

---

1. En 1877, quelques trappistes sont venus dans la colonie; ils occupent actuellement les terrains et les bâtiments
de l'ancienne mission de Houagape qui leur ont été cédés
par elle.

rivières importantes de l'île. Il semble que les courants de ces fleuves, se prolongeant bien avant dans la mer, et leurs eaux, comparativement plus douces que celles de l'Océan, aient suffi pour rompre la continuité de la barrière madréporique, en s'opposant au développement et à la vie de ces milliards de zoophytes, de cette société d'infatigables travailleurs, dont les membres, gros à peine comme des grains de sable, construisent pourtant des murailles auprès desquelles les travaux de l'homme ne sont que des infiniment petits.

Voilà, faite à grands traits, la description de l'île principale, celle que les indigènes et les colons désignent sous le nom de Grande-Terre; mais entre la ligne des récifs et la Nouvelle-Calédonie, on rencontre encore de nombreux îlots, dont nous allons signaler les plus importants. D'abord c'est l'île Nou (en face de Nouméa); puis l'île Ducos, ensuite les îles Néba et Yandé (groupe des Nénéma); Art (groupe des Bélep); Paâhâ, Balabio et Pam, à l'embouchure du Diahot. A la pointe septentrionale des récifs on remarque trois ou quatre îles de guano[1], dont les plus impor-

---

1. L'exploitation du guano a commencé en avril 1878.

tantes sont les îles Surprise et Leleizour. Au nord de ce petit groupe se trouve l'île Huon, mais celle-ci ne possède pas de gisements du précieux engrais, la violence des vents n'en permettant pas l'agglomération. A l'extrémité méridionale de la Grande-Terre on remarque enfin l'île des Pins, qui a servi de lieu d'internement aux déportés de la Commune.

Parallèlement à la côte orientale, et à une distance de 100 kilom. environ, s'échelonne le groupe des Loyalty, formé de trois grandes îles : Maré, Lifu, Uvéa et de quelques petites, dont nous ne signalerons que les îles Beaupré.

Les montagnes de la Nouvelle-Calédonie diffèrent les unes des autres, non-seulement par leurs formes extérieures, mais encore par leur configuration géologique. Les unes, formées de serpentines, ne sont, en général, que faiblement recouvertes d'une maigre argile rouge, qui ne permet pas un grand développement à la végétation; les autres, formées de roches schisteuses, de calcaires, en un mot, de roches autres que des serpentineuses, sont recouvertes d'une épaisse couche d'humus végétal où l'herbe pousse drue et haute, où se dressent des arbres de mille essences diverses, et où la nature semble d'autant plus prodigue qu'elle est plus avare ailleurs.

Les terrains argileux et les serpentineux se rencontrent principalement dans le sud de l'île, tandis que les quartzeux ne se trouvent guère que dans le nord.

Aux environs de Nouméa, l'on exploite quelques carrières de pierre à chaux hydraulique; malheureusement cette pierre est assez rare dans le reste de l'île.

Les argiles sont fort communes en Nouvelle-Calédonie, on en rencontre même de très-fines; elles ne servent qu'à la fabrication des briques, mais elles pourraient parfaitement bien être employées dans la poterie; les indigènes, du reste, nous en donnent la preuve en se servant de l'argile pour la confection de leurs marmites.

Le kaolin, ou terre à porcelaine, est également très-commun.

L'ardoise se rencontre en beaucoup d'endroits, mais elle est de médiocre qualité. En 1863, le gouvernement colonial fit entreprendre, à Houagape, l'exploitation d'une ardoisière, mais ce ne fut qu'avec mille peines que les soldats d'infanterie de marine, devenus mineurs malgré eux, réussirent à extraire, des deux chambres de la mine, 40,000 ardoises à peu près bonnes, et une véritable montagne de débris feuilletés qui ne pouvaient être d'aucun usage.

Ce coûteux succès détermina le Gouvernement à faire cesser les travaux et à envoyer un bâtiment pour chercher les ardoises. Par malheur, le capitaine du navire s'ensabla avec son chargement sur un bas-fond; pour sortir de ce mauvais pas, il se vit forcé de jeter sa cargaison à la mer, et depuis lors, il n'a jamais plus été question ni d'ardoises ni d'ardoisières.

Des gisements houillers apparaissent sur plusieurs points de l'île, mais leur peu de richesse ne permet pas de les soumettre à l'exploitation. Fréquemment aussi l'on rencontre de la tourbe, qui, en raison de l'abondance du bois, n'est pas exploitée non plus.

Le minerai de fer abonde dans toute l'île, on le trouve un peu partout sur les grèves à l'état pisolithique et oolithique. Cependant, personne jusqu'à ce jour n'a voulu risquer ses capitaux à l'établissement de hauts-fourneaux pour l'exploitation de ce métal.

Si l'on ne s'occupe pas du fer, en revanche on exploite sérieusement le nickel. En 1877 MM. Higginson & C° ont fait construire à la pointe Chaleix, près Nouméa, des hauts-fourneaux pour la fonte de ce minerai.

Concurremment avec le nickel, on exploite aussi quelques mines de cuivre.

La vallée du Diahot, et en général le nord de l'île, renferme des roches quartzeuses qui contiennent de l'or. Cependant les gisements aurifères sont loin d'avoir répondu à l'attente des prospecteurs[1]. La plupart ont dû renoncer à l'exploitation du métal par excellence. Les seuls gens qui aient réellement gagné dans ces affaires, sont les marchands établis dans le voisinage des mines; du reste, nous reviendrons sur ce sujet en temps utile.

Le règne végétal est assez bien représenté; parmi les diverses essences que l'on rencontre, nous ne citerons que les plus communes, ce sont: le sandal; le bois de rose; le pain colonnaire, ou kaori, qui fournit d'excellents matériaux à la marine et produit une résine jaune, dure, à cassure vitreuse, qui sert à fabriquer un vernis odorant capable de rivaliser avec les laques de Chine; le Niaouli, dont les feuilles et la fleur aromatiques possèdent

---

1. Prospecteurs (*pro spicere,* regarder en avant), nom que l'on donne aux chercheurs d'or en Australie.

des qualités antifébriles, fournit l'huile essentielle
de Cajeput; son bois, très-noueux, d'une couleur
rose, sert quelquefois à l'ébénisterie; le bois de
fer, qui ne mérite pas la réputation que son nom
lui a value; le figuier banian, dont les branches,
en s'abaissant vers le sol, reprennent racine et
forment de magnifiques arcades; le pandanus, dont
la feuille sert à tresser des nattes, et le palétuvier,
qui pousse dans les marais au bord de la mer.

Parmi les végétaux servant à l'alimentation
nous nommerons: le cocotier; le bananier; le
mayoré, ou arbre à pain — ne se rencontre qu'en
petit nombre toutefois —; le nani, arbrisseau que
les Canaques comparent au chou; l'igname et le
taro, qui sont cultivés avec beaucoup de soin par
les indigènes.

Il existe, en outre, dans la colonie, une foule
d'arbres fruitiers et de végétaux récemment im-
portés, tels sont: l'oranger, le citronnier, le pa-
payer, le pommier cannelle, le pêcher, le fraisier,
l'ananas, le tabac, etc. etc.

Les légumes d'Europe viennent presque tous
en Nouvelle-Calédonie; quant aux céréales, elles
n'ont absolument pas réussi; le riz et le maïs, par
contre, viennent très-bien; la vigne produirait
peut-être, si l'on voulait lui appliquer un mode

spécial de culture, nécessité par les fortes chaleurs et le manque d'hiver.

La faune calédonienne est moins bien représentée que la flore. D'après une opinion généralement admise, les seuls mammifères terrestres que l'île possédait avant l'arrivée des blancs, étaient les rats et les souris. Aujourd'hui, le porc et le chat se rencontrent partout à l'état sauvage. La chèvre, introduite par les RR. PP. Maristes, ne se trouve à l'état sauvage que sur le territoire des Ouébias et dans l'île Pam.

Les mammifères ailés se réduisent à une petite chauve-souris, semblable à celle de France, et à la *roussette*, dont la taille est celle d'un gros rat.

Si l'on ne rencontre presque pas d'animaux sauvages dans les bois de la Calédonie, on trouve, en revanche, dans les immenses *runs*[1] de quelques riches colons, des troupeaux d'excellents chevaux et des milliers de bœufs paissant en liberté.

Les espèces d'oiseaux, quoi qu'on dise, sont assez variées[2]. L'on rencontre plusieurs sortes de pi-

---

1. Partie d'une propriété où paissent les troupeaux.

2. Ce qui a fait dire à certaines personnes *qu'il n'y a presque pas d'oiseaux en Nouvelle-Calédonie*, c'est qu'il existe très-peu d'oiseaux chanteurs dans la colonie, et que, par conséquent, les bois sont assez silencieux et n'ont rien de cette animation, particulière à nos forêts d'Europe.

geons, nous nous bornerons à signaler le *notou*, qui est de dimensions énormes. Les marais abondent en canards sauvages. On trouve aussi des perruches, des corbeaux, des merles, des bécasses, des hérons, des éperviers, des buses, et des aigles à tête blanche. En 1869, des colons firent venir de Bourbon un millier d'oiseaux, d'une espèce insectivore spéciale à cette île, et les lâchèrent dans le pays, espérant arrêter ainsi les invasions désastreuses des sauterelles. (Voir Chapitre XVI.)

Le *cagou* est un oiseau qui n'existe que dans la Nouvelle-Calédonie ; il est de la taille d'une grosse poule ; son plumage est gris-cendré et roux, son bec, ses pattes et ses yeux sont d'un beau rouge vermillon ; sur l'arrière de la tête, il porte une longue aigrette argentée qu'il redresse dans ses moments de colère. Le cagou, de même que certains oiseaux australiens, ne vole pas, il ne se sert de ses ailes que pour accélérer et diriger sa marche. Il est insectivore et se nourrit principalement d'un escargot, très-commun dans le pays, le *bulime*.

La chair du cagou est blanche et d'une saveur agréable, aussi lui fait-on une chasse acharnée, chasse qui réussit d'autant mieux, que le pauvre animal ne peut pas lutter de vitesse avec nos chiens.

Pour peu que cette rage de destruction continue encore quelques années, ce curieux et intéressant oiseau aura complétement disparu des forêts calédoniennes, son dernier asile.

Il serait pourtant facile de l'introduire en Europe, où, réduit à la vie domestique, — qui lui convient très-bien, — il nous rendrait de réels services en détruisant les insectes qui dévastent nos jardins et nos champs.

Puisque nous parlons d'extinction de race, il est bon de signaler ici, que Cook, dans ses relations de voyages, parle d'oiseaux qui vivaient en domesticité chez les indigènes de Balade (Nouvelle-Calédonie) et que l'on n'a plus retrouvés de nos jours, soit que les naturels les aient détruits pour leur substituer nos poules, soit qu'ils les aient vendus aux baleiniers qui relâchèrent dans l'île dès le commencement du siècle.

La race des sauriens est représentée par un énorme gecko blanchâtre, mesurant de 30 à 40 centimètres de long ; une autre espèce, moins grande et un tout petit lézard.

Les serpents terrestres n'existent pas, mais au bord de la mer, on trouve quelques variétés d'ophidiens, d'ailleurs complétement inoffensifs.

La tortue de mer est assez abondante. On en

rencontre surtout deux variétés de taille respec-
table: la tortue franche, et le caret, dont la cara-
pace est fort recherchée dans le commerce.

Les rivières fournissent des anguilles, qui at-
teignent des dimensions colossales, quelques me-
nus poissons et des crevettes de grande taille.

La mer est peuplée des plus diverses espèces
de poissons; malheureusement quelques-unes
d'entre elles renferment le principe d'un poison
très-dangereux; ce sont principalement les espèces
qui vivent sur le corail, en général tous les tétro-
dons, vulgairement appelés *perroquets*. Il faut encore citer comme dangereuses, la *bécume* et une
espèce de sardine que l'on connaît à Balade sous
le nom de *bat*.

Un autre poisson, non moins à redouter, est le
requin. Il se tient principalement à l'entrée des
passes, à l'embouchure des rivières dont il remonte
le cours à marée haute.

Les Néo-Calédoniens se divisent en deux races
bien distinctes. La plus importante habite la
Grande-Terre, elle est de couleur brun-foncé et
se rapproche de la race nègre; l'autre, qui habite
les Loyalty, principalement Lifu, se rapproche

de la race polynésienne, elle est de couleur jaune.

Les cheveux, noirs dans les deux races, sont crépus dans la première et ondulés dans la seconde.

Les Calédoniens, de même que les Lifus, ont la taille moyenne, les formes sont en général très-régulières chez les hommes; les femmes de la race foncée, toutefois, laissent beaucoup à désirer au point de vue esthétique.

Quand le Canaque est échauffé par le travail ou par la marche, il exhale une odeur de fauve très-prononcée; cette odeur *sui generis* est plus forte dans la race jaune que dans la race noire.

L'homme est adulte à 18 ans, la femme l'est à 12. La vie moyenne des Néo-Calédoniens est très-courte, ils vieillissent vite et dépassent rarement la quarantaine. Chose singulière, ils succombent presque tous à des affections de poitrine.

Sans prétendre que la phthisie pulmonaire soit épidémique et héréditaire chez les Canaques, comme le soutiennent quelques personnes évidemment portées à l'exagération, nous ferons observer néanmoins que les agents de la terrible maladie assaillent si bien l'indigène, et que, de son côté, le Canaque fait si peu d'efforts pour s'y

soustraire, que tout semble se conjurer pour ex-
terminer sa race.

Ce mal, que l'on pourrait combattre assurément,
doit être attribué à différentes causes: l'alcoolisme
d'abord; le tabac ensuite, mais non pas le produit
que nous fumons; car l'indigène le repousse avec
mépris; il ne fume que le tabac en figues ou en
tablettes, vulgairement appelé tabac à chiquer. Ce
produit humide, lardeux, trop souvent de mauvaise qualité, est tellement fort, qu'il rendrait malades nos plus intrépides fumeurs. Ces explica-
tions se passent de commentaires; cependant, une
cause non moins active et que nous devons signaler aussi, c'est le manque absolu de vêtements.
Quoique la Nouvelle-Calédonie soit située dans
la région intertropicale, son climat est plutôt tempéré que torride. Pendant l'hivernage, l'air est
quelquefois assez frais pour obliger les Canaques
à rester dans leurs cases autour du feu; et durant
la saison chaude, il se produit toujours vers le matin des abaissements de température très-sensibles;
aussi, en faisant entrer en ligne de compte ces alternatives de chaud et de froid, il est facile de
comprendre comment l'implacable maladie peut
exercer ses ravages sur une population complètement nue, car ce qui compose l'habillement de

l'indigène ne le protège en rien contre les intempéries des saisons.

Voici, du reste, la description complète du costume calédonien: la popinée n'a pour se couvrir qu'une frange, d'environ 15 centimètres de large, faisant quatre ou cinq fois le tour des hanches; une autre frange descendant un peu plus bas, vient s'ajouter quelquefois par derrière. Quant à l'habillement du tayo, la langue française ne nous autorise pas à détailler un costume dont l'indécence est le plus bel ornement; toutefois, en nous servant d'une expression qui circule depuis des années dans la colonie, et dont la paternité revient, sans doute, à quelque loustic des corps de la marine, nous dirons: qu'avec une paire de gants l'on peut habiller dix Canaques.

La nourriture des Néo-Calédoniens est presque exclusivement végétale; ils mangent aussi des sauterelles et une certaine espèce d'araignée. Les indigènes de la côte se nourrissent également de poissons et de tortues. Dans toutes les tribus on élève des poules et des cochons; cependant, les Canaques, malgré leur goût très-prononcé pour la chair, n'en mangent que fort peu; ils préfèrent vendre les produits de leur élevage aux blancs. La chair de la roussette fait aussi partie, de temps à autre, du menu de leurs repas.

Quelques voyageurs ont prétendu que les Néo-Calédoniens sont géophages. Pris à la lettre, le fait est erroné, car ceux qu'ils ont vus manger de la terre étaient presque toujours des malades — principalement des femmes — qui ingéraient, en petite quantité, une terre nommée *payoute*, à laquelle ils reconnaissent des propriétés médicales.

Du reste, ces actes de géophagie ne se voient que chez quelques tribus des environs de Balade.

La payoute est de couleur verdâtre, sans aucune saveur; elle se convertit sous la dent en une poussière douce et tendre, qui n'a rien de désagréable. Cette matière a pour base le silicate de magnésie, on y trouve aussi quelques traces de cuivre.

Le cannibalisme, mentionné pour la première fois par d'Entrecasteaux, est malheureusement d'une réalité plus générale; cependant, hâtons-nous de le dire, grâce aux soins des missionnaires et grâce surtout aux mesures prises par l'autorité, les cas d'anthropophagie sont devenus très-rares aujourd'hui.

Les armes du Canaque sont:

La *sagaïe*, sorte de javelot mince et effilé, d'en-

viron 2 mètres de longueur; l'indigène la lance généralement au moyen d'un doigtier. Dirigée par
une main habile, la sagaïe peut atteindre un but à
100 mètres de distance; mais une précision relative dans le tir ne s'obtient guère au delà de 40
mètres.

La *fronde*, espèce de ficelle ayant un œil au
milieu, permet à un homme exercé de lancer des
pierres jusqu'à 400 mètres. Les naturels, très-
adroits à ce tir, savent lancer leurs projectiles
horizontalement jusqu'à 50 mètres, en leur faisant
décrire une trajectoire presque droite.

Le *casse-tête*, fait d'un bois très-lourd, est de formes diverses: tantôt la tête affecte la forme d'un
bec d'oiseau — c'est le plus dangereux, tantôt
elle a la forme d'un champignon, tantôt c'est un
cône cannelé, etc. Les élégants ornent cette arme
de cordons de poil de roussette.

La *hache en serpentine*, mais celle-ci est moins
arme de guerre qu'arme de luxe[1].

Cette hache, dont la fabrication demande souvent des années, est très-estimée chez les Canaques en raison de sa dureté. Pour la confection-

---

1. Les indigènes possèdent aujourd'hui presque tous de
bonnes hachettes en acier fondu, de fabrique anglaise.

ner, les indigènes n'ont à leur disposition que le moyen très-rudimentaire de placer un bloc de serpentine sous une des nombreuses cascades du pays, et l'eau mêlée de sable qui tombe des hauteurs se charge de réduire le bloc aux dimensions voulues.

Les naturels de la Nouvelle-Calédonie sont groupés en tribus indépendantes, obéissant chacune à un chef héréditaire, dont l'autorité était sans limites avant l'arrivée des Français.

L'*aliki*, ou grand chef, a sous sa dépendance des petits chefs chargés de faire exécuter ses ordres. A côté de ces potentats minuscules vient se placer l'inévitable sorcier, qui cumule les fonctions de médecin, d'augure et de conseiller. C'est d'habitude un rusé coquin, étant toujours pair et compagnon avec le grand chef.

Les pratiques religieuses se bornent à la grossière superstition du *tabou*, qui signifie *défendu*, c'est-à-dire que l'indigène ne fait pas ou ne touche pas à telle ou telle chose, parce que son chef y a placé le tabou. A part cette espèce d'interdit, le Néo-Calédonien n'a que des idées bien vagues sur le compte d'une divinité quelconque ; il croit pourtant à l'immortalité de l'âme — à sa manière, bien entendu.

Comme nous aurons l'occasion de développer tous ces sujets dans le cours de cet ouvrage, il n'y a pas lieu d'en donner plus de détails ici.

CHAPITRE II.

Découverte de la Nouvelle-Calédonie et de l'île des Pins. — Bougainville, Cook.

Tout en laissant pleinement le mérite de la découverte du sol calédonien à l'illustre marin anglais Cook, la France a néanmoins le droit d'en réclamer sa part, car l'existence de cette terre, que le hasard seul lui fit découvrir, fut pressentie quatre années plus tôt par le capitaine français de Bougainville.

Vers la fin de l'année 1766, l'insouciant Louis XV chargea Bougainville de remettre aux Espagnols les îles Malouines, où le hardi capitaine, avec l'aide de quelques armateurs de Saint-Malo, avait fondé, en 1763, une colonie française.

Le Gouvernement profita de l'occasion pour faire exécuter un voyage de circumnavigation, le premier que la France eût entrepris jusqu'alors.

Bougainville exécuta ce voyage avec deux navires : la frégate la *Boudeuse* et la flûte l'*Étoile*.

C'est dans le cours de cette expédition, en 1768, que le célèbre navigateur français, après avoir dépassé les Nouvelles-Hébrides, signala, vers le sud, la présence d'une mer tranquille, sur laquelle flottaient des débris de bois, des herbes et des fruits. D'après ces indices, il conclut qu'une terre inconnue devait se trouver dans cette direction; malheureusement son itinéraire ne lui permit pas d'en faire la reconnaissance.

Cette terre, que Bougainville ne découvrit pas après l'avoir signalée, un simple hasard la fit découvrir à Cook, qui assurément ne s'attendait pas à rencontrer une île dans ces parages.

Chargé par le roi d'Angleterre, Georges III, de reconnaître les régions australes, où l'on soupçonnait l'existence d'un continent, Cook appareilla le 13 juillet 1772 du canal de Plymouth avec les deux navires la *Résolution* et l'*Aventure*.

Après avoir visité le cap de Bonne-Espérance, il fit route à l'est, tout en descendant le plus possible dans le sud; mais il ne découvrit que des îles de glace et fut obligé de remonter vers les régions chaudes pour hiverner.

Une relâche de quinze jours à Taïti et l'arrivée du beau temps l'engagèrent à redescendre vers le sud. Cette fois il découvrit quelques îles; mais il ne fut pas plus heureux dans sa recherche du continent.

Pendant le cours de cette exploration, l'*Aventure*, commandée par le capitaine Furneaux, et qui jusqu'alors avait navigué de conserve avec la *Résolution*, fut séparée accidentellement de celle-ci et ne parvint plus à la rallier. Elle relâcha à la Nouvelle-Zélande, où les indigènes massacrèrent et dévorèrent quatorze hommes composant l'équipage d'une chaloupe, puis elle revint seule en Europe.

Cook, après avoir fait, lui aussi, de vaines tentatives pour rallier le navire perdu, revint avec la *Résolution* hiverner une seconde fois à Taïti et dans les îles intertropicales.

Avant de retourner en Angleterre, il résolut de faire une troisième et dernière tentative pour s'assurer de l'absence de tout continent dans la mer du Sud, en traversant cette mer dans toute sa largeur.

Il se dirigea, dans ce but, vers la terre aus-

trale du Saint-Esprit, découverte par le navigateur espagnol Quiros (1606), reconnue par Bougainville, qui nomma le groupe de toutes ces îles
les *Grandes-Cyclades*, et que Cook désigna, à son
tour, par le nom de *Nouvelles-Hébrides*, nom qui
leur est resté.

Cook visita ces îles pendant le mois d'août 1774,
les quitta vers la fin de ce mois, et le 1er septembre, après avoir perdu toute terre de vue,
il se prépara à traverser l'Océan dans toute sa
largeur, en se dirigeant vers le cap Horn.

Le 4 septembre 1774, après trois jours de navigation, il découvrit une grande terre, où aucun
navigateur européen n'avait encore abordé.

Le 5, au lever du soleil, l'horizon, très-clair,
permit de distinguer nettement une côte formant
un petit cap et courant vers le sud-est. Une immense chaîne de récifs paraissait en défendre
l'accès.

Cook venait de découvrir la Nouvelle-Calédonie, qu'il nomma ainsi, parce que, disait-il, ses
montagnes et ses côtes tourmentées lui rappelaient
celles de l'Écosse. Le petit promontoire que l'illustre marin et ses compagnons aperçurent d'abord,
fut nommé cap Colnett, du nom de l'officier vo-
lontaire qui vit la terre le premier.

Ne trouvant pas de passage dans la ligne de corail, Cook longea les récifs quelques lieues vers le nord et découvrit enfin une passe qui lui permit d'abriter la *Résolution* dans un havre formé par des bancs de coraux très-rapprochés de la terre.

L'endroit qu'il venait de choisir pour le mouillage, portait le nom indigène de *Balade,* nom qu'il lui laissa et sous lequel il est encore connu de nos jours.

A peine Cook eut-il fait jeter l'ancre, que l'on vit s'approcher une foule de naturels qui avaient suivi le navire dans une quinzaine de pirogues dès qu'il eut franchi la passe. La plupart des indigènes étaient sans armes. Ils n'osèrent pas d'abord accoster le navire, mais voyant qu'on ne leur voulait point de mal, et la curiosité l'emportant bientôt sur la crainte, ils vinrent ranger leurs pirogues le long du bord de la *Résolution.*

On leur passa quelques présents au moyen d'une corde, à laquelle ils attachèrent en retour des poissons tellement gâtés que l'odeur en était insupportable.

Ces singuliers échanges firent naître la confiance chez les naturels; deux des plus hardis osèrent enfin monter à bord et bientôt après tous les autres suivirent. Comme c'était l'heure du repas, on en invita quelques-uns à se mettre à table; ils le firent, mais la soupe de pois, le bœuf et le porc salés des Anglais ne parurent pas être de leur goût, ils ne mangèrent que des ignames qui restaient encore à bord.

En relâchant à la Nouvelle-Calédonie, l'intention de Cook avait été de faire de l'eau et des vivres frais; il profita néanmoins de son séjour pour se livrer à des observations astronomiques et pour envoyer quelques officiers, sous la direction du lieutenant Pickersgill, opérer une reconnaissance par mer le long de la côte vers le nord.

Se fiant au bon caractère et aux dispositions favorables des insulaires, Cook se rendit à terre sitôt après son arrivée. En mettant le pied sur le sol calédonien, son premier soin fut de déployer le pavillon britannique et de prendre possession de la contrée au nom de Sa Majesté le roi Georges III.

« Nous débarquâmes, dit-il, sur une plage sablonneuse, en présence d'un grand nombre d'indigènes, qui nous reçurent avec des acclamations de joie et avec cette surprise naturelle à un peuple qui voit pour la première fois des hommes et des objets dont il n'avait pas encore idée. Nous trouvîmes sur le rivage un chef nommé *Téa-Booma*[1], qu'on avait vu la veille dans une des pirogues. Il ordonna de faire silence, et tout le peuple lui ayant obéi, il prononça une courte harangue. Il l'eut à peine achevée, qu'un autre chef imposa silence à son tour et fit un second discours. Ces harangues consistaient en courtes sentences, à chacune desquelles deux ou trois vieillards répondaient par des signes de tête et une espèce de murmure qui sans doute était une marque d'approbation.

« Dès que je leur eus fait entendre que nous avions besoin d'eau, les uns nous montrèrent l'est et d'autres l'ouest. Mon ami entreprit de nous conduire et s'embarqua avec nous dans ce but. Nous longeâmes la côte vers l'est pendant environ deux milles, et nous la vîmes presque partout couverte de mangliers. Nous entrâmes, à travers ces arbres, dans une crique étroite ou une rivière, qui nous porta au pied d'un petit village au-dessus des mangliers; là nous débarquâmes et l'on nous montra une source d'eau douce. »

Pendant qu'une partie des hommes de l'équi-

---

1. *Téa* voulait dire, sans doute, chef; car à Balade on appela le capitaine *Téa-Cook*.

page allait à l'eau, Cook fit installer, par d'autres, un observatoire sur un îlot près de Balade (l'îlot Poudioué). Il voulait faire observer à ses officiers une éclipse de soleil, annoncée comme prochaine.

Durant son séjour à la Nouvelle-Calédonie, il ne visita que fort peu le pays. Il fit néanmoins, avec beaucoup d'exactitude, la description topographique de la contrée. L'histoire naturelle et les détails de mœurs sont dus, en grande partie, à deux savants naturalistes attachés à l'état-major de la *Résolution*, Georges Forster et son fils.

Tandis que Cook restait à bord, ne descendant à terre que pour visiter les chefs indigènes sans dépasser le rivage en quelque sorte, MM. Forster et leurs compagnons s'engageaient bien avant dans le pays, courant, par monts et par vaux, toujours à la recherche de nouveautés ; ne craignant pas d'aller tout seuls visiter leurs nouveaux amis.

Pour avoir une idée générale de la contrée, ils explorèrent, avec quelques hommes de l'équipage, la chaîne de montagnes qui s'étendait devant eux. Les naturels, leur servant de guides, les conduisirent par des sentiers assez praticables jusqu'au sommet d'une montagne, d'où ils aperçurent la mer des deux côtés. Forster estima la largeur de l'île en cet endroit à environ 10 lieues.

Au pied de ces montagnes s'allongeait une fort belle vallée, au fond de laquelle serpentait une large rivière (le Diahot); sur les bords de ce cours d'eau on apercevait des plantations très-bien soignées. Le terrain cultivé occupait une assez grande étendue, et l'on remarquait partout une excellente distribution des terres. C'était principalement des champs d'ignames, de taros et de cannes à sucre. L'irrigation des tarotières était fort ingénieuse; elle s'opérait au moyen de rigoles que les naturels avaient fait dériver d'un ruisseau voisin.

Pendant une de ses longues promenades, Forster s'arrêta devant quelques cases élevées sous des arbres touffus. Les indigènes, oisivement assis, le regardèrent venir sans se déranger; seuls quelques jeunes gens se levèrent à son approche. Voici comment il relate cette visite:

« L'un des hommes avait les cheveux parfaitement blonds, un teint beaucoup plus blanc que ses compatriotes et le visage couvert de rousseurs. (C'était une espèce d'albinos[1].) La faiblesse des

---

1. On en rencontre de temps à autre. Nous avons vu en 1875, aux environs de Bourail, une enfant canaque d'une blancheur d'albâtre, ayant, à part le teint, tous les traits caractéristiques de la race indigène.

organes, et surtout celle des yeux, chez les individus anormaux qu'on a trouvés parmi les nègres
d'Afrique et les habitants de l'Amérique, des Moluques et des îles situées sous les tropiques, dans
la mer du Sud, a fait croire qu'une maladie du
père et de la mère avait occasionné ces variétés.
Mais nous n'aperçûmes dans cet homme aucun
symptôme de faiblesse ni aucun défaut dans l'or-
gane de la vue. Une autre cause devait donc avoir
produit la couleur de ses cheveux et de sa peau.
Un de nos compagnons lui coupa une touffe de
cheveux; puis il en coupa une seconde à un in-
sulaire d'un teint ordinaire et nous donna l'une
et l'autre. Les deux naturels montrèrent du mécontentement de ce qu'on leur coupait ainsi les
cheveux; mais comme l'opération fut faite avant
qu'ils s'en aperçussent, on les apaisa bientôt en
leur offrant quelques bagatelles. La bonté de leur
caractère et leur indolence semblent incompa-
tibles avec un long ressentiment.

« En quittant ces huttes, nous nous séparâmes,
et chacun erra de son côté au milieu de la campagne. Je restai dans la bordure boisée de la
plaine et je causai le plus qu'il me fut possible
avec les naturels; ils me donnèrent les noms de
divers districts de l'île dont nous n'avions jamais

entendu parler auparavant; mais je ne pus en faire aucun usage, faute d'en connaître la situation.»

Dans le cours de cette promenade, Forster et le docteur Sparmann, un de ses compagnons, eurent l'occasion de faire des observations physiologiques et médicales sur la race calédonienne. Quoique robuste, elle leur parut malsaine, et cependant elle n'avait pas encore subi les terribles ravages que la syphilis a exercés depuis sur les indigènes de la mer du Sud. Ils remarquèrent principalement des affections de peau; quelques-uns avaient les membres enflés, couverts d'énormes tumeurs dures, rugueuses et écaillées. Bien que cette expansion démesurée des membres ne parût pas les gêner beaucoup, quelques sujets avaient pourtant une espèce d'excoriation, où commençaient à se former des pustules. Ces malheureux sauvages étaient atteints d'une maladie presqu'aussi terrible que la syphilis : la lèpre.

Il est bon de faire remarquer en passant que cette hideuse *éléphantiasis*, ou enflure extraordinaire des membres, si commune dans les îles de l'Océanie, atteint quelquefois aussi les blancs, principalement ces *frères la côte* qui, pour ne pas travailler, vivent à la manière des naturels. Pourtant, le retour dans nos climats tempérés fait, en général, disparaître rapidement cette enflure.

Forster raconte ensuite, qu'ayant de nouveau quitté ses compagnons, il parvint à un chemin creux bordé de liserons et d'arbrisseaux odoriférants. Ce chemin, vraisemblablement le lit d'un torrent, le conduisit à un groupe de deux ou trois cases entourées de cocotiers.

« A l'entrée de l'une de ces huttes, dit-il, j'observai un homme assis, tenant sur son sein une petite fille de huit ou dix ans, dont il examinait la tête. Il fut d'abord surpris de me voir, mais reprenant bientôt sa tranquillité, il continua son opération. Il avait à la main un morceau de quartz transparent, et comme l'un des bords de cette pierre était tranchant, il s'en servait au lieu de ciseaux pour couper les cheveux de la petite fille. Je leur donnai à tous les deux des grains de verre noir, dont ils semblèrent très-contents. Je me rendis ensuite aux autres cabanes et j'en trouvai deux si proches qu'elles enfermaient un espace de dix pieds carrés environ, formant une cour entourée en partie de haies. Trois femmes, l'une d'un âge moyen, les deux autres un peu plus jeunes, allumaient du feu sous un grand pot de terre qui leur sert à faire cuire les aliments. Dès

qu'elles m'aperçurent, elles me firent signe de
m'éloigner; mais voulant connaître un peu leur
manière d'apprêter la cuisine, je m'approchai. Le
pot était rempli d'herbes sèches et de feuilles
vertes, dans lesquelles elles avaient enveloppé de
petites ignames. Ce fut avec beaucoup de peine
qu'elles me permirent d'examiner leur pot. Elles
m'avertirent de nouveau par signes de m'en aller,
et, montrant les cabanes, elles remuèrent leurs
doigts à différentes reprises sous leur gosier. Je
jugeai que si on les surprenait ainsi seules dans
la compagnie d'un étranger, on les étranglerait
ou on les tuerait. Je les quittai donc et je jetai un
coup d'œil furtif dans les cabanes, qui étaient entièrement vides. En regagnant le bois, je ren-
contrai le docteur Sparmann, et nous retournâmes
vers les femmes, afin de les revoir et de me convaincre que j'avais bien interprété leurs signes.
Elles étaient toujours au même endroit. Nous leur
offrîmes des grains de rassade, qu'elles acceptèrent
avec de grands témoignages de joie; mais elles
réitérèrent cependant les signes qu'elles avaient
faits quand j'étais seul; elles semblèrent même y
joindre la prière et les supplications, et, afin de
les contenter, nous nous éloignâmes à l'instant.
Quelque temps après, nous rejoignîmes le reste

de nos compagnons, et, comme nous avions soif, je demandai de l'eau à l'homme qui coupait les cheveux de la petite fille; il me montra un arbre auquel pendaient une douzaine de noix de cocos remplies d'eau douce, qui nous parurent assez rares dans ce pays. Nous retournâmes à l'aiguade par terre et rejoignîmes le navire en chaloupe. »

Le 11 septembre, les bateaux envoyés dans le nord-ouest, sous la direction de Pickersgill, revinrent à bord. Voici en peu de mots le rapport de cette expédition :

Le matin même du jour de leur départ, le lieutenant fit accoster, dans le but de grimper sur une hauteur d'où l'on pût voir une grande étendue de côte. L'un des officiers, M. Gibbert, crut voir la terre se terminer à l'ouest; mais Pickersgill ne fut pas de cette opinion, quoique tous deux fussent d'avis que le vaisseau ne pourrait point passer par cette route.

De ce lieu ils se dirigèrent, guidés par quelques habitants, vers l'île Balabio, qu'ils n'atteignirent qu'après le coucher du soleil.

Pendant le trajet, Pickersgill remarqua que le pays, tout en ayant le même aspect qu'à Balade, paraissait plus fertile et mieux cultivé; la quantité de cocotiers était aussi plus considérable.

L'un des naturels qui accompagna l'expédition à Balabio, et dont le nom était Boubik, se montra très-facétieux au début du voyage, et fut trouvé en cela fort différent de ses compatriotes. Il parla d'abord beaucoup aux marins, mais la lame venant à inonder le bateau, il devint silencieux et se glissa sous la couverture de la chaloupe, afin de se réchauffer et de s'abriter contre les vagues. Comme il n'avait point emporté de provisions, la faim le pressa bientôt, et il reçut avec plaisir la nourriture qu'on lui donna.

Pickersgill rapporte que les naturels de Balabio étaient en tout semblables à ceux de la Grande-Terre. Leur caractère lui parut tout aussi bon, et ils échangèrent volontiers leurs armes contre de petits ouvrages en fer ou des étoffes de Taïti.

Tea-by[1], le chef de cette contrée, fit un excellent accueil aux Anglais. Cependant, pour avoir un peu de liberté de mouvement au milieu de la foule qui se pressait autour des blancs, les officiers furent obligés de tirer une ligne de démarcation, en avertissant les naturels de ne pas la franchir.

---

[1]. Tous ces noms ayant été orthographiés par des Anglais, nous croyons que leur prononciation n'est pas tout à fait celle que l'on est tenté de leur donner.

Peu de temps après, l'un des indigènes sut tourner ce procédé à son avantage: il avait quelques noix de coco qu'un matelot désirait acheter, mais qu'il n'avait nulle envie de vendre. Voyant que l'acheteur ne voulait pas entendre raison, il s'assit sur le sable, traça autour de lui un cercle, comme il l'avait vu faire aux blancs, et enjoignit à l'opiniâtre marin de ne pas dépasser la ligne de démarcation. On la respecta. Cette ingénieuse riposte, qui eût fait honneur à un homme civilisé, démontre assez l'intelligence de ces naturels.

Le détachement se retira le soir sous des buissons, et, après avoir fait griller du poisson qu'il avait acheté, il soupa. Quelques naturels, restés avec Pickersgill, lui parlèrent d'une grande terre située dans le nord, qu'ils appelaient *Mingha*[1] et dont les habitants étaient selon leur dire fort guerriers et leurs mortels ennemis. Ils firent voir au lieutenant un tumulus sous lequel reposaient les restes d'un de leurs chefs, tué par un naturel de Mingha.

Les compagnons de Cook ne semblent pas s'être

---

1. Il est à supposer que par *Mingha* ils désignaient l'île Art du groupe des Bélep.

aperçus dans leurs excursions que les Néo-Calédoniens fussent anthropophages.

L'anecdote suivante, que Pickersgill raconta lui-même, paraît indiquer, au contraire, chez les naturels une profonde aversion pour le cannibalisme : «Vers la fin du souper, les Indiens, ayant vu quelques-uns de nos matelots ronger un os de bœuf, se mirent à causer entre eux d'un ton de voix fort élevé et avec beaucoup d'agitation ; ils regardèrent nos gens d'un air de surprise et de dégoût, et témoignèrent par leurs signes qu'ils les soupçonnaient de manger de la chair humaine. On essaya de les détromper ; mais comment se faire comprendre par des hommes qui n'avaient jamais vu de quadrupèdes de leur vie ?»

Pendant le retour, la chaloupe ayant eu des avaries par suite d'une mauvaise réparation antérieure, Pickersgill n'y laissa que le nombre d'hommes nécessaire pour la manœuvre des avirons, débarqua avec le reste et opéra son retour par terre. Il atteignit le havre de Balade, après avoir fait plus de vingt-quatre milles à pied.

Pendant tout le temps de son séjour en Nouvelle-Calédonie, Cook ne réussit qu'à faire de l'eau et du bois ; quant aux vivres, il ne put se procurer que très-peu de chose : une faible provision d'igna-

mes et quelques noix de coco. La disette était
alors si grande dans cette partie de l'île, que les
naturels, d'après son rapport, étaient réduits à
manger de la terre. Ceux que Cook prit pour des
géophages, n'étaient, sans doute, comme nous
l'avons déjà mentionné, que des malades.

Après avoir lu ce qui précède, sur les rapports
de Forster et de Pickersgill, qui tous deux ne parlent que de belles plantations, de terres intelli-
gemment distribuées, etc., le lecteur a le droit d'être
surpris en apprenant que la disette pressait tant
les maîtres d'un pays si bien cultivé. Or, voici
une raison probable de ce manque de vivres: le
Canaque, dont la nourriture est, par la force des
choses, essentiellement végétale, se voit obligé par
cela même à cultiver le sol; mais le manque absolu
d'un outillage convenable ne lui permet de cultiver qu'un coin de terre trop petit pour le nombre de
bouches à nourrir. Aussi, quand le taro et l'igname
ne donnent pas, les provisions ne suffisent plus à
la famille pour attendre la récolte suivante, et la
disette devient inévitable.

Une autre raison, non moins bonne, vient s'ajouter à celle-ci: les taros et les ignames, qui forment,
comme nous venons de le dire, la base de la nourriture canaque, ne se conservent guère que d'une

récolte à l'autre ; il ne peut donc pas être question
d'établir une grande réserve ; mais en admettant
même que ces provisions de vivres eussent pu
être mises de côté, l'indigène n'en aurait pas
profité, car, si la récolte est bonne, il n'a rien
de plus pressé que d'inviter ses voisins à la
fête, et, en peu de temps, avec une insouciance
extraordinaire, l'amphitryon et ses convives dé-
vorent non-seulement le superflu, mais encore le
nécessaire.

Une troisième cause peut être attribuée à la
guerre. Afin de réduire l'ennemi à l'impuissance,
souvent aussi par simple esprit de vengeance, le
vainqueur, une fois passé sur le territoire des vaincus, coupe les cocotiers et les bananiers, détruit
les plantations de taros et d'ignames, brûle, saccage,
abîme tout, et fait si bien, que finalement le parti
malheureux en est réduit, pendant plusieurs mois,
à ne vivre que de racines, de coquillages et de
poissons.

En écartant la supposition, peu vraisemblable
du reste, que l'une de ces guerres dévastatrices
venait de désoler le territoire baladien, on peut
admettre, néanmoins, que malgré les superbes
plantations signalées de tous côtés, la récolte précédente avait dû être très-faible, et qu'au moment

du passage de Cook la récolte à venir n'était pas encore mûre.

En face de cette pénurie de vivres, le navigateur anglais et ses compagnons voulurent, sans doute, se rattraper sur le poisson, qui est très-abondant dans ces parages; mais un accident, qui faillit leur devenir funeste, les détermina, dès les premiers jours, à se priver volontairement de cette ressource.

Voici le fait, tel qu'il est relaté par Cook lui-même: «Mon secrétaire acheta un poisson qu'un Indien avait harponné dans les environs de l'aiguade, et il me l'envoya à bord. Ce poisson, d'une espèce absolument nouvelle, avait quelque ressemblance avec ceux qu'on nomme *soleil:* il était du genre de ceux que M. Linné appelle *tétrodon;* sa tête hideuse était grande et longue. Ne soupçonnant pas qu'il eût rien de venimeux, j'ordonnai qu'on le préparât pour le servir, le soir même, à table. Mais heureusement le temps de le dessiner et de le décrire ne permit pas de le faire cuire, et l'on n'en servit que le foie; les deux MM. Forster et moi en ayant goûté, vers les trois heures du matin nous sentîmes une extrême faiblesse et une défaillance dans tous les membres. J'avais presque perdu le sentiment du toucher, et je ne

distinguais plus les corps pesants des corps légers,
quand je voulais les mouvoir; un pot plein d'eau
et une plume étaient dans ma main du même poids.
On nous fit d'abord prendre l'émétique, et l'on
nous procura en suite une sueur dont nous nous sentîmes extrêmement soulagés. Le matin, un cochon
qui avait mangé les entrailles du poisson, fut
trouvé mort. Quand les habitants vinrent à bord
et qu'ils virent le poisson qu'on avait suspendu,
ils nous firent entendre aussitôt que c'était une
nourriture malsaine: ils en marquèrent de l'horreur; mais, au moment de le vendre, et même
après qu'on l'eut acheté, aucun d'eux n'avait témoigné cette aversion... Je me levai le lendemain
à huit heures: j'avais une grande pesanteur dans
les membres, mais je crus pouvoir employer la
matinée à dessiner six ou huit plantes et des
oiseaux que nous avions rassemblés dans nos
premières excursions. Comme on montrait le poisson à d'autres naturels venus à bord, ils appuyèrent
tous leurs têtes sur leurs mains, et, fermant
les yeux, ils témoignèrent qu'il causait de l'en-
gourdissement, du sommeil et la mort. Ignorant
s'ils ne faisaient point ce geste pour avoir le poisson, nous le leur offrîmes, et ils le refusèrent en
se mettant les deux mains devant le visage et en

tournant la tête. Ils nous prièrent ensuite de le jeter à la mer; mais nous voulûmes le conserver dans l'esprit-de-vin. Il semblait que nous eussions eu un pressentiment de l'accident qui devait nous arriver; car, examinant le poisson avant qu'on l'apprêtât, sa forme hideuse et sa large tête nous firent penser qu'il était peut-être vénéneux, et nous en avertîmes M. Forster, qui assura qu'il en avait déjà mangé sur la côte de la Nouvelle-Hollande dans son premier voyage. Vers midi, je fus bien puni d'avoir passé le matin à travailler, car un nouveau vertige et une nouvelle faiblesse me forcèrent de reprendre le lit; les sudorifiques me soulagèrent peu à peu, mais le poison était trop actif pour être dissipé tout de suite; il nous empêcha de faire beaucoup de recherches, qui, dans un pays comme la Nouvelle-Calédonie, auraient amené des découvertes intéressantes dans toutes les branches de l'histoire naturelle.»

Si Cook n'eut pas de chance avec les vivres, il n'en eut pas davantage avec son éclipse. La partie la plus intéressante du phénomène, le premier contact, lui fut caché par des nuages. Il n'en put observer que la fin.

Malgré tous ces contretemps, la Nouvelle-Calédonie et ses noirs citoyens n'ont laissé que de bons souvenirs dans l'esprit optimiste du capitaine anglais.

Dans sa relation du voyage il donne des détails très-intéressants sur les naturels de la Grande-Terre. Il trouve les hommes forts, robustes, actifs, bien faits, civils et paisibles; de plus il leur reconnaît une qualité, rare parmi les insulaires de ces régions, c'est qu'ils n'ont pas le plus léger penchant au vol.

Il compare le caractère des Néo-Calédoniens à celui des naturels des îles Tonga; mais il prétend que ces derniers n'ont pas autant de douceur ni la même affabilité.

La quantité d'armes offensives qu'il a vues, lui fait supposer, toutefois, que malgré ce caractère pacifique, les indigènes doivent être quelquefois en guerre.

Les femmes, au dire de Cook, sont très-chastes. Il croit même qu'aucun homme de l'équipage n'a obtenu la plus légère faveur d'une seule d'entre elles. Il raconte, à ce sujet, que ces espiègles sauvages s'étaient souvent diverties aux dépens de ceux qui les agaçaient en se retirant dans quelque bosquet, feignant de se rendre à leurs désirs, et qu'à peine les marins qui les suivaient y étaient entrés, elles prenaient la fuite en jetant de grands éclats de rire. Mais ici, le navigateur anglais a soin d'ajouter: «je ne sais si c'était par chasteté ou par coquetterie.»

Avant de partir, Cook résolut de laisser en Nouvelle-Calédonie, comme il avait déjà laissé dans d'autres îles, de quoi produire une race de cochons. A cet effet, il fit conduire à terre un verrat et une truie, qu'il voulut confier au chef de Balade. Ne l'ayant point trouvé, il résolut de remettre les bêtes à un grave vieillard, persuadé qu'elles se trouveraient entre bonnes mains; mais le vieux Canaque, très-effrayé à la vue des deux animaux, fit un mouvement de tête significatif et refusa de les accepter. Il faut convenir que pour un homme qui n'a jamais vu de ces quadrupèdes ni d'autres, il n'y a pas de quoi être enchanté de recevoir en présent un animal aux formes si peu attrayantes et dont les cris discordants ne rachètent ni la laideur, ni la malpropreté.

Comme les indigènes s'aperçurent que Cook, malgré leurs signes pour lui faire reprendre les cochons à bord, voulait à tout prix les leur laisser, ils le conduisirent près d'un chef qui finit par les accepter.

Le 13 septembre 1774, tout étant prêt pour l'appareillage, Cook leva l'ancre, et quittant le havre de Balade, il fit mettre le cap au sud-est,

de manière à longer la côte orientale de la Nouvelle-Calédonie.

Durant ce voyage le long de la côte, il n'arriva
aucun événement digne d'être spécialement rap-
porté. Nous ferons remarquer, toutefois, que Cook
signala, le 18 septembre, dans la ligne des récifs,
un petit îlot sur lequel on voyait une colonne
très-élevée, semblable au mât d'un navire, — c'é-
tait un pin colonnaire.

Cet arbre, signalé par le célèbre navigateur il
y a plus d'un siècle, existe encore de nos jours. Il
est connu par les marins sous le nom d'arbre de
Cook, et leur sert d'amer, grâce à sa taille élevée,
qui permet de le voir de douze milles au large.
L'îlot lui-même a été nommé depuis *l'île d'un seul
arbre*. En 1868, le géant séculaire a manqué de
tomber sous la hache d'un caboteur anglais, le capitaine Philipps; mais grâce à un hasard et à l'intervention énergique de l'autorité française, le cô-
tier fut obligé de respecter le colosse contemporain
de son illustre compatriote.

Le 23 septembre, la *Résolution* atteignit le cap
du couronnement (cap Puareti); mais à l'approche
de la nuit, Cook fit virer de bord pour prendre le
large, parce qu'il y avait danger à s'approcher de
la côte au milieu des ténèbres.

Le lendemain matin, il se rapprocha de terre, découvrit derrière le cap une pointe élevée qu'il reconnut pour l'extrémité sud-est de la côte ; il la nomma *Promontoire de la Reine Charlotte* (Kuebüni), et vers le coucher du soleil il aperçut à une douzaine de lieues dans le sud-est une montagne ronde qui paraissait très-élevée.

Après avoir louvoyé jusqu'au 27 dans ces parages, cherchant inutilement à doubler la Nouvelle-Calédonie, il résolut de s'approcher de la montagne ronde, dans l'espoir d'y trouver quelques rafraîchissements pour l'équipage.

A mesure que le navire approchait de l'île, les marins distinguèrent de plus en plus nettement sur ses bords une grande quantité de pointes élevées, comme ils en avaient vu deux jours auparavant, au cap Puareti. Déjà alors ils avaient fait mille conjectures sur la nature de ces objets étranges qui, d'après le récit de Cook, ressemblaient à des colonnes de basalte. Les hommes de science du bord étaient tous de cet avis et concluaient même à la présence d'un volcan en raison de la quantité de fumée qui sortait du milieu de ces objets.

Cook, cependant, ne fut pas de leur opinion ; il leur fit remarquer que la fumée qu'ils avaient vue, n'existait pas le matin, et qu'avant la nuit elle avait complètement disparu. Il supposa que ces objets devaient être des arbres d'une espèce inconnue, et il eut raison.

Le navire atterrit enfin, et l'on reconnut alors que ces pointes élevées n'étaient, en réalité, que de très-grands arbres d'essence résineuse, propres à fournir du bois de mâture : c'étaient des pins colonnaires.

La forme si extraordinaire de ces arbres provient de ce que leurs branches, comparativement très-minces, dépassent rarement une longueur de 3 mètres; et, naturellement, à une certaine distance, ces branches, se confondant avec le tronc, donnent à ces arbres l'apparence de gigantesques colonnes.

Après une tentative infructueuse pour rafraîchir son équipage, Cook dut se contenter d'abattre quelques pins pour le renouvellement de sa mâture, puis il quitta définitivement ces parages, en laissant à cette dernière terre le nom d'*île des Pins*.

Dès qu'il fut en dehors des récifs, il mit le cap au sud, découvrit en route l'île Norfolk, reconnut la Nouvelle-Zélande, où il s'arrêta quelque temps pour le ravitaillement du navire et le rafraîchissement de l'équipage, puis il revint en Europe par le cap Horn.

La *Résolution* mouilla à Spithead, le 30 juillet 1775. Ce voyage de circumnavigation, que l'on désigne sous la rubrique de *deuxième voyage de Cook*, a donc duré trois ans et dix-huit jours.

CHAPITRE III.

Reconnaissance de la Nouvelle-Calédonie. — La Pérouse. — D'Entrecasteaux.

L'heureux voyage que Cook venait d'exécuter autour du globe, les découvertes intéressantes qu'il fit et la gloire qui en rejaillit sur le pavillon britannique, avaient produit de profondes sensations dans le monde civilisé. L'Europe tout entière était entraînée par un courant irrésistible: la soif des découvertes. On délaissait les romans pour ne lire que des récits de voyage. L'amour du merveilleux séduisait les plus indifférents. Les gouvernements, pleins d'ardeur et de bonne volonté pour ces expéditions vers l'inconnu, ne purent s'empêcher, malgré leurs dissensions politiques, de venir courtoisement en aide à ces hardis navigateurs, sans regarder à la nationalité.

Nous ne citerons, à ce sujet, qu'un seul trait, dont les Français ont le droit d'être fiers encore aujourd'hui.

Pendant que Cook exécutait un troisième voyage autour du monde, voyage au cours duquel il périt (14 février 1779) lâchement assassiné par les insulaires d'Owhihée (archipel Hawaï), la guerre éclata entre la France et l'Angleterre (1778). Cette guerre ne fit pas oublier aux Français que leurs ennemis avaient dans la mer du Sud un vaisseau et une corvette travaillant à l'élargissement des connaissances humaines, et qui, pour cette raison, devaient être respectés de tout le monde. Dès le commencement des hostilités il fut ordonné à tout bâtiment français qui rencontrerait la *Découverte* et la *Résolution*, commandées par le capitaine Cook, de les laisser librement passer sans les visiter; et, bien loin de les traiter en ennemies, de leur fournir tous les secours dont elles pourraient avoir besoin.

Le roi de France Louis XVI avait un goût prononcé pour les études géographiques et ne rêvait alors que découvertes et expéditions lointaines. La nation, elle aussi, avait les sentiments du roi, mais pour des raisons diverses. Les uns voyaient s'offrir à leur ambition une carrière sans bornes, ou étaient excités par l'attrait de l'inconnu; les autres voulaient agrandir le domaine des sciences ou compléter celles qu'ils connaissaient déjà; d'autres encore, ne voyant dans les terres nouvelles qu'un vaste champ d'exploitation pour le commerce, attendaient avec impatience le résultat de ces voyages pour donner une plus grande étendue à leurs spéculations hasardeuses. Aussi, lorsque le gouvernement résolut d'organiser une expédition de découvertes dans les mers du Sud, la France acclama-t-elle cette décision avec un de ces enthousiasmes particuliers à la fin du dix-huitième siècle.

Deux frégates, la *Boussole* et l'*Astrolabe*, furent armées dans ce but, et le commandement de l'expédition fut confié au chef d'escadre Jean-François Galaup de La Pérouse, un excellent marin qui avait donné ses preuves dans les guerres contre l'Angleterre.

Louis XVI rédigea et copia de sa propre main les instructions nautiques et l'itinéraire du voyage. Dans ces instructions était comprise la reconnaissance de la Nouvelle-Calédonie et de l'île des Pins. Voici le passage qui concerne ces deux îles :

« En quittant les îles des Amis, M. de La Pérouse viendra se mettre par la latitude de l'île des Pins, située à la pointe du sud-est de la Nouvelle-Calédonie; après l'avoir reconnue, il longera la côte occidentale, qui n'a point encore été visitée, et il s'assurera si cette terre n'est qu'une seule île, ou si elle est formée de plusieurs.... Dans la visite qu'il fera de la Nouvelle-Calédonie et des autres îles, il examinera soigneusement les productions de ces contrées, qui, étant situées sous la zone torride et par les mêmes latitudes que le Pérou, peuvent ouvrir un nouveau champ aux spéculations du commerce. »

Les sociétés savantes, les académies, s'empressèrent de rédiger des mémoires et des questions à résoudre. M. le maréchal de Castries, ministre de la marine, avait donné des ordres formels dans les ports, afin que tout ce qui pouvait contribuer au succès de la campagne fût accordé à La Pérouse. L'ex-ministre de la marine, de Fleurieu, ancien capitaine de vaisseau, dressa lui-même les cartes qui devaient servir pendant le voyage et y joignit un volume entier de notes géographiques et historiques sur les expéditions de découvertes. Nous devons noter ici que le chevalier Banks, ayant appris que l'on n'avait pu se procurer de boussole d'inclinaison, voulut bien faire prêter à La Pérouse les deux boussoles qui avaient servi au capitaine Cook.

Enfin, tout étant prêt pour le départ, on mit à la voile de la rade de Brest le 1er août 1785.

L'expédition se dirigea d'abord vers l'Amérique du Sud, doubla le cap Horn, puis remonta au nord, en suivant alternativement la côte d'Amérique et celle d'Asie, visita le Kamtschatka, puis revint dans le sud, reconnut les îles des Navigateurs, l'île Tonga-Tabou, l'île Norfolk et vint relâcher, le 26 janvier 1788, à Botany-Bay, où La Pérouse rencontra la flotte anglaise qui devait aller créer un établissement à Port-Jackson — le Sydney actuel — à 26 kilomètres plus au nord.

C'est à partir de cette époque que l'on a cessé d'obtenir des nouvelles des infortunés navigateurs. Les dernières lettres de La Pérouse, ainsi que son journal depuis le Kamtschatka, furent apportées en Europe par un bâtiment de la flotte anglaise.

Dans une de ses lettres — dont nous donnons un extrait — il fixe à M. de Fleurieu son départ

au 15 mars et indique sa route projetée jusqu'à
l'île de France.

Botany-Bay, 7 février 1788.

«....Je remonterai aux îles des Amis, et je
ferai absolument tout ce qui m'est enjoint par
mes instructions relativement à la partie méridionale de la Nouvelle-Calédonie, à l'île Santa-
Cruz de Mendana, à la côte sud de la terre des
Arsacides de Surville et à la terre de la Louisiade
de Bougainville, en cherchant à connaître si cette
dernière fait partie de la Nouvelle-Guinée, ou si
elle en est séparée. Je passerai à la fin de juillet
1788 entre la Nouvelle-Guinée et la Nouvelle-
Hollande, par un autre canal que celui de l'En-
deavour, si toutefois il en existe un. Je visiterai,
pendant le mois de septembre et une partie d'octobre, le golfe de Carpentarie et toute la côte
occidentale de la Nouvelle-Hollande jusqu'à la
terre de Diémen; mais de manière cependant
qu'il me soit possible de remonter au nord assez
tôt pour arriver au commencement de décembre
1788 à l'île de France. »

Les deux frégates furent vainement attendues
à l'île de France vers la fin de 1788. Cette année
s'écoula; une autre la suivit. L'inquiétude devint
générale sur le compte de l'expédition; mais l'état

de surexcitation où se trouvaient alors les esprits en France, ne permettait guère de s'occuper de ces malheureux. Cependant, le 22 janvier 1791, la Société d'histoire naturelle déposa une réclamation à la barre de l'Assemblée constituante.

«....Depuis deux ans, disaient-ils, la France attend inutilement le retour de M. de La Pérouse, et ceux qui s'intéressent à sa personne et à ses découvertes n'ont aucune connaissance de son sort. Hélas! celui qu'ils soupçonnent est peut-être encore plus affreux que celui qu'il éprouve, et peut-être n'a-t-il échappé à la mort que pour être livré aux tourments continuels d'un espoir toujours renaissant et toujours trompé; peut-être a-t-il échoué sur quelqu'une des îles de la mer du Sud, d'où il tend les bras vers sa patrie et attend vainement un libérateur....»

Un décret de l'Assemblée constituante, du 9 février 1791, invita le Gouvernement à faire toutes les recherches possibles pour découvrir la trace des deux frégates la *Boussole* et l'*Astrolabe.* Il fut décrété, en outre, que le roi serait prié de faire armer un ou plusieurs bâtiments, sur lesquels seraient embarqués des savants, des naturalistes et des dessinateurs, et que l'on donnerait aux commandants de l'expédition la double mission de rechercher M. de La Pérouse et de faire en même temps des recherches relatives aux sciences et au commerce, en prenant toutes les mesures pour rendre, indépendamment de la recherche de M. de La Pérouse, ou même après l'avoir recouvré ou s'être procuré de ses nouvelles, cette expédition utile et avantageuse à la navigation, à la géographie, au commerce, aux arts et aux sciences.

Une expédition à la recherche de La Pérouse fut résolue. Elle fut confiée au chevalier Bruny d'Entrecasteaux, marin habile, qui avait fait ses premières armes sous le bailli de Suffren, et qui s'était distingué dans plusieurs voyages au long cours.

On arma deux frégates qui reçurent des noms en rapport avec l'entreprise : la *Recherche* et l'*Espérance.*

Bruny d'Entrecasteaux prit le commandement de la *Recherche*, et Huon de Kermadec, qui avait dirigé l'armement des deux navires, celui de l'*Espérance.*

Les instructions de Bruny d'Entrecasteaux lui prescrivaient de suivre la route que La Pérouse devait avoir tenue après son départ de Botany-Bay, de reconnaître et d'explorer avec soin la côte sud-ouest de la Nouvelle-Calédonie.

Le 29 septembre 1791, les deux frégates quittèrent Brest et firent route pour le cap de Bonne-
Espérance, où elles arrivèrent le 18 janvier 1792.

Là, les dépositions de deux capitaines de bâtiments marchands, dépositions que M. de Saint-
Félix, commandant de la station de l'Inde, avait
recueillies, et qu'il avait expédiées au Cap dans
le but de mettre d'Entrecasteaux sur la trace de
La Pérouse, changèrent tout le plan de campagne.

D'après leurs rapports, ces deux marins avaient
eu l'occasion de causer, à Batavia, avec les officiers de la frégate anglaise le *Syrius*, perdue sur
l'île Norfolk, et ces derniers prétendaient avoir
aperçu, près des îles de l'Amirauté, plusieurs
pirogues montées par des insulaires qui portaient
des uniformes et des ceinturons de soldats de la
marine française.

Supposant que ces dépouilles ne pouvaient
provenir que des équipages de la *Boussole* et de
l'*Astrolabe*, d'Entrecasteaux résolut de visiter les
îles de l'Amirauté.

Le 16 février, il quitta le cap de Bonne-Espérance, vint relâcher quelques jours à la terre de
Van-Diémen, et le 16 avril 1792, au moment du
coucher du soleil, la *Recherche* aperçut à l'horizon
les montagnes de la Nouvelle-Calédonie.

Conformément à ses instructions, d'Entrecasteaux fit la reconnaissance de la côte occidentale, mais sans accoster, faute d'avoir découvert une passe. La *Recherche* et l'*Espérance*, marchant de conserve, coururent pendant plusieurs semaines des bordées le long de la ligne des récifs sans pouvoir trouver de passage. La *Recherche* faillit même se perdre sur ces écueils. M. de Rossel, officier de quart, avait essayé inutilement, trois fois de suite, de virer de bord, vent devant; chaque fois la lame avait fait rabattre le navire avant qu'il eût pu doubler le lit du vent, et chaque fois aussi la frégate s'était rapprochée davantage des récifs. La position devenait critique : pour virer vent arrière, l'espace manquait, on n'était plus qu'à cinq encablures des écueils et la lame y poussait le navire ; pour mouiller, c'était le fond qui manquait. Chaque instant les rapprochait davantage des brisants, mais à ce moment suprême, le capitaine d'Auribeau, qu'une indisposition retenait dans sa chambre, se précipita sur le pont, prit le commandement et vira de bord avec une promptitude qui sauva la frégate.

Les deux bâtiments continuèrent leur navigation le long des récifs. Le 21 juin 1792, croyant apercevoir un passage dans cette barrière ininterrompue, les frégates s'en approchèrent, mais elles s'aperçurent bientôt que cette ouverture n'aboutissait qu'à une anse, au fond de laquelle la mer déferlait avec tant de rage que d'Entre-casteaux nomma cette impasse le *havre Trompeur* (passe Saint-Vincent).

Le 22, on doubla un promontoire que l'on nomma *pointe Goulvain,* du nom du maître d'équipage de la *Recherche.* Les jours suivants, l'expédition, contrariée par les vents et la brume, ne fit que peu de progrès.

Le 26, on doubla un petit îlot qui s'élevait au milieu des récifs et qui fut nommé l'*île des Contrariétés.*

Le 28, après avoir doublé une pointe que l'on nomma *cap Tonnerre*, du nom du maître d'équipage de l'*Espérance*, on aperçut enfin l'extrémité nord de la Nouvelle-Calédonie, mais non pas celle de la ligne des brisants, dont le prolongement s'étendait à perte de vue vers le nord-ouest.

Comme la détermination exacte de cette chaîne de récifs était très-importante, on continua de la longer. On aperçut en dedans de la ligne des brisants plusieurs petites îles, auxquelles le commandant fit donner les noms des différents hommes de l'équipage qui les aperçurent les premiers, afin de récompenser le zèle et le sang-froid de tous ces braves marins.

Pendant deux jours encore, les frégates rangèrent l'effrayante ceinture madréporique, dont l'étendue étonnait et désespérait nos explorateurs. Depuis longtemps les montagnes de la Grande-Terre avaient disparu, et ces redoutables brisants se prolongeaient toujours.

Le 30, toutefois, on crut en avoir gagné l'extrémité; une brusque interruption à l'est, et la mer qui paraissait libre au nord, donnèrent le change, mais ce n'était qu'un profond repli de leur chaîne, et le lendemain, 1er juillet, à la grande surprise des deux équipages, ils firent de nouveau leur apparition dans le nord; aussi nomma-t-on un îlot qui s'élevait au milieu de ces interminables écueils, *île de la Surprise*.

Le point où l'on se trouvait alors était à dix lieues plus au nord-ouest que celui indiqué par Cook comme terminant cette barrière de corail. Tout en continuant de la longer, on découvrit parmi les écueils plusieurs îles, dont quelques-unes étaient couvertes de verdure : on les nomma les *îles Huon*, en l'honneur du commandant de l'*Espérance*.

Enfin le 2 juillet on aperçut l'extrémité du gigantesque mur d'enceinte.

On donna le nom de *récifs d'Entrecasteaux* à tous ces brisants qui forment la barrière septentrionale de la Nouvelle-Calédonie.

Après avoir achevé cette pénible et dangereuse exploration, d'Entrecasteaux mit le cap sur les îles de l'Amirauté. Il visita tout le groupe de ces terres, et après avoir acquis la certitude que La Pérouse n'avait pas passé par là, il quitta ces parages et revint dans le sud.

Les deux frégates s'arrêtèrent à la terre de Van Diémen, reconnurent la Nouvelle-Zélande, visitèrent Tonga-Tabou (archipel des Amis) et les Nouvelles-Hébrides. Désespérant enfin de retrouver la trace de la *Boussole* et de l'*Astrolabe*, d'Entrecasteaux résolut de faire une exploration plus complète de la Nouvelle-Calédonie, dans le but de faire bénéficier au moins la science d'un dévouement et de sacrifices qui n'avaient pas réussi à jeter le moindre rayon de lumière sur le sort des naufragés.

Le 30 germinal an Ier de la République (19 avril 1793), les frégates eurent connaissance de la Nouvelle-Calédonie. Comme l'entrée du havre de Balade n'était marquée que par l'interruption du

récif qui borde la côte, d'Entrecasteaux fut obligé de
ranger les écueils de très-près pour ne pas manquer
la passe. Après quelques tâtonnements, elle fut
découverte, et il s'y engagea résolûment. Bientôt
il reconnut l'îlot Poudioué, et, après avoir trouvé un
endroit convenable, il mouilla par six brasses et
demie de fond, à environ mille mètres de cet îlot.

Une pirogue double s'approcha aussitôt, mais
elle n'aborda point.

Le lendemain, 1er floréal, quatre pirogues se
dirigèrent vers les frégates, en agitant des morceaux d'étoffe blanche. Quelques naturels mon-
tèrent à bord, et, montrant leur ventre extrêmement aplati, firent comprendre qu'ils avaient
grand' faim. A la vue des cochons ils témoignèrent
une certaine crainte, ce qui fit supposer qu'ils ne
connaissaient pas ces quadrupèdes, quoique le
capitaine Cook leur en eût laissé deux; mais en
apercevant quelques volailles, ils imitèrent le
chant du coq pour faire comprendre qu'ils en
avaient dans leur île.

Bien que plusieurs femmes se fussent trouvées
dans les pirogues, aucune ne consentit à monter
à bord, et lorsqu'on voulut leur faire quelques
présents, ce furent les hommes qui se chargèrent
de les leur porter.

Le 3 floréal, d'Entrecasteaux envoya une chaloupe à terre pour préparer l'aiguade. Les habitants se rendirent aussitôt en foule à l'endroit où devait se faire l'eau; mais à peine eut-on commencé la besogne, qu'on fut obligé de tracer un cercle autour des marins, pour que ceux-ci ne fussent pas gênés dans leur travail, et pour empêcher les naturels de voler les outils, comme cela avait eu lieu précédemment aux îles Tonga. Malgré cette précaution — qui d'après les relations de Cook n'était pas nécessaire — un indigène eut la hardiesse de franchir la limite et d'enlever une hache. On le poursuivit sans pouvoir l'atteindre; un soldat voulut alors tirer sur lui, mais l'officier qui commandait le détachement, M. de Crétin, s'y opposa.

Dans un autre endroit, à peu près au même moment, MM. de Rossel et de Bonvouloir furent également entourés d'indigènes, qu'ils se virent obligés d'écarter en leur traçant aussi un cercle limite. Là encore, le cercle ne servit pas à grand'-chose : ces deux officiers étaient occupés à prendre des angles horaires, quand M. de Bonvouloir, craignant qu'on ne lui enlevât son sabre, s'assit dessus; mais, au moment où il s'occupait de placer le niveau de son instrument, deux insulaires traversèrent en courant le cercle; le premier lui enleva le bonnet de police; il se dressa aussitôt pour arrêter le voleur, mais au même instant le second indigène s'enfuit lestement avec le sabre.

En revenant d'une promenade, M. La Billardière, savant naturaliste, embarqué à bord de la *Recherche*, fut aussi victime de la mauvaise foi d'un indigène.

Dans sa relation scientifique du voyage, La Billardière a raconté le fait comme suit :

« De retour vers le lieu de notre débarquement, nous trouvâmes plus de sept cents naturels qui étaient accourus de toutes parts. Ils nous demandèrent des étoffes et du fer en échange de leurs effets, et bientôt quelques-uns d'entre eux nous prouvèrent qu'ils étaient des voleurs très-effrontés. Parmi leurs différents tours j'en citerai un que me jouèrent deux de ces fripons. L'un m'offrit de me vendre un petit sac qui renfermait des pierres taillées en ovale, et qu'il portait à la ceinture. Aussitôt il le dénoua et feignit de vouloir me le donner d'une main, tandis que de l'autre il reçut le prix dont nous étions convenus; mais, au même instant, un autre sauvage, qui s'était placé derrière moi, jeta un grand cri pour me faire tourner la tête de son côté, et aussitôt le fripon s'enfuit avec son sac et mes effets, en cherchant à se cacher dans la foule. »

Prévenus avantageusement en faveur des naturels de Balade par les récits de Cook et de Forster, les navigateurs ne voulurent pas d'abord sévir contre eux, mais ils ne tardèrent pas à revenir de leur manière de voir ; et leurs préventions favorables disparurent complètement, lorsqu'ils s'aperçurent que ces insulaires étaient anthropophages.

Un indigène croyant faire plaisir à M. Piron, le dessinateur de l'expédition, l'engagea à partager avec lui un os où pendait encore un lambeau de chair fraîchement grillée.

M. Piron, croyant que c'était la chair de quelque quadrupède, allait accepter, quand il constata avec horreur que c'était un os humain. Il le remit à M. La Billardière, qui le reconnut pour avoir appartenu au bassin d'un enfant de quatorze à quinze ans.

Pour être plus sûr de la chose, on interrogea le naturel sur la provenance de l'os, et il montra l'endroit du corps qu'avait désigné La Billardière. Le même os, ayant été porté à bord, fut présenté à deux indigènes, et ceux-ci achevèrent de dévorer les parties charnues qui y adhéraient encore.

On vit également, entre les mains d'un autre individu, un morceau de chair humaine, reconnaissable à la peau qui en recouvrait un côté.

Il n'y eut plus de doute possible, les sauvages de la Nouvelle-Calédonie étaient, bel et bien, des anthropophages.

La Billardière, pourtant, attribue cette horrible coutume plutôt à l'abrutissement qu'à la férocité de ces insulaires : « Ils ne sont pas si terribles, dit-il, que les autres cannibales. Différents signes qu'on leur fit maladroitement, ou qu'ils interprétèrent mal, leur ayant fait supposer que nous étions aussi des anthropophages, ils crurent à leur dernière heure et se mirent à pleurer. On eut beaucoup de peine à les rassurer.»

Le 4 floréal, on fut obligé de tirer sur les indigènes et voici en quelle circonstance :

D'Entrecasteaux avait envoyé une corvée à terre pour faire de l'eau et du bois. Rendu méfiant par les vols continuels des indigènes, il avait fait protéger la corvée par une garde de huit hommes, fournie par chaque bâtiment. Pendant le travail, quelqu'un crut entendre le cri: Au secours! Immédiatement une patrouille, commandée par un officier, s'enfonça dans le fourré pour se porter à l'endroit d'où l'on supposait que les cris étaient partis. On ne vit, dans cette direction, aucune personne de l'équipage, mais on aperçut des insulaires, armés et rangés en bon ordre, qui s'avançaient vers l'aiguade. Aussitôt on fit embarquer les pièces à eau pleines, puis les soldats de garde se rapprochèrent des hommes qui faisaient le bois, pour se mettre en état de défense. On s'occupa ensuite à transporter les outils dans la chaloupe; à ce moment, plusieurs naturels, qu'on n'avait pas cru devoir éloigner de l'aiguade en raison de leur attitude pacifique, tentèrent d'assommer à coups de casse-tête le matelot qui portait les haches. Un soldat qui se trouvait auprès du matelot, le défendit sans cependant faire usage de ses armes.

Pendant ce temps, la troupe d'indigènes, que l'on évaluait à trois cents, accourut et commença l'attaque en lançant des pierres, dont quelques-unes atteignirent des hommes de la corvée. Ne voulant pas encore employer la violence, on leur fit signe de se retirer; mais comme ils n'en tinrent aucun compte, on tira quelques coups de fusil, qui les mirent en fuite. Toutefois, après s'être éloignés un peu, ils s'arrêtèrent et firent mine de vouloir revenir sur leurs pas; on fut obligé de tirer encore quelques coups de feu.

Au bruit de la fusillade, d'Entrecasteaux, qui

se trouvait à bord, fit tirer deux coups de canon, en pointant les pièces de manière que les boulets vinssent frapper entre la troupe des naturels et l'aiguade. Le sifflement des projectiles et la quantité de sable qu'ils soulevèrent en ricochant, décidèrent enfin les indigènes à se sauver dans les bois.

On apprit, le lendemain, que deux naturels avaient été blessés à la cuisse.

A la suite de cette échauffourée, qui fit connaître aux habitants de la Nouvelle-Calédonie la supériorité des armes à feu, ils devinrent moins entreprenants et l'on put jouir d'une tranquillité relative, à condition, toutefois, d'être assez de monde pour déjouer les surprises.

La Billardière fit de nombreuses excursions dans l'intérieur, et toutes ces promenades ne firent que confirmer l'opinion peu édifiante qu'on avait sur la misère et la férocité des habitants.

Le 14 floréal, il visita la vallée dont parle Cook (vallée du Diahot) et trouva qu'elle était bien mieux cultivée qu'on ne l'avait supposé; malheureusement il rencontra partout les traces récentes d'une guerre sauvage et impitoyable. Un très-grand nombre de cases brûlées; des cocotiers abattus; des têtes plantées sur des piquets, pour servir

de trophée; des os humains, restes d'horribles repas, annonçaient la manière barbare avec laquelle
on menait les hostilités.

Selon d'Entrecasteaux, ces guerres étaient pu-
rement locales et ne s'étendaient qu'à un petit
nombre de tribus à la fois, car il avait remarqué
que les insulaires ne venaient plusieurs jours de
suite qu'en très-petit nombre, et que chaque fois
qu'ils apparaissaient en masses, ils tenaient entre
les mains des lambeaux de chair humaine grillée,
qu'ils dévoraient sous les yeux des Européens.

Le navigateur français, tout au contraire de
Cook, fait un portrait sombre et hideux des naturels: il les trouve laids, fourbes, méchants. Pour
lui ce sont des voleurs effrontés, des cannibales
dont la férocité ne s'est jamais relâchée, malgré
la suprématie qu'ils furent obligés de reconnaître
aux armes à feu. De même, aux femmes il trouve
« le regard féroce et les traits désagréables ».

La Billardière, de son côté, a une opinion tout
à fait opposée à celle de Forster sur la vertu des
Néo-Calédoniennes. Il raconte qu'un jour, se trouvant au bord de la mer, il vit deux jeunes filles,
dont l'aînée avait environ dix-huit ans, montrer à
des matelots ce qu'elles ont l'habitude de voiler
avec la frange qui leur sert de vêtement. Elles

avaient fixé le prix de leurs faveurs à la valeur
d'un clou ou de quelque autre objet de cette importance.

Le 16 floréal (6 mai 1793), à minuit et demi,
l'expédition perdit M. Huon de Kermadec, commandant de la frégate l'*Espérance*, à la suite d'une
maladie de deux mois, qui s'était terminée par une
fièvre étique.

Cette mort fut vivement ressentie par tout
le monde, car les explorateurs perdaient en
lui un brave marin, un bon chef et un excellent
ami.

Pour obéir aux dernières volontés du défunt,
on l'enterra sur l'îlot Poudioué, qui avait servi
d'observatoire à Cook.

L'inhumation eut lieu pendant la nuit. Les
états-majors des deux frégates et une partie
des équipages y assistèrent. On n'éleva aucun
monument sur la tombe, de peur que les sauvages ne vinssent à découvrir le lieu de la sépul-
ture.

Cinquante ans plus tard, les missionnaires y
placèrent une croix qui disparut quelques années
après. En 1869, le ministre de la marine donna
des ordres pour faire ériger sur l'emplacement de
la croix une pierre commémorative. Dans le cours

de cet ouvrage il sera question, encore une fois, de la pierre tumulaire qui a dû être placée sur la tombe de Huon de Kermadec; aussi nous ne nous étendrons pas davantage sur ce sujet.

Le 7 mai, les frégates firent leurs derniers préparatifs pour le départ. Le 8, M. d'Auribeau prit possession du commandement de l'*Espérance*, et M. de Rossel de celui de la *Recherche* en qualité de capitaine de pavillon. C'est à ce dernier que nous devons la relation du voyage.

Le 9 mai 1793, d'Entrecasteaux fit mettre à la voile et quitta le havre de Balade.

Il se dirigea vers le nord, et le 19 mai, par une étrange fatalité, les frégates passèrent en vue d'une petite île (Vanikoro), où elles négligèrent d'aborder. Or, c'était là précisément que se trouvait le but de leur voyage; c'était là que s'étaient perdus la *Boussole* et l'*Astrolabe*, et là que vivaient encore à cette époque quelques-uns des infortunés compagnons de La Pérouse et peut-être La Pérouse lui-même.

Continuant sa route vers le nord, d'Entrecasteaux reconnut l'archipel Salomon et la Nouvelle-Guinée, puis se dirigea le plus promptement possible vers les Moluques, afin de pouvoir soulager ses équipages atteints du scorbut. Mais le mal dont

il souffrait lui-même, l'enleva avant d'arriver à
la relâche; il mourut en mer le 20 juillet 1793.

Après la mort du chef de l'expédition, M. d'Auribeau prit le commandement des frégates et les
conduisit à Sourabaya (Java), où les autorités hol-
landaises voulurent les traiter comme ennemies
en raison de la guerre qui venait d'éclater entre
la Hollande et la France; mais le conseil supérieur de Batavia, d'après les ordres de M. Aalting,
gouverneur général de l'Inde, leva toutes les difficultés, et le 27 octobre 1793, à sept heures du
soir, les frégates mouillèrent à l'entrée de la rivière
de Sourabaya.

L'expédition du contre-amiral d'Entrecasteaux
se termine à cette époque; tout ce qui est advenu
après n'a plus rien de commun avec le but du
voyage, et, par conséquent, n'a pu trouver place
ici. Nous ajouterons toutefois, à titre de renseignement, que l'effet produit par la nouvelle des évènements de France nécessita le désarmement des
frégates. M. d'Auribeau mourut peu de temps après
à Samarang (Java). M. de Rossel, comme officier
plus ancien, se chargea de rapporter en France
tous les papiers qui contenaient les résultats des
travaux de la campagne. Il s'embarqua, à cet effet,
sur un navire hollandais qui faisait voile pour

l'Europe, mais il fut fait prisonnier en route par une frégate anglaise et conduit en Angleterre. Les papiers et les plans qui avaient été séquestrés par l'amirauté britannique, ne lui furent rendus qu'à l'époque de son retour en France.

Le Voyage de d'Entrecasteaux envoyé à la recherche de La Pérouse, fut publié, par ordre de l'Empereur, sous le ministère du vice-amiral Decrès (1806). La rédaction en fut confiée à M. de Rossel.

CHAPITRE IV.

Divergences d'opinions entre Cook et d'Entrecasteaux.

Après avoir lu les relations de Cook et des deux Forster d'un côté et celles de d'Entrecasteaux et de La Billardière de l'autre, le lecteur a dû voir avec étonnement combien elles diffèrent entre elles.

Cette divergence mérite d'être expliquée et nous allons essayer de le faire.

En nous rapportant exclusivement aux relations

des premiers explorateurs, nous voyons le caractère des naturels dépeint sous les plus riantes couleurs: ils sont doux, pacifiques et honnêtes. Le fait est que, pendant le séjour de la *Résolution* à Balade, les rapports de l'équipage avec les indigènes n'ont jamais été troublés; mais faut-il en conclure que ces insulaires étaient, à cette époque, réellement aussi bons que le prétend Cook? Nous ne le croyons pas. D'abord, dans toutes ses relations, le navigateur anglais, qui écrivait avec une certaine emphase, nous a peint des tableaux qui ne s'accordent guère avec la réalité. Il est quelquefois d'un optimisme étonnant. De plus, ce n'est pas en huit jours que l'on apprend à connaître un peuple, surtout un peuple dont on ignore la langue, et dont les idées et les mœurs sont si différentes des nôtres.

En abordant en Nouvelle-Calédonie, Cook était encore sous l'impression favorable produite par les insulaires de Taïti. Partout il ne voulait voir que de paisibles sauvages, vivant heureux à l'état de nature. Pour lui c'était un nouvel âge d'or.

Cook semble fermer volontiers les yeux sur les travers des indigènes, car nous avouerons qu'il faut pousser la complaisance un peu loin pour déclarer sans défauts des gens qui vous vendent, afin d'être servi à table, un poisson dont ils savent pertinemment que la chair est vénéneuse.

Forster, en sa qualité de philanthrope et d'admirateur de la nature, renchérit encore sur la manière de voir de Cook.

« Ces peuples, dit-il, n'ont point encore atteint ce degré où l'esprit est assez perfectionné pour ne point mépriser le sexe. Leur caractère trop grave ne peut être captivé par les caresses d'une femme, ni apprécier les jouissances domestiques; ils ne se livrent jamais à ces petites récréations qui contribuent tant au bien-être des hommes, et qui répandent la gaîté et la vivacité sur les îles de la Société et des Amis. Ils ne rient presque jamais; ils parlent aussi très-peu, et peu d'individus prenaient plaisir à converser avec nous. L'éloignement de leurs plantations empêche peut-être cette communication familière, qui introduirait peu à peu chez eux le besoin de la société. »

Le portrait que Forster nous fait des femmes, est on ne peut plus flatteur:

« Ces Indiennes, dit-il, ont les dents belles, les yeux noirs et expressifs, les cheveux bouclés, et le corps de celles qui n'ont pas fait d'enfants est bien proportionné. Elles sont chastes de mœurs, et paraissent craindre, sinon aimer leurs époux; se tenant toujours à une distance respectueuse, évitant de les offenser par leurs regards ou par leurs gestes.»

En lisant la relation de l'éminent naturaliste, on croit reconnaître à chaque ligne ce goût pour les observations psychologiques et morales qui caractérise le dix-huitième siècle.

Au lieu de nous dépeindre la Nouvelle-Calédonie sous sa vraie couleur et les Canaques tels qu'ils sont dans leur naturel, Forster ne nous fait voir que des gens dont l'existence bucolique rappelle à tout moment les bergers et les bergères de Virgile.

D'Entrecasteaux, quoique prévenu en faveur des naturels, n'arriva point comme Cook la mémoire pleine de bons souvenirs. Il n'avait pas, comme celui-ci, lieu de se louer du *bon caractère* des Océaniens. Pendant sa précédente relâche à Tonga-Tabou, les naturels, dans un engagement assez sérieux, avaient grièvement blessé deux matelots de ses équipages; aussi, comme mesure de sûreté, il ne crut pas devoir engager les indigènes à monter à bord le premier jour. C'était une grosse faute, car le Néo-Calédonien, sans être d'une fierté outrée, n'en ressent pas moins vivement les injures qu'on lui fait; or ne pas recevoir un Canaque, c'est lui faire injure.

Il est évident que, placé à ce point de vue, on comprendra facilement comment les indigènes ne durent voir dans ces explorateurs que de méchantes gens, et que, surexcités par une guerre, qui n'était pas encore terminée quand arriva d'Entrecasteaux, ils commencèrent, presque aussitôt, les hostilités contre ces intrus, en commettant des vols audacieux; et s'ils ne se battirent pas ouvertement, c'est que les armes à feu les avaient tenus en respect.

Ces vols, ces traits de mauvaise foi et les actes de cannibalisme constatés dès le début, expliquent assez pourquoi d'Entrecasteaux trouve cette race laide, étique et mal faite.

Dans sa relation il prétend que ces indigènes ne sont pas les mêmes que ceux avec lesquels Cook avait eu des rapports, et pour en donner la preuve, il invoque la raison, que du navigateur anglais, qui avait visité Balade vingt ans auparavant, il ne restait plus aucun souvenir dans la mémoire des indigènes, et qu'on n'avait retrouvé aucun des signes de reconnaissance que Cook avait laissés en Nouvelle-Calédonie, si ce n'est un chandelier en fer que les marins de l'expédition découvrirent enfoui dans le sable de la plage, près de l'endroit où la *Résolution* avait mouillé.

En déclarant que les indigènes de Balade n'étaient pas les mêmes que ceux qui reçurent Cook, et en supposant que les anthropophages Mingha, dont parlaient les gens de Balabio, avaient envahi la Grande-Terre, d'Entrecasteaux peut bien être dans le vrai, et nous en verrons plus loin la raison. Toutefois les preuves qu'il invoque ne sont guère plausibles, car dans l'espace de vingt ans tous ces petits objets laissés par les Anglais ont eu largement le temps de s'user. D'un autre côté, les échanges constants de tribu à tribu ont nécessairement dû faire disparaître les susdits objets du territoire baladien.

Nous ajouterons cependant qu'il eût été difficile à d'Entrecasteaux de retrouver quelque chose pendant cette période de guerres, où tous les objets de luxe avaient dû être soigneusement cachés. Un fait relatif au séjour de l'explorateur français vient, du reste, à l'appui de notre assertion; ce fait est que, dans toutes leurs excursions, les explorateurs n'ont pas revu un seul des articles qu'ils avaient donnés aux indigènes.

Nous concluons de ce qui précède, que la diversité profonde qui existe entre les récits des deux navigateurs, doit avoir sa raison dans trois causes bien distinctes : l'optimisme outré de l'un, les idées préconçues de l'autre et la migration des indigènes.

Cette migration, quoi que l'on en puisse dire, n'a dû être, à cette époque, que très-restreinte, et n'a pu venir de bien loin, car Cook et d'Entrecasteaux ont trouvé chez les Baladieus la même taille, le même teint, les mêmes costumes (!) et les mêmes armes.

Si d'Entrecasteaux les a trouvés plus maigres que le navigateur anglais, c'est que la guerre et les jeûnes forcés qui en découlent, les avaient mis dans cet état.

En examinant la carte de l'Océanie, on peut induire que les immigrations en Nouvelle-Calédonie doivent être venues principalement par le nord et l'est; il est donc probable que dans l'espace de temps qui s'est écoulé entre la découverte de l'île et le passage des frégates françaises, les derniers arrivés, ceux qui habitaient les Béleps, et que les indigènes désignèrent à Pickersgill sous le nom de Mingha, se trouvant trop à l'étroit chez eux, débarquèrent sur la Grande-Terre, où après une série de combats, ils s'établirent à poste fixe, en refoulant vers le sud les anciens habitants du pays. Cette manière de voir nous paraît d'autant plus vraisemblable, que la présence à Balade des Mingha, qui avaient été déclarés très-belliqueux et anthropophages par les gens de Balabio, expliquerait fort bien les guerres constantes et les actes de cannibalisme que nous signale d'Entrecasteaux.

Les migrations d'archipel en archipel doivent avoir eu lieu très-fréquemment dans les îles de l'Océanie, avant l'installation des Européens. Le langage des insulaires et leurs armes le prouvent assez. Ces peuples alors, loin de s'éteindre comme aujourd'hui, se multipliaient, et peut-être même rapidement. Aussi, bientôt la terre qu'ils habitaient devenait trop étroite pour tant de monde, ou ne fournissait plus la nourriture à tous; alors des tribus entières partaient sur leurs pirogues, erraient souvent de longues semaines à l'aventure sur l'Océan, et finissaient par trouver ou la subsistance sur une terre nouvelle, ou la mort dans les flots. Quelquefois aussi, des guerres meurtrières obligeaient les vaincus à fuir devant la colère des vainqueurs. Ils partaient alors, demandant leur route au hasard, luttant contre la soif et la faim, se dévorant peut-être entre eux. Souvent ils tombaient sur des îles déjà habitées et s'y installaient de vive force, s'ils n'en étaient repoussés par les indigènes et obligés de continuer leur dangereux voyage à la recherche d'un pays moins hostile à leur établissement, ou n'ayant pas les moyens de leur résister.

Dans sa relation, d'Entrecasteaux cite un fait qui ressemble assez à un de ces voyages à la recherche d'une terre nouvelle.

« Une pirogue à deux voiles, dit-il, qui nous avait paru venir du large, accosta la *Recherche* dans l'après-midi. Il y avait sept hommes dans cette embarcation, mais ils ne ressemblaient pas à ceux de la Nouvelle-Calédonie. Ils étaient cependant, comme eux, absolument nus, et ils avaient les parties naturelles relevées et attachées par une ceinture. Ces hommes, dont la peau était plus noire que celle des habitants de Balade, paraissaient être plus robustes et d'une plus belle stature que ces derniers. Ils nous firent entendre qu'ils venaient d'une île nommée *Hohoua* et ils nous indiquèrent la direction dans laquelle cette île devait être, en montrant l'est-nord-est. On distingua dans leur langage plusieurs mots de la langue des îles des Amis, et ils comprirent très-

bien les mots de cette langue que mes gens pro-
noncèrent en cherchant à se faire entendre par
eux. On les trouva beaucoup plus intelligents que
les insulaires de la Nouvelle-Calédonie, avec qui
ils paraissaient avoir eu peu de relations. Des
habitants de Balade vinrent à bord pendant qu'ils
y étaient, et ils n'eurent aucune communication
avec ces étrangers. On me dit que les nouveaux
venus, qui étaient arrivés assez tard, avaient
témoigné quelque désir de passer la nuit à bord,
mais on les avait renvoyés avant d'avoir pu se
former une idée bien précise de l'objet de leur
demande. Nous nous flattions qu'ils reviendraient
le lendemain, mais nous ne les revîmes plus. Leur
départ me causa d'autant plus de regrets que
j'avais espéré en tirer des éclaircissements[1] que
nous n'avions pu obtenir des habitants de la
Nouvelle-Calédonie. »

Quoique moins fréquentes aujourd'hui, ces
migrations n'ont pas encore complétement cessé;
ainsi, l'on rapporte qu'en 1830 les naturels d'une
île misérable et peu productive se firent conduire par un baleinier américain vers une île

---

1. D'Entrecasteaux veut parler d'éclaircissements relatifs
à l'expédition de La Pérouse.

plus riche et plus féconde. Après leur débarquement ils attaquèrent les anciens habitants du pays, les tuèrent et devinrent ainsi les maîtres de l'île.

CHAPITRE V.

Explorations de la Nouvelle-Calédonie et de ses dépendances depuis 1793 jusqu'en 1843. — Voyage de Dumont d'Urville, 1826—1829.

Depuis le voyage de d'Entrecasteaux jusqu'à celui de Dumont d'Urville, aucune reconnaissance sérieuse ne semble avoir été faite de la Nouvelle-Calédonie. Pendant les dernières années du dix-huitième siècle, quelques capitaines anglais, sans mission de leur gouvernement, ont paru dans ces parages, mais ils n'ont laissé sur le pays que des récits contradictoires ou inexacts.

Cependant, le capitaine Kent, commandant le *Buffalo*, reconnut en 1793 la côte sud-ouest de la Nouvelle-Calédonie. Il constata même que

l'anse à laquelle d'Entrecasteaux avait donné
le nom de havre Trompeur, était une passe qui
aboutissait à un excellent port. Il y fit un séjour
de six semaines et lui donna le nom de *port Saint-
Vincent*.

«J'y fus, dit-il, abondamment pourvu par les
insulaires de cannes à sucre, d'ignames et de
poissons, qu'ils échangeaient contre tout ce qu'on
voulait leur donner. Le drap commun paraissait
leur plaire par-dessus toute autre chose. Le fer leur
était inconnu; aussi n'en faisaient-ils aucun cas.»

Après la paix de 1815, les diverses puissances
européennes, notamment la Russie, la France et
l'Angleterre, entreprirent un grand nombre de
voyages d'exploration, mais la plupart des navigateurs ne s'inquiétèrent pas de la Nouvelle-Calédonie, dont le peu de ressources et les abords
dangereux aidaient considérablement à les tenir
éloignés.

Entre le voyage de Kent et celui de Dumont
d'Urville, la terre calédonienne n'a été visitée
que par quelques baleiniers américains; encore
ceux-ci n'ont-ils eu que peu de relations avec les
indigènes.

En décembre 1825, le capitaine de frégate
Dumont d'Urville reçut le commandement de la

corvette la *Coquille*, sur laquelle il venait de faire, en qualité de second, un voyage de circumnavigation. (Voyage de Duperrey, 1822—1825.)

La *Coquille*, dont le nom fut changé en celui d'*Astrolabe*, était destinée à une nouvelle expédition, chargée de visiter les principaux archipels du Grand-Océan, la Nouvelle-Zélande, la Nouvelle-Guinée, et de rechercher les traces de l'infortuné La Pérouse.

Dans une lettre du ministre de la marine, lettre destinée à servir d'instructions à Dumont d'Urville pendant son voyage, il lui était recommandé de se rendre dans les parages de la Nouvelle-Calédonie, au printemps de 1827. Voici ce qui motivait cet ordre :

« Un capitaine américain, disait M. de Chabrol, a dit avoir vu entre les mains des naturels d'une île située dans l'intervalle de la Nouvelle-Calédonie à la Louisiade, une croix de Saint-Louis et des médailles qui lui ont paru devoir provenir du naufrage du célèbre navigateur, dont la perte cause de si justes regrets. Sans doute, ce n'est là qu'un bien faible motif d'espérer que les victimes de ce désastre existent encore; cependant, Monsieur, vous donneriez à Sa Majesté une satisfaction bien vive si, après tant d'années d'exil et de misère, quelqu'un des malheureux naufragés était rendu par vous à sa patrie!»

A cette époque on n'avait encore nulle connaissance de la découverte faite par le capitaine anglais Peter Dillon, au service de la compagnie des Indes orientales.

Quoique cette découverte n'ait qu'un rapport très-éloigné avec l'historique de la Nouvelle-Calédonie, nous ne pouvons nous empêcher d'en dire quelques mots; car nous devons hommage et respect à ces infortunés martyrs de la science, dont la lente agonie a été mille fois plus glorieuse que la mort de certains missionnaires modernes, couronnés trop complaisamment de l'auréole lumineuse des vrais martyrs de la foi.

En 1813, pendant un de ses voyages à travers l'Océanie, le capitaine Dillon avait embarqué aux Fidji un matelot prussien, nommé Martin Bushart, qui s'y était marié et qui avait prié le capitaine de le déposer avec sa compagne sur une île paisible; un lascar (matelot indien) demanda en même temps à partager le sort du Prussien. Le capitaine Dillon les transporta, tous trois, dans une petite île, nommée *Tucopia* ou *Tikopia*, dont les habitants paraissaient avoir un caractère doux et sociable, puis il continua sa route.

En 1826, Dillon relâcha par hasard à Tucopia. Il y revit le matelot prussien et le lascar, tous deux très-contents de leur sort.

C'est là qu'une circonstance fortuite mit Dillon sur les traces de la *Boussole* et de l'*Astrolabe*.

Le lascar venait de vendre à l'armurier du bord une garde d'épée en argent, portant un chiffre. Elle fut montrée au capitaine qui, très-intrigué sur la provenance de cet objet, interrogea Martin Bushart.

Le Prussien lui déclara que cet objet, de même que beaucoup d'autres articles en fer qui se trouvaient alors entre les mains des insulaires, provenait d'une île assez éloignée, appelée Vanikoro, où deux bâtiments européens avaient fait naufrage il y avait une quarantaine d'années.

Le lascar, de son côté, fit savoir à Dillon qu'il était allé six ans auparavant à Vanikoro, et qu'il y avait rencontré deux vieillards européens qui avaient fait partie des équipages naufragés.

D'après ces renseignements, le capitaine Dillon ne douta plus un seul instant que ces bâtiments ne fussent ceux de la malheureuse expédition française dont le sort avait été jusque-là une indéchiffrable énigme. Il se dirigea aussitôt sur l'île désignée par Bushart et par le lascar, mais en raison des courants et des vents, il ne put y accoster.

De retour à Calcutta, il fit part de sa découverte à la compagnie des Indes, qui le chargea, quelque temps après, d'explorer Vanikoro. Il remplit sa mission presqu'en même temps que le capitaine Dumont d'Urville accomplissait la sienne.

Revenons maintenant à l'itinéraire du commandant de l'*Astrolabe*. Dans le mémoire officiel d'instructions nautiques nous lisons :

« Il est à présumer que si la corvette l'*Astrolabe* quitte les îles Fidji le 27 mars, elle pourra se trouver aux environs de la Nouvelle-Calédonie le 6 avril suivant. La route sera dirigée à l'ouest, de manière à passer en vue des îles les plus méridionales de l'archipel des Hébrides, appelées Erronan et Anatom; ensuite on se tiendra entre les parallèles des 20e et 21e degrés de latitude. Les côtes de la Nouvelle-Calédonie et les récifs dont elles sont environnées, ont été reconnus par Cook et le contre-amiral d'Entrecasteaux, il serait sans objet de s'en occuper; mais un groupe d'îles, qui porte sur la nouvelle carte le nom de *Loyalty*, et dont l'extrémité occidentale se trouve à peu près sur le même méridien que les îles Beaupré, reconnues par d'Entrecasteaux, mérite toute l'at-

tention de M. d'Urville. Nous n'avons aucun détail certain sur l'étendue et la position de ces îles.

« La carte de l'atlas de Krusenstern [1], où se trouve
la Nouvelle-Calédonie, semblerait indiquer que
la côte occidentale des deux îles les plus méridionales des Loyalty, ainsi que les côtes sud des
trois autres îles, ont été visitées. M. d'Urville
tâcherait donc de venir reconnaître l'extrémité la
plus sud de ces îles les plus méridionales. En
quittant ces îles, il serait avantageux de rattacher
leur position à quelques points dont la position
géographique a été antérieurement déterminée
par le contre-amiral d'Entrecasteaux; les îles
Beaupré offriront cet avantage; mais il faudrait
passer au sud de ces îles, parce que c'est la partie
nord qui a été vue précédemment. »

D'après ces instructions, le capitaine Dumont
d'Urville devait principalement reconnaître la
chaîne des îles qui s'étendent à l'est de la Nouvelle-Calédonie.

---

1. Jean-Adam de Krusenstern, navigateur russe, né en
1770, mort en 1846, exécuta de 1803 à 1806 un voyage
autour du monde, dans lequel il fit plusieurs découvertes.
Il fut nommé en 1826 vice-amiral et sons-directeur de l'école
des cadets. On lui doit un magnifique atlas de l'Océan pacifique, 1824 et années suivantes.

Malgré leur rapprochement de la côte, ces îles avaient échappé aux recherches de Cook. Ce fut d'Entrecasteaux, dans sa traversée de Tonga-Tabou à Balade, qui reconnut l'extrémité septentrionale des Loyalty, qu'il nomma *îles Beaupré*.

Ces terres, dont le navigateur français était bien loin de soupçonner l'étendue, faillirent être cause de sa perte. Sans les cris des oiseaux, que l'officier de quart entendit au milieu de la nuit, et qui l'engagèrent à mettre en panne, les frégates seraient certainement venues se briser contre les récifs qui environnent ces îles.

On n'avait, en 1826, que des données bien vagues sur la position et sur le nombre des îles Loyalty; l'amiral Krusenstern lui-même, dans ses *Mémoires hydrographiques sur l'Océan pacifique*, ne dit que peu de chose sur ces terres :

« A l'est de la Nouvelle-Calédonie on trouve sur plusieurs cartes des îles nommées *Loyalty;* cependant j'avoue que je ne puis rien en dire de certain, car, d'après les uns, elles furent découvertes en 1800 par le vaisseau le *Walpole*, et d'après d'autres, en 1803, par le vaisseau le *Britannia*. On n'a aucun détail ni sur leur étendue, ni sur leur position géographique. Aucun des navigateurs connus ne les a vues, quoique leur route portât tout près de ces îles, que j'ai placées dans ma carte, comme elles le sont dans celles d'Arrow-Smith. »

Ce peu de certitude sur l'existence de ces terres engagea le contre-amiral de Rossel à faire de la reconnaissance des Loyalty un des points principaux des instructions de M. Dumont d'Urville.

Le 25 avril 1826, après avoir complété son armement, la corvette l'*Astrolabe* quitta la rade de Toulon pour prendre le large. En route elle visita Gibraltar et les Canaries, puis doubla le cap de Bonne-Espérance et reconnut, le 5 octobre, la côte sud-ouest de la Nouvelle-Hollande.

Après un séjour de quelques semaines dans les ports australiens, Dumont d'Urville fit voile pour la Nouvelle-Zélande, où il s'arrêta quelque temps, puis visita Tonga-Tabou et les Fidji.

Pendant sa navigation à travers l'archipel Fidjien, le commandant d'Urville releva, avec beaucoup de soins, les nombreux îlots et les récifs qui s'étendent devant l'île principale (Viti-Levou).

Après avoir accompli cette dangereuse, mais utile exploration, l'*Astrolabe* se dirigea vers la partie méridionale des Nouvelles-Hébrides. Le

12 juin elle aperçut l'île d'Erronan et le lendemain celle d'Anatom.

Le 15 juin 1827, l'*Astrolabe* arriva en vue de la plus méridionale des Loyalty. « Cette terre, dit M. d'Urville, élevée de cinquante à soixante toises au plus, semblait fort uniforme, et ces monticules, constamment découpés à angles droits et terminés par des lignes parfaitement horizontales, imitaient admirablement des coupes d'édifices ou des fortifications. Cette forme, jointe à leur couleur blanchâtre, indique que leur nature doit être calcaire, et peut-être calcaire madréporique. Nous ne remarquâmes point d'arbres sur les hauteurs; seulement, vers la partie sud, des pins (probablement ceux de la Nouvelle-Calédonie) et des cocotiers sur le rivage. Quelques fumées nous annoncèrent la présence de l'espèce humaine, et je distinguai même à la longue-vue une cabane allongée, semblable à une tente, à cette distance. Chose assez étrange en ces parages, aucun récif n'environnait l'île, et partout la mer brisait à la plage. Le soir nous passâmes à moins de deux milles du cap *Coster*, qui termine au nord-est cette île, à laquelle je donnai le nom de *Britannia* (Maré), du navire qu'on suppose avoir le premier aperçu le groupe des îles Loyalty.

« Au point du jour, le 16, nous reconnûmes que le courant nous avait considérablement entraînés au nord-ouest et nous avait rapprochés d'une île (île Boucher)[1], située dans le nord de l'île Britannia, constituée à peu près de la même manière, mais beaucoup plus petite, puisqu'elle n'a guère plus de huit à dix milles de circonférence. Alors nous ralliâmes la côte septentrionale de l'île Britannia, et reconnûmes deux caps très-saillants qui reçurent les noms de *Roussin* et *Mackau;* l'un forme la pointe nord et l'autre la pointe nord-ouest de Britannia. De là nous gouvernâmes au nord-ouest, pour déterminer quatre petites îles situées à la suite de celles-ci et assez rapprochées les unes des autres (les îles Molard, Hamelin, Laîné et Vauvilliers). Sur la première, dont nous ne passâmes qu'à une lieue, nous distinguâmes des feux et plusieurs de ces pins à forme bizarre, semblables à des colonnes que Cook ob-

---

1. Cette île est désignée sur la carte actuelle du dépôt de la marine par le nom d'*île Tiga*. Nous ferons observer, en passant, que depuis quelques années on désigne, avec raison, les divers lieux calédoniens par leurs noms canaques. Cette appellation a l'avantage d'écarter une foule d'erreurs occasionnées par la similitude de noms avec des lieux tout à fait étrangers à la colonie.

serva le premier sur les côtes de la Nouvelle-
Calédonie.

« Dans l'après-midi nous approchâmes et prolongeâmes à quatre ou cinq milles de distance la
côte d'une île beaucoup plus grande, à laquelle
nous donnâmes, d'un commun accord, le nom de
Chabrol (Lifu), en mémoire du ministre à qui la
France avait dû l'expédition de l'*Astrolabe*. Malgré
la brume épaisse qui nous masquait souvent la
vue des terres, nous reconnûmes qu'elle était plus
montueuse et beaucoup mieux boisée que l'île
Britannia. Sur la partie du nord-est se trouve un
vaste enfoncement (baie *Chateaubriand*) qui offre,
sans doute, un bon abri contre les vents du sud-
ouest, mais très-peu avantageux contre les vents
régnants de l'est.

« A 6 heures du soir, nous trouvant à six milles
environ dans l'est de sa pointe nord-est, qui reçut
le nom de *cap Bernardin-de-Saint-Pierre*, nous
diminuâmes de voiles et serrâmes le vent tribord
pour ne pas le dépasser dans la nuit. Au soir, le
ciel s'éclaircit et la nuit fut fort belle.

« Le 17, à 4 heures du matin, nous laissâmes
porter sur la partie nord de l'île Chabrol, dont
nous ne nous étions pas éloignés à plus de six à
sept milles, et nous la prolongeâmes à moins de

deux milles de distance. A cet éloignement nous en saisîmes parfaitement les moindres détails, partout la côte est taillée à pic, sauvage et revêtue seulement de buissons, d'arbrisseaux et de quelques bouqu...s de cocotiers rabougris, semés çà et là. Nulle apparence d'hommes ni d'habitations. Nous passâmes devant un enfoncement assez remarquable, d'où les vents de terre nous apportaient des odeurs très-suaves, et je me disposais à serrer la côte de près, quand à 9 heures la vigie des barres annonça sur tribord un brisant au large détaché de la côte. Un instant, je voulus essayer de passer entre lui et la terre, mais je réfléchis que cette tentative serait trop imprudente. Nous continuâmes à suivre, à six ou sept milles de distance, la côte ouest qui, dans cette partie, semblait offrir, entre deux pointes bien prononcées (pointes *Aimé-Martin* et *Lefèvre*), une baie spacieuse où l'on ne peut pas manquer de trouver un bon mouillage contre les vents régnants de l'est.

«A 3 heures du soir, nous venions d'explorer environ soixante-dix à quatre-vingts milles des côtes de l'île Chabrol, au moins les trois quarts de son périmètre, et la côte fuyait vers le sud-est; aucune autre terre ne se présentant ni dans le sud, ni dans l'ouest, je ne songeai plus qu'à me diriger sur les îles Beaupré, ainsi qu'il m'était prescrit. En conséquence, le cap fut mis à l'ouest un quart nord-ouest sous toutes voiles, avec une petite brise d'est-sud-est et beau temps. Il n'y avait pas plus d'une demi-heure que nous suivions cette route, et nous n'avions pas encore perdu de vue les terres de l'île Chabrol, quand la vigie nous en annonça de nouvelles de l'avant; à 5 heures elles furent visibles de dessus le pont et s'annoncèrent sous le même aspect que celles de l'île Britannia, c'est-à-dire basses, uniformes et sans accident de terrain bien sensible. Il était trop tard pour en entreprendre la reconnaissance, et nous passâmes sous petits bords la nuit, qui fut charmante. La nouvelle île reçut le nom d'île Halgan (Uvea).

«Au jour, je gouvernai sur l'île Halgan, distante de huit à neuf milles, et peu après nous distinguâmes de l'arrière cinq pirogues. Une d'elles semblait s'avancer dans nos eaux, et je fus curieux de communiquer avec ces naturels pour savoir s'ils appartenaient à la race de la Nouvelle-Calédonie, décrite par Forster. En conséquence, je mis en panne pour les attendre; mais, lorsque la première pirogue, qui venait sur nous, ne fut plus qu'à une demi-lieue de distance, elle mit en

3.

travers et en laissa passer devant elle une autre qui fit aussitôt la même manœuvre. Les trois autres continuèrent leur route à l'ouest. Nous fîmes tous les signaux que nous jugeâmes les plus propres à les attirer vers nous; mais ces efforts furent inutiles. Ce que nous avons pu discerner à la longue-vue nous a prouvé que ces pirogues étaient assez larges, longues, lourdes et mauvaises voilières. Elles semblaient chargées d'hommes et revenaient peut-être de quelque excursion militaire sur l'île Chabrol. Notre présence parut les gêner un moment et leur fit faire fausse route, car elles reprirent celle qu'elles suivaient d'abord, dès qu'elles nous virent leur laisser le champ libre en remettant le cap au nord. Les naturels nous parurent couverts de bonnets pointus, dont la couleur blanche contrastait singulièrement avec la teinte noire de leur peau.

« L'île Halgan offre sur sa partie orientale une large baie peu profonde, qui s'étend l'espace de neuf milles depuis la pointe Saint-Hilaire jusqu'à la pointe du nord-est, mais ne peut offrir de ressources contre les vents ordinaires en ces mers. Nous continuâmes notre route au nord, afin de contourner l'île par ce côté; mais la brise tomba entièrement et nous restâmes en calme avec un temps superbe. Au coucher du soleil nous étions à trois lieues de terre et nous passâmes la nuit en calme.

«Dès le matin du 19, nous profitâmes d'une jolie brise du sud-sud-est pour nous rapprocher de la côte septentrionale de l'île Halgan, et bientôt nous la prolongeâmes à deux milles de distance. La pointe du nord-est est basse, bien boisée et couverte de cocotiers. En continuant à nous en approcher, nous remarquâmes deux ou trois fumées, et peu après une quarantaine de naturels qui accouraient à la plage pour nous voir passer. Là nous retrouvâmes une longue lame qui venait briser à la côte avec fureur. Après avoir dépassé de quatre milles le cap le plus septentrional, que nous avons nommé cap *Rossel* et sur lequel on observe çà et là des bouquets de cocotiers et de pins, la terre se réduit à une chaîne d'îlots peu élevés, équarris, taillés à pic sur les flancs et couverts de bouquets de verdure. Nous n'en comptâmes pas moins d'une quinzaine; les divers changements à vue que produisait notre route, alors assez rapide et très-rapprochée, variaient à chaque instant les effets de perspective et nous offraient un spectacle ravissant. Vers 4 heures je me trouvais, d'après mes observations, très-près de la position des îles Beaupré, et, en effet, en observant plus attentivement les positions relatives et l'aspect des trois dernières îles Loyalty, je reconnus que ce n'était pas autre chose que celles qui furent ainsi désignées dans le voyage du contre-amiral d'Entrecasteaux. A 5 heures 22 minutes du soir nous n'étions qu'à un mille au nord-est du récif qui les environne; nous terminâmes ainsi notre reconnaissance des îles Loyalty, en liant nos opérations, de la manière la plus immédiate, aux excellents travaux de M. d'Entrecasteaux. Nous désignâmes par le nom de *Pléïades* les petites îles situées entre l'île Halgan et le groupe Beaupré.

«Après avoir encore passé la nuit aux petits bords, le 20, à 5 heures du matin, nous fîmes servir au nord-ouest un quart ouest, et dès 9 heures la vigie des barres signale un récif isolé dans l'ouest; je fis gouverner droit dessus, jusqu'au moment où nous n'en fûmes plus qu'à deux milles; nous passâmes à moins d'un mille de la partie septentrionale, qui était occupée par un îlot de sable presque au niveau de l'eau et sur lequel la mer brisait avec une violence extrême. Cet écueil peut avoir quatre à cinq milles du nord au sud; mais nous n'en vîmes pas l'extrémité méridionale.

Quelques années encore, et qu'un petit nombre de cocos et de graines de *Barringtonia* et d'autres plantes viennent à y germer, et ce sera bientôt une île véritable.

« Mais je m'aperçus que l'équipage de l'*Astrolabe* faisait des réflexions d'un tout autre genre que les miennes. Échappés à peine aux dangers que leur avaient offerts la Nouvelle-Zélande, les îles Tonga et les îles Fidji, ils ne rêvaient plus qu'écueils, et l'on pouvait facilement juger que leur moral était singulièrement ébranlé par la nature de notre navigation. Pour le raffermir un peu, du moins pour le distraire de ces sombres idées, je promis une piastre à quiconque annoncerait une île ou un écueil que je n'aurais pas signalé d'avance. Bientôt les hunes et les barres furent pleines de guetteurs, et tous, jusqu'au coq (cuisinier de l'équipage), cherchèrent à gagner la prime.

« Ils y réussirent bientôt, car nous avions à peine perdu de vue les derniers récifs, que la vigie en signala un autre à l'avant, à toute vue. Ce nouvel écueil, dont nous ne passâmes qu'à deux milles, s'étend comme le précédent, dont il est éloigné de cinq lieues, l'espace de six à sept milles, du nord au sud; je penche fort à croire qu'ils sont réunis l'un à l'autre par une hanche plus reculée vers le sud, que nous n'avons pu apercevoir et de manière à former une espèce de fer à cheval, comme la plupart de ceux qui sont connus dans la mer de Corail.

« Ces écueils reçurent le nom de *récifs de l'Astrolabe*, et sont d'autant plus redoutables qu'ils sont éloignés de près de trente mille des îles Beaupré, et de soixante milles des côtes les plus voisines de la Nouvelle-Calédonie. »

Après avoir déterminé la position de ces écueils avec la plus grande précision, le commandant d'Urville continua sa route vers l'extrémité septentrionale des récifs de la Nouvelle-Calédonie dans le but de combler la lacune laissée par d'Entrecasteaux, en relevant avec soin toute cette ligne de coraux.

Pendant sa navigation le long des brisants, il fut assailli par le mauvais temps, et, les courants aidant, il dut quitter ces dangereux parages, se promettant toutefois d'y revenir l'année suivante.

Le 29 juin, l'*Astrolabe* reconnut les côtes de la Louisiade, puis il se dirigea vers la Nouvelle-Guinée, visita les Moluques et revint au mois de décembre 1827 à Hobart-Town (Tasmanie).

C'est là que Dumont d'Urville eut connaissance

des découvertes faites par Dillon à Tukopia. Ces nouvelles firent changer complétement le plan de campagne à d'Urville. Après un séjour de deux semaines à Hobart-Town, il fit voile pour Tukopia, y prit les renseignements que nous connaissons déjà et se dirigea immédiatement sur l'île Vanikoro.

Il y mouilla le 21 février 1828, après avoir cherché pendant plusieurs jours un passage dans la ceinture madréporique qui entoure l'île.

La corvette, après toutes sortes de difficultés, se trouvait donc près des lieux témoins de la lente agonie des équipages naufragés, mais là un nouveau contretemps mit des entraves sérieuses aux recherches de l'expédition. Pendant plusieurs jours il fut absolument impossible de décider les naturels intéressés de l'île à indiquer l'endroit où avaient coulé bas les deux frégates.

Le 25 seulement, l'un d'eux, séduit par un morceau de drap rouge, promit de conduire le canot à l'endroit même où devaient s'être perdus les bâtiments de La Pérouse.

Le sauvage conduisit, en effet, l'embarcation dans un lieu où l'on aperçut, disséminés au fond de la mer, à trois ou quatre brasses de profondeur, des ancres, des canons, des boulets, des saumons en fer, en plomb et principalement une énorme quantité de plaques de ce dernier métal. Les objets plus minces, en cuivre ou en fer, étaient tellement corrodés par la rouille, que l'on ne put les reconnaître. Quant au bois, il avait complétement disparu.

Après avoir retiré le plus grand nombre d'objets possible du fond des eaux, et avoir acquis la certitude qu'ils avaient bien appartenu à l'expédition de La Pérouse, M. d'Urville conçut le dessein généreux de faire élever un monument commémoratif aux mânes des malheureux Français qui avaient péri dans ces lointains parages.

La construction du cénotaphe fut commencée le 6 mars et achevée le 14. L'inauguration, simple et solennelle, en fut consacrée par trois décharges de mousqueterie et une salve de vingt et un coups de canon.

Le 17 mars, l'*Astrolabe* quitta enfin ce rivage dangereux et insalubre. Pendant ces quatre semaines de séjour à Vanikoro, presque tout le monde fut atteint de la fièvre (qui, du reste, règne en permanence dans une grande partie des îles Santa-Cruz, Salomon et des Nouvelles-Hébrides); il restait à peine, le jour du départ,

une vingtaine d'hommes à bord, capables de faire
leur service; M. d'Urville lui-même fut atteint du
mal.

Dès que la corvette eut pris le large, le commandant d'Urville essaya de reconnaître l'île
Tama-Taumako de Quiros; le mauvais temps l'en
empêcha; il se dirigea ensuite vers Port-Jackson
(Sydney), mais les vents contraires et le gros
temps l'obligèrent presque aussitôt à changer de
route.

Il conduisit alors le navire aux Mariannes, pour
y procurer quelques soulagements à son équipage
malade; puis il visita les Pelew, la Nouvelle-Guinée, les Moluques, les Célèbes et arriva le 4 août
1828 à Batavia.

Il repartit de ce point le 2 septembre pour la
France, et, après avoir relâché à l'île Maurice, à
Bourbon, au cap de Bonne-Espérance, à Sainte-
Hélène et à l'Ascension, il mouilla enfin à Mar-
seille, le 25 mars 1829.

Avec l'expédition de Dumont d'Urville se ter-
minent les voyages de découvertes relatifs à la
Nouvelle-Calédonie. Jusqu'à l'époque de l'établissement des missions, l'île n'a été visitée que
par des baleiniers et quelques rares navires marchands. La réputation d'anthropophages, faite aux

Canaques, ayant beaucoup contribué à éloigner
de ces rivages tous ceux que le désir de commercer eût pu attirer.

CHAPITRE VI.

Missions catholiques, depuis leur établissement (1843) jusqu'en 1847. — Naufrage de la *Seine*. — Expulsion des
missionnaires.

En prenant possession des îles Marquises (1842),
et en créant une station maritime dans l'Océan
pacifique, la France avait donné une nouvelle et
vigoureuse impulsion au commerce, aux explorations et à l'établissement des missions catholiques,
dans les nombreux archipels de l'Océanie; grâce
à la présence du pavillon tricolore dans ces mers
éloignées, l'ancien état de choses changea sensible-
ment, et cela dans un espace de temps fort res-
treint.

Vers la fin de 1843, ainsi à peine un an après
l'occupation des Marquises, la gabare le *Bucéphale,*
commandée par le capitaine de corvette Julien
La Ferrière, se détacha de la station française du

Pacifique (alors sous les ordres du contre-amiral Dupetit-Thouars), pour aller déposer des missionnaires dans différents groupes d'îles de l'Océanie occidentale.

Le 19 décembre 1843, le *Bucéphale* arriva en vue du havre de Balade. Il avait à son bord les PP. Viard et Rougeyron de la congrégation de Marie, deux frères laïques et l'ex-coadjuteur de Monseigneur Bataillon, évêque de Wallis, Monseigneur Douarre, qui venait d'être promu par le Saint-Siège au vicariat apostolique de la Polynésie occidentale avec le titre d'évêque d'Amata *in partibus.*

Attirés par la présence d'un navire européen, les indigènes poussèrent bientôt leurs pirogues au-devant du *Bucéphale,* agitant des morceaux d'étoffe blanche en signe d'amitié.

Des relations furent immédiatement établies avec les naturels. On invita les chefs à manger à bord, ce qu'aucun ne refusa; puis on leur fit des présents pour se concilier leur amitié et faciliter l'établissement des missionnaires.

M. La Ferrière, qui avait pour instructions de traiter au nom du roi des Français avec les différents chefs de la contrée, voulut, d'accord en cela avec Monseigneur Douarre, rassembler les principaux *alikis* (chefs) du pays. Mais la jalousie et l'inimitié qui divisaient les chefs et les tribus, l'obligèrent à y renoncer. Il dut traiter séparément avec chaque aliki, moyen fâcheux, qui pouvait devenir la source de bien des maux.

Après avoir reçu les divers chefs à bord, et s'être assurés de leurs bonnes intentions, M. La Ferrière et Monseigneur d'Amata résolurent de faire une excursion dans la vallée du Diahot pour rendre leur visite à quelques-uns d'entre eux.

Accompagnés d'une escorte convenable, ils se dirigèrent en canot vers l'embouchure du Diahot, remontèrent ce fleuve à quelques milles, et s'arrêtèrent en face d'un village indigène dont les habitants leur firent l'accueil le plus cordial.

Monseigneur d'Amata, non content de visiter ce village, se dirigea aussitôt vers la tribu de Bondé, tandis que le commandant La Ferrière, qui désirait veiller sur l'embarcation, passa la nuit à l'endroit où ils avaient atterri.

Le lendemain se passa en partie à explorer les environs, et tout le monde revint à bord enchanté de cette première excursion.

Sitôt après le retour du canot, le commandant du *Bucéphale* s'occupa de l'installation des missionnaires. Il fut décidé que le siège de la mission serait établi au village même de Balade.

A cet effet, on acheta de Téa-Païama, chef de Balade, le terrain nécessaire à l'établissement des Pères. Le prix en fut payé au moyen d'objets d'échange et de présents de toutes sortes. Dès que le marché fut conclu, Téa-Païama fit déblayer, par ses propres sujets, le terrain vendu. Il accorda, en outre, aux marins la permission de couper sur son territoire les arbres nécessaires à la construction de la maison.

Le jour de Noël de l'année 1843, Monseigneur d'Amata prit possession de son siège apostolique, et le 21 janvier, il inaugura le modeste établissement. Afin de donner plus de solennité à la cérémonie, et aussi pour inspirer aux naturels la crainte et le respect du pavillon français, M. La Ferrière avait fait mettre l'équipage tout entier sous les armes.

Le lendemain, le *Bucéphale* quittait le havre de Balade. Les adieux de la part des chefs indigènes furent touchants, et, peut-être, sincères chez quelques-uns. Pakili-Pouma, le chef de Koko, s'était fait couper la barbe en signe de tristesse, il fit même un discours de circonstance que les naturels accompagnèrent de cris et de gestes d'approbation. Un des missionnaires adressa ensuite une courte allocution aux naturels, leur faisant entrevoir l'arrivée prochaine d'un nouveau bâtiment de guerre, dont le commandant saurait récompenser ceux qui auraient bien agi et punir ceux qui en auraient usé méchamment à l'égard des Pères. Puis la gabare leva l'ancre et s'éloigna du rivage en saluant la case épiscopale de neuf coups de canon.

Les relations avec les indigènes, grâce à l'impression laissée par les marins français, furent des meilleures dans les premiers temps. Mais une foule de misères et de tracas devaient bientôt assaillir les missionnaires. Trois mois ne s'étaient pas écoulés, et déjà la case tombait en ruine. Les bois qui avaient servi à la construction de la charpente étaient complétement vermoulus. Quelques Canaques, poussés par leurs instincts de pillage, avaient même essayé d'incendier cette misérable baraque en lançant sur la toiture des tisons enflammés. Les Pères ne parvinrent à déjouer ces entreprises que par une vigilance de tous les instants. Les vivres aussi manquèrent plus d'une fois. Il fallut remuer la terre pour lui arracher la nourriture quotidienne et souvent cela ne suffisait pas; mais laissons la parole au Père Rougeyron:

«....[1] Il nous a fallu, dès le commencement, dit-il, défricher un terrain assez vaste, bêcher notre jardin, semer forces graines. Depuis vingt mois, nous travaillons sans relâche, et encore nous n'avons pas réussi à nous créer des ressources suffisantes. Au moment de nos plus grands besoins, notre jardin a cessé de produire par suite de la sécheresse. Que Dieu soit béni! Cette épreuve n'a fait qu'accroître notre confiance en sa providence. Nous achetâmes alors un champ d'ignames; nous nous étions bien fatigués à les arracher, mais au moment où nous allions les emporter à notre demeure, le chef qui nous les avait vendus envoya une troupe de bandits qui nous les enlevèrent sous nos yeux. En un instant, nos provisions avaient toutes disparu.

«Que faire alors pour ne pas mourir de faim? Acheter, nous l'avons fait tant que nous avons eu des objets d'échange et que les naturels ont eu de quoi nous vendre. Il nous a fallu ensuite aller de porte en porte pour demander quelques racines, et encore n'en avons-nous pas trouvé dans le voi-

------

1. Extrait d'une lettre du P. Rougeyron au T. R. P. Collin, supérieur général de la Société de Marie (Balade, le 1er octobre 1845).

sinage. Plusieurs jours de suite, nous n'avons rien pris avant trois heures du soir; nous n'avions que des racines d'herbe, et encore pas à satiété. Plus d'une fois nous avons envié la nourriture que les hommes les plus nécessiteux d'Europe dédaignent souvent.»

A force de patience et de dévouement, les missionnaires réussirent enfin à mener une existence un peu plus convenable. Le P. Viard, qui connaissait à fond la langue du pays, prit bientôt un grand ascendant sur les naturels, et grâce à son intelligente activité, la situation changea d'aspect.

Comme la case avait fini par devenir inhabitable, et que le terrain cultivé était incessamment dévasté par les tribus qui se faisaient la guerre, les Pères construisirent une maison en pierres sur une colline isolée, près du village de Baïao, entre Balade et Mahamata. Ce nouvel établissement était à peine achevé, quand la corvette le *Rhin* arriva au mouillage de Balade (27 septembre 1845).

Voici comment le capitaine Bérard rapporte les principaux incidents qui marquèrent le séjour de la corvette dans ces parages:

«Nous aperçûmes sur une hauteur une maison construite à l'européenne, sur laquelle flottait un pavillon tricolore; nous éprouvâmes tous une grande joie à cette vue, parce qu'on nous avait inspiré les plus vives inquiétudes sur le sort de cette mission. Quelques instants après notre arrivée, nous reçûmes à bord Monseigneur d'Amata et les PP. Viard et Rougeyron, qui nous apprirent qu'après bien des inquiétudes et de grands travaux ils étaient parvenus à s'établir d'une manière assez sûre au milieu de ce peuple.

«Depuis le départ du *Bucéphale*, ils étaient restés seuls, livrés aux faibles ressources qu'on leur avait laissées. Aussi avaient-ils souffert toutes sortes de privations, et au moment où nous arrivâmes, il leur restait à peine de quoi se nourrir. La présence de la corvette a produit un effet merveilleux sur les naturels : la manière dont ils ont été accueillis, les a enchantés. On donnait du biscuit à tous ceux qui se présentaient, et, quoique ce biscuit ne fût que de la *machemoure* restée au fond des soutes, c'était une excellente nourriture pour des hommes qui sont réduits quelquefois à manger de la terre glaise. Aussi je regarde les peuples de cette partie de la Nouvelle-Calédonie comme entièrement gagnés à notre nation. Une visite que je fis au chef de Pouébo, tribu établie à environ douze milles plus à l'est que Balade,

m'en a bien convaincu. Ce chef, après une réception solennelle selon leurs usages, émerveillé des
cadeaux que je leur donnai, m'offrit toutes les terres fertiles des environs de sa tribu: il me supplia
de venir m'y établir avec le P. Viard, et toute la
population applaudissait à ses offres.

« Les environs de Balade sont assez tristes, mais
ils offrent encore quelques ressources pour la culture: nous avons vu des endroits très-fertiles, plus
loin dans l'intérieur et sur la côte. Pouébo offre
un beau site pour un établissement; à trente milles plus loin, vers l'est, le P. Viard a visité un
endroit nommé *Hienguène*, où le chef demande
ardemment des missionnaires. Le sol y est extrêmement fertile et très-bien arrosé. Les récifs qui
entourent toute la côte offrent, dans beaucoup de
points, d'excellents mouillages et de bons ports.
Je regrette bien de n'avoir pu m'en assurer pour
Hienguène et Pouébo.»

La corvette ravitailla la mission en provisions
de toutes sortes et laissa aux Pères une certaine
quantité d'objets d'échange. M. Bérard leur fit
cadeau, en même temps, d'un énorme bouledogue
qui devait servir de gardien à l'établissement.
Malheureusement, les Pères eurent le grand tort
d'encourager outre mesure les instincts batail-

leurs de *Rhin* (c'était le nom qu'on avait donné à l'animal), qui, dès le début, avait pris les sauvages en grippe, et les mordait toutes les fois qu'il en trouvait l'occasion. Cette fâcheuse éducation coûta bien cher aux Maristes, plus tard.

La corvette l'*Héroïne* suivit de près le *Rhin*; des caboteurs anglais visitèrent aussi la mission. Vers cette même époque, la *Société de commerce de l'Océanie*, créée depuis quelques années seulement, entra en communication avec les missionnaires. Cette société, composée d'armateurs, d'actionnaires et de membres ecclésiastiques, avait son siège au Hâvre et à Paris. Elle avait été formée dans un but à la fois religieux et commercial. Pour permettre au lecteur de juger de l'esprit dans lequel cette société avait été créée, nous reproduisons ici quelques lignes du compte rendu d'une séance du cercle catholique, en 1845.

«Jalouse d'éloigner jusqu'au soupçon de l'esprit de lucre et de cupidité, la Compagnie s'est constituée sur des bases qui interdisent à ses actionnaires toute pensée de spéculation. Ceux-ci ne doivent recueillir que l'intérêt de leur argent: le reste des bénéfices demeure applicable à l'extension des affaires de la Société.»

Dès 1844, la Société de l'Océanie avait expédié trois navires dans la mer du Sud pour ravitailler les missions et commercer avec les naturels.

Au moyen de ces divers navires, faisant de temps à autre leur apparition à Balade, Monseigneur d'Amata fut en mesure de communiquer avec Sydney, et la mission put alors se procurer, avec une certaine régularité, les provisions nécessaires.

Cette période de prospérité ne fut pourtant que de courte durée. Le crédit, encore mal établi, des missionnaires fut terriblement ébranlé par un ennemi que l'on ne pouvait combattre. Un mal d'une nature inconnue, une épidémie implacable vint ravager la terre calédonienne; on comptait les morts par centaines; des villages entiers se dépeuplaient. Ne pouvant se soustraire au mal, et croyant fermement que le fléau qui les décimait n'avait pu être attiré que par les missionnaires, déjà accusés de maléfices et de sortilèges, les populations indigènes conçurent contre les Maristes un vif ressentiment, qui se traduisit d'abord par une inimitié sourde, mais qui bientôt devait se changer en haine ouverte.

L'irascible Rhin, qui au moindre signe allait déchirer de ses formidables crocs les maigres mollets des Canaques, contribua également à exaspérer les indigènes.

Un autre motif d'animosité fut la traite des Océaniens, trafic honteux qu'exerçaient impunément quelques capitaines anglais, gens avides de gain, exempts de scrupules, et d'une moralité déplorable. Ce commerce de chair humaine consistait tout bonnement à attirer un certain nombre de naturels à bord des navires au moyen de quelques présents, de lever l'ancre et de conduire ces malheureux en Australie, où ils étaient cédés aux colons moyennant un prix de passage convenu entre les parties. Ajoutons toutefois que ces choses se faisaient à l'insu du gouvernement britannique, et que ces spéculateurs interlopes, ou, disons le mot, ces écumeurs de mer, n'avaient organisé leur abominable industrie que grâce au peu de surveillance que les marines de guerre exerçaient alors dans ces mers lointaines.

Un seul trait fera voir avec quelle impudence ils pratiquaient leur exécrable métier.

Dans le cours de l'année 1846, deux navires battant pavillon anglais, le *Portenia* et le *Velocity*, avaient pris à Uvéa (groupe des Loyalty) une cargaison humaine.

Le *Portenia* quitta l'île le premier emmenant une cinquantaine d'insulaires.

Le *Velocity* le suivit bientôt, emmenant, lui aussi, quatre-vingts naturels dans sa cale.

D'Uvéa, le *Velocity* alla à Rotouma, l'une des Sporades australes, pour y faire quelques provisions, peut-être aussi pour compléter son chargement. Mais une fois au mouillage, et la nuit venue, une cinquantaine de prisonniers, trompant la vigilance des marins, réussirent à gagner la grève à la nage.

A la pointe du jour, le capitaine descendit à terre et réclama impérieusement au chef de l'île les fugitifs; mais il n'obtint de celui-ci qu'un refus formel de livrer les malheureux.

Après avoir employé, tour à tour, la douceur et la menace, sans rien pouvoir obtenir, il finit par en venir aux injures et aux voies de fait. D'un coup de pistolet il étend raide mort un petit chef qui veut empêcher la lutte. Aussitôt, l'on entend mille cris de rage et d'indignation; les naturels s'élancent en masse vers l'embarcation, où le capitaine n'a que juste le temps de se replier; ils font pleuvoir une grêle de cailloux et de sagaïes sur les marins, qui dans leur retraite précipitée laissent un mort et un blessé sur le terrain. L'embarcation elle-même est endommagée, et les fuyards ne réussissent qu'à grand'peine à regagner leur navire.

Après cette sanglante violation du droit des gens, ou, disons mieux, d'une loi naturelle que les plus affreux cannibales savent respecter, le commandant du *Velocity* fit voile pour Anatom, où il rencontra la corvette française la *Brillante*, commandée par le capitaine Dubouzet, à qui il eut l'audace de conter l'affaire et de demander réparation. On pense bien comment le reçut M. Dubouzet. L'Anglais fut trop heureux, après l'entrevue, de pouvoir reprendre le large et de gagner Sydney, afin de ne pas être traité comme pirate. Il l'eût pourtant bien mérité.

Tous ces faits, qui, si nous exceptons les coups de dent du bouledogue, étaient tous indépendants de la volonté des missionnaires, mirent néanmoins ceux-ci en butte à une animosité que les naturels ne se donnaient plus la peine de cacher, et qui, d'un jour à l'autre, pouvait se traduire par de sanglantes représailles.

Pourtant les desseins de vengeance des Canaques devaient être retardés, pour quelques mois, par un accident qui amena sur la terre calédonienne l'équipage naufragé de la *Seine*, commandée par M. Lecomte.

Nous extrayons du rapport de cet officier le passage suivant, relatif au naufrage :

Balade, Nouvelle-Calédonie, 9 juillet 1846.

« Monsieur le Ministre, la corvette la *Seine*, dont
le commandement m'avait été confié, n'existe plus !

« En quittant la Nouvelle-Zélande, je fis route
pour la Nouvelle-Calédonie. Le 3 juillet au matin,
j'étais assez près de cette île, plus au sud que le
cap Colnett ; le temps était beau ; je rangeai les
récifs signalés par d'Entrecasteaux. Au moment
où je me disposais à faire venir au vent sur bâbord,
le bâtiment, étant vent arrière, eut un mouvement
trop lent et toucha dans toute sa longueur. Malgré
tous les efforts de l'équipage, la corvette ne put se
relever. Lorsqu'il n'y eut plus aucun espoir de la
sauver et que l'eau eut envahi la cale, nous mîmes
les embarcations à la mer et nous gagnâmes la terre.
Le point où nous débarquâmes est éloigné de
neuf milles par terre de Balade, et le village, qui
est celui de la tribu la plus mauvaise, la plus
anthropophage, s'appelle *Pouébo*. Nous rencon-
trâmes au rivage deux missionnaires, qui nous
apprirent que Mgr. d'Amata était parti la veille
au soir de Balade dans un bateau, et qu'il avait
cherché inutilement la corvette. Je sus aussi par eux

qu'un navire de commerce anglais, le *Marian-Watson*, était à Hienguène, à quarante-cinq milles de Balade, où il traitait un chargement de bois de sandal pour porter en Chine. Nous fûmes d'avis d'avoir recours au capitaine; mais Monseigneur me déclara qu'il avait une bonne provision de vivres. Je lui fis remarquer qu'il s'agissait de deux cent trente hommes; enfin il me parla de cinq mille kilogrammes de farine, ce qui était réellement une bonne fortune pour nous. Nous nous rendîmes à Balade par terre. Les bons Pères nous reçurent de leur mieux, et nous entrevîmes un avenir moins sombre que celui que nous envisagions d'abord.»

« . . . . »

Les marins de la *Seine* durent séjourner en Nouvelle-Calédonie jusqu'au moment où le commandant Lecomte put enfin noliser un navire, qui transporta les naufragés à Sydney. Le temps de séjour dans l'île fut utilisé par les officiers à lever des plans hydrographiques et à dresser une carte de la région comprise entre Hienguène et Balade. Ce sont ces mêmes officiers qui donnèrent au colossal bloc calcaire qui se trouve à l'entrée du port d'Hienguène le nom de Tours-Notre-Dame.

L'équipage, de son côté, n'était pas resté oisif, tous les hommes disponibles avaient été employés au défrichement et·à la culture du jardin de la mission..

Déjà lors du séjour des marins de la *Seine*, il régnait une certaine agitation parmi les tribus des environs de Balade. Les guerres étaient à l'ordre du jour. On se battait à Balade, on se battait à Pouébo, on se battait dans la vallée du Diahot; et partout, les belligérants tuaient, dépeçaient et mangeaient les ennemis vaincus. L'autorité des missionnaires, qui du reste n'avait jamais été bien forte, n'était plus reconnue du tout; si l'on n'avait pas dévasté l'établissement des Pères et si l'on ne s'en était pas encore pris à eux-mêmes, c'est que les armes à feu des marins de la *Seine* avaient tenu en respect ces turbulents voisins.

Mgr. d'Amata partit de Balade en même temps que l'équipage de la *Seine*. Il allait en France pour solliciter l'appui de l'État, prévoyant, sans doute, une catastrophe prochaine.

Vers cette époque l'*Arche d'Alliance*, bâtiment de la Société de l'Océanie, en allant aux îles Salomon pour y recueillir les débris d'une mission presque entièrement détruite par le climat et les naturels, s'arrêta à Balade, et y déposa une forte

quantité de marchandises devant servir aux
échanges. Ce fut le coup de grâce pour la mission
calédonienne, car la haine, jointe à la convoitise
et à la cupidité, allait rapidement pousser les
naturels au pillage et à la destruction de l'établissement des Maristes.

Au mois d'août 1847, la corvette la *Brillante*
arrivait d'Apia (archipel des Navigateurs ou Sa-
moa), ayant à son bord plusieurs religieux qui
devaient renforcer la mission de la Nouvelle-
Calédonie. Quand on fut assez près de la côte
pour distinguer les objets, on aperçut un pavillon
en berne et des ruines carbonisées, à l'endroit où
s'élevait naguère l'établissement de la mission.
Devinant un malheur, le capitaine Dubourzet
augmente la vitesse de son navire autant que le
lui permettent les bancs de coraux qui avoisinent
le mouillage ; à peine dans le havre, un naturel
arrive porteur d'un pli.

La lecture de la lettre ne laisse plus de doute ;
l'établissement a été détruit ; ceux des missionnaires qui ont pu se soustraire aux coups des
cannibales, sont assiégés et sur le point d'être
massacrés.

A cette nouvelle, on met à terre la compagnie
de débarquement, qui délivre les malheureux et les

ramène à bord, non sans être obligée de repousser plusieurs fois les agressions des sauvages.

La lettre suivante du P. Grange au R. P. Collin, supérieur de la Société de Marie, nous donnera les détails de cet épisode dramatique.

Sydney, le 18 septembre 1847.

« MON TRÈS-RÉVÉREND PÈRE,

« J'eus l'honneur de vous écrire quelque temps après mon arrivée à la Nouvelle-Calédonie, et de vous signaler l'extrême cruauté de ses habitants. Depuis cette époque, il s'est passé dans notre mission des faits graves et bien affligeants. Nous n'avions, dans le principe, qu'un seul établissement dans l'île, c'était à Balade. Les sauvages de cette tribu nous parurent si difficiles et si indomptables que nous crûmes expédient de fonder une nouvelle station à Pouébo, qui n'est distant de Balade que de trois lieues. Pendant qu'on nous y préparait une habitation, l'*Anonyme*, navire de la Société française de l'Océanie, arriva fort à propos pour nous aider à transporter les objets nécessaires à cet établissement; tout fut prêt le 14 avril.

« Les sauvages de la Nouvelle-Calédonie sont

d'habiles voleurs, et cependant les habitants de Pouébo cessèrent, dans cette circonstance, de faire usage de leur dextérité en ce genre. Ils se prêtèrent avec beaucoup d'empressement au transport de nos effets, depuis le navire jusqu'au lieu de l'habitation, sans commettre le moindre larcin. Nous regardâmes cela comme un prodige, ou plutôt comme un trait de la Providence; mais le frère Blaise, qui connaît très-bien le caractère de ce peuple, me dit que les indigènes n'avaient agi ainsi que pour pouvoir mieux voler plus tard : l'expérience a prouvé qu'il ne se trompait pas. Il n'en fut pas de même à Balade : les hommes de cette tribu, qui depuis près de quatre ans avaient toujours pillé les missionnaires, voyant que nous étions moins nombreux qu'auparavant, montrèrent à notre égard une hardiesse dont jusqu'alors ils ne nous avaient pas donné d'exemple. Entre autres motifs qui les ont excités contre nous, je signalerai les faits suivants:

« Au mois de mai, une famine extraordinaire se fit principalement sentir dans la tribu de Pouma (Balade) ; un grand nombre d'indigènes allèrent chercher de la nourriture à Hienguène, à quinze lieues environ du port de Balade. A leur retour, ils se montrèrent menaçants et racontèrent d'un

ton audacieux la mort d'un Européen qui séjour-
nait à cette escale; c'était un Anglais appelé
Suton, qui venait d'être massacré; ils ajoutèrent
même qu'ils l'avaient mangé et qu'ils l'avaient
trouvé fort bon, ne dissimulant pas leur projet
de nous traiter de même. Ce qui nous étonne,
c'est qu'au rapport même de ces naturels, des
Anglais, faisant le bois de sandal à Hienguène[1],
leur avaient dit que les *Oui-Oui* (les Français)
étaient des hommes *tabou* (sacrés), qui faisaient
mourir les autres hommes. Cette calomnie pouvait
faire d'autant plus d'impression sur les naturels
que, peu de mois auparavant, une épidémie avait
enlevé plus d'un tiers de la population des tribus
environnantes. Or, dans ces îles, un sorcier est
massacré sans miséricorde. Les missionnaires donc
furent soupçonnés d'avoir attiré le fléau par des
sortilèges, et ainsi la superstition vint se joindre
à l'amour du pillage pour déchaîner les sauvages
contre nous. Alors ils ne gardent plus aucune

---

1. Pendant le séjour du commandant Lecomte en Nouvelle-
Calédonie, les missionnaires avaient acheté à Hienguène un
terrain pour y construire un troisième établissement. Mgr.
d'Amata y détacha le P. Grange et un frère laïque, mais les
événements ultérieurs les obligèrent bientôt à se replier sur
Balade.

mesure : ils détruisent toutes nos plantations ; ils viennent en plein jour arracher nos bananiers et ravager notre jardin sous nos propres yeux, et l'impunité les rendant plus hardis, ils s'introduisent jusque dans le magasin, où ils enlèvent plusieurs objets.

« Le 20 juin, après s'être concertés, les différents villages de la tribu de Balade sont venus en masse pour s'emparer de notre maison. Ils avaient l'intention bien connue de massacrer les missionnaires et de piller leurs effets. Notre contenance calme et assurée leur imposa, de sorte qu'ils n'osèrent pas encore exécuter leur dessein. Nous étions entre les mains de la Providence : j'avais défendu à ceux qui étaient avec nous de faire feu sur les sauvages. Ne sommes-nous pas venus pour leur apporter les bienfaits de la foi, au prix de tous les sacrifices, de notre vie même ? Hélas ! ils ne comprennent pas, et ils nous rendent le mal pour le bien.

« Telle était notre situation au 20 juin, lorsque Mgr. Collomb, évêque d'Antiphelles, vicaire apostolique de la Mélanésie et de la Micronésie, arriva à Balade, à bord du *Speck*, accompagné du P. Verguet. Sa Grandeur apportait quelques provisions pour sa mission et pour celle de la Nouvelle-Calédonie. Il y avait, en outre, à bord du *Speck*, des objets d'échange pour le compte de la Société française. Tout cela fut déposé dans un grand hangar, où nous réunissions les naturels pour les instruire. Ceux-ci se prêtèrent volontiers au déchargement et demeurèrent tranquilles jusqu'au 10 juillet.

« Mgr. Collomb avait prié le commandant du *Speck* de continuer sa route jusqu'aux îles Salomon; mais le capitaine lui avait répondu que des engagements avec son armateur lui rendaient ce voyage impossible, et ainsi Sa Grandeur s'était vue forcée d'attendre à Balade une occasion favorable.

« Il y avait alors dans l'établissement de Balade, outre Mgr. d'Antiphelles et le P. Verguet, les frères Blaise et Bertrand, M. le docteur Beaudry, laissé par l'*Arche d'Alliance* pour faire dans l'île des explorations scientifiques, Marie Julien, charpentier de l'*Arche d'Alliance*, l'Écossais Georges Taylor et moi.

« Le 10 juillet, à six heures du soir, les sauvages s'introduisaient dans le hangar où était déposée la plus grande partie des effets; ils enlevèrent pour la valeur d'environ 300 francs d'objets appartenant à la Société française. Nous avons appris depuis que leur intention était de nous attirer dans ce lieu et de profiter du désordre pour **nous** y massacrer tous. Heureusement nous sortîmes assez tôt pour faire échouer leurs projets.

« Le 15, le P. Verguet se rendit à Pouébo pour y passer quelques jours avec le P. Rougeyron. De là il nous écrivit, le lendemain, que le bruit courait à Pouébo qu'aussitôt après le départ du *Speck*, l'établissement de Balade serait assailli par les forces réunies de toute la tribu.

« Le 17, le *Speck* mit à la voile pour Batavia. Le jour même de son départ, deux jeunes chrétiens, Antoine et Marie, nous avertirent que le lendemain on devait en effet nous attaquer. Nous ne fîmes pas assez attention aux paroles de ces enfants. Le 18, vers huit heures du matin, le premier chef, Bouéone, nous envoie dire par son second, nommé Gomène, que pour rentrer en grâce avec nous, les naturels consentaient à nous rendre les étoffes dérobées le 10. L'offre est acceptée. A une heure après midi, Bouéone et Gomène viennent accompagnés de deux enfants qui portent chacun un paquet de marchandises volées. Bouéone a sa lance, et Gomène son casse-tête. Pendant qu'on parlemente sur la terrasse de la maison, une troupe de sauvages armés de lances, de casse-tête et de haches, à un signal convenu, se précipitent sur nous. Comme c'était au frère Blaise[1] et à moi qu'ils en voulaient principalement, ce fut sur nous deux qu'ils tombèrent de préférence. J'esquive un coup de casse-tête, mais en même temps le frère Blaise est blessé d'un coup de lance[2] dans la poitrine. Sa blessure est mortelle. Je m'empresse d'écrire au P. Rougeyron pour l'informer de notre détresse. La jeune Marie, qui porte la lettre, est arrêtée et sommée, de la part du premier chef Bouéone, de rebrousser chemin sous peine de la vie. A son retour, elle nous prévient qu'on va mettre le feu au hangar qui servait d'église. Presque aussitôt l'incendie éclate au sommet de la toiture couverte en chaume ; impossible de rien sauver de tout ce

---

1. Nous ferons remarquer ici que le malheureux frère Blaise était précisément celui qui lançait toujours Rhin sur les Canaques.

2. Ce mot *lance*, qui revient plusieurs fois dans le cours de la lettre, désigne la sagaïe dont nous avons parlé au *Chapitre I*[er]. Il est à noter que les indigènes s'en servent toujours comme arme de jet ; sa flexibilité et sa légèreté ne permettent pas de l'employer comme arme d'hast ; au reste, ce dernier genre d'arme n'existe pas en Nouvelle-Calédonie. Pour les combats corps à corps, les indigènes n'ont que le casse-tête, et encore le manient-ils assez maladroitement.

qui s’y trouve. Le soir du même jour, Antoine et
Marie nous annoncent que Bouéone a donné ordre
à tous les villages de la tribu de s’assembler
le lendemain pour faire une attaque générale,
afin de nous massacrer tous. Nous faisons bonne
garde toute la nuit.

« Le 19, au matin, le feu est aux embarcations
que nous a laissées le commandant de la *Seine*.
Dans la pensée que ce jour pouvait bien être le
dernier de notre vie, nous faisons tous notre
confession ; Monseigneur consomme les saintes
espèces ; l’Écossais Georges Taylor, que j’instrui-
sais depuis quelque temps pour le disposer à se
faire catholique, me demanda le baptême, que je
lui administrai sous condition ; il s’approche aussi
du sacrement de pénitence.

« A deux heures, nous sommes environnés de
tous côtés par les sauvages ; ils sont tout barbouillés de noir et poussent des cris féroces. Cachés
derrière de grosses pierres, à peu de distance de
la maison, ils lancent d’énormes cailloux qui en
enfoncent les parois. Cependant ils n’osent encore
envahir la cour. Le frère Bertrand est blessé à
la main, le frère Blaise est mourant. Les sauvages
sont aussi acharnés contre nous qu’un lion contre
sa proie. Tout à coup un chef s’écrie: «Brûlez la

maison! brûlez la maison!» Aussitôt le feu est mis aux colonnes du rez-de-chaussée; il ne nous est pas possible de l'éteindre. Déjà nous sentons la chaleur au-dessous de nous; notre anxiété est extrême: rester, c'est périr dans les flammes; descendre, c'est tomber infailliblement sous les coups des sauvages! Nous nous réunissons tous dans la petite chapelle intérieure. Le frère Blaise lui-même quitte son lit, et, se traînant comme il peut, vient nous rejoindre; il a la sérénité sur le front, le sourire sur les lèvres: «Je viens, dit-il en entrant, attendre ici le dernier coup.» Quelques instants auparavant, comme Monseigneur, en lui donnant sa bénédiction, paraissait ému: «Eh! pourquoi, dit-il, nous fatiguerions-nous? Nous ne faisons qu'échanger cette vie contre une meilleure.» Je dois dire, à la louange de cet excellent frère, que sa mort m'a encore plus édifié qu'elle ne m'a affligé. Pendant que je lui administrais pour la dernière fois le sacrement de pénitence, et que je l'exhortais à pardonner de bon cœur à ses bourreaux, à l'exemple de notre divin Maître: «Oh! me dit-il, combien je voudrais que ma mort fît le bonheur de ce pauvre peuple! Je leur pardonne de toute l'étendue de mon cœur.»

«Cependant le temps presse; Monseigneur Col-

lomb s'agenouille devant moi pour me demander
une dernière absolution et l'indulgence plénière
in articulo mortis. Après cela nous tombons tous
à genoux, le priant de nous accorder la même faveur, puis nous nous embrassons et nous nous disons adieu jusqu'au ciel, où nous espérons nous
rejoindre dans quelques instants. Monseigneur et
moi faisons vœu de dire cent messes chacun, s'il
plaît au Seigneur de nous tirer de ce péril extrême. Alors la pensée nous vient qu'en abandonnant la maison au pillage, nous aurions peut-être
quelque chance de salut. Le docteur Beaudry
jette à la multitude la clef du lieu où se trouvent
nos petites provisions; les sauvages s'y précipitent :
c'est la dernière lueur d'espérance, nous en pro-
fitons pour sortir. Je me présente le premier, et
rencontrant un chef appelé *Oundo,* j'essaye de
pourparler avec lui pendant que Monseigneur et
le frère Bertrand s'échappent par la cour; viennent ensuite M. Baudry, Marie, Julien et Georges. Deux naturels armés de lances s'avancent
pour percer Monseigneur et le frère Bertrand.
M. le docteur, qui est armé d'un fusil, le présente
d'un air menaçant: les agresseurs s'arrêtent. Au
même instant, les sauvages pénètrent auprès du
frère Blaise et lui assènent plusieurs coups de

massue. Je ne peux m'échapper moi-même qu'à grand'peine, en passant sur les ruines de l'église, brûlée la veille. Je rencontre une troupe de soixante à quatre-vingts insulaires, qui recueillaient les débris échappés à l'incendie. Un grand sauvage, plus laid et plus noir qu'un démon, fond sur moi pour m'assommer à coups de pierres. Je cours alors de toutes mes forces ; deux fois il me lance un gros caillou, mais deux fois, par une providence particulière, je tombe, et ma chute coïncide exactement avec le coup qui devait me tuer. La seconde fois surtout, le sauvage a dû croire qu'il avait réussi: il me laisse pour retourner au pillage. Je me relève comme je peux et je rejoins mes compagnons d'infortune. Hélas! le frère Blaise nous manquait; nous étions désolés de n'avoir pu l'arracher des mains des sauvages.

« Nous nous dirigeons en toute hâte vers Pouébo; arrivés au petit village de *Diréoué,* où nous avons un zélé catéchiste nommé Michel, nous apprenons de lui que les chefs de Balade ont donné ordre partout de nous massacrer. Nous avions craint que l'établissement de Pouébo n'eût éprouvé le même sort que celui de Balade. Dans notre détresse nous fûmes heureux d'apprendre que rien de semblable n'avait eu lieu. Avant d'arriver au pre-

mier village de cette tribu, nous rencontrons deux
enfants, le catéchiste Louis et le catéchumène
Monéko que le P. Rougeyron, informé de ce qui
nous est arrivé la veille, avait envoyés pour s'assurer de l'état des choses. Ces deux enfants nous
sont d'un grand secours en nous faisant passer par
des chemins détournés; nous évitons ainsi tous les
périls. Le jeune Louis, voyant notre faiblesse et
notre dénûment, ne peut retenir ses larmes. Tout
jeune qu'il est, il présentait continuellement ses
épaules pour nous porter tour à tour, Monseigneur
et moi, et puis il nous disait: « Vous avez trop faim;
restez là, cachés dans les broussailles, et je vais
vous chercher à manger.» Quoique nous n'eussions
rien pris depuis deux jours, nous ne voulûmes
pas consentir à ce qu'il se séparât de nous. Ce fut
un grand soulagement pour mon cœur que les
soins empressés et généreux de cet enfant, com-
parés à la barbarie de ses compatriotes.

« Enfin, nous arrivâmes à l'établissement de
Pouébo à huit heures du soir, dans un état déplorable, et si accablés de fatigue, que nous pouvions
à peine nous soutenir. Les PP. Rougeyron et Verguet vinrent à notre rencontre; nous confondîmes
nos larmes et fîmes ensemble notre sacrifice.

« Le 20 juillet, nous délibérons et nous convenons unanimement que le frère Auguste et le matelot Aumerond iront à Hienguène s'informer s'il y a un navire dont nous puissions espérer quelque secours.

« Cependant l'évènement de Balade excite au plus haut point la cupidité des gens de Pouébo. Nous apprenons, le 21, qu'ils ont formé le projet de nous attaquer. Nous nous adressons de nouveau à Dieu; chacun des missionnaires fait encore un vœu particulier, et nous prenons en même temps des mesures de prudence. Le 22 juillet, le frère Auguste et le matelot Aumerond arrivent de Hienguène; il ne s'y trouve point de navire et nous sommes forcés de demeurer au poste où nous a placés la Providence; elle seule peut nous en tirer. Nous sommes treize dans l'établissement de Pouébo : six venus de Balade, et de plus les RR. PP. Rougeyron et Verguet, le frère Auguste, le charpentier Prosper et trois matelots laissés par la *Seine*, Beaucherel, Cadousteau et Aumerond. Nous apprenons que les sauvages de Balade veulent se servir de notre maison, dont ils ont éteint l'incendie, pour tendre des embûches aux navires qui viendraient mouiller dans le port; connaissant ce dont ils sont capables, et craignant pour l'*Anonyme* et pour l'*Arche d'Alliance,* que nous attendons de jour en jour, nous sentons la nécessité de brûler cette maison; les enfants de la mission exécutent ce projet dans la nuit du 5 au 6 août.

« L'attitude des naturels à notre égard devient menaçante; nous nous attendons à une nouvelle catastrophe; plusieurs fois nous les avons vus se réunir autour de notre demeure avec des intentions hostiles. Une nuit, les habitants de deux villages se sont assemblés chez notre plus proche voisin pour nous attaquer immédiatement; il les en a détournés.

« Le 9 août, nous nous trouvâmes réduits aux dernières extrémités. Nous venions de recevoir le sacrement de la pénitence et de nous faire encore une fois les derniers adieux; nous allions nous livrer à nos bourreaux, lorsque tout à coup paraît à l'horizon un navire qui se dirige de notre côté, et bientôt nous le reconnaissons pour un navire français : c'était la corvette la *Brillante,* commandée par M. le vicomte Dubouzet; nous nous hâtons d'envoyer deux hommes à bord avec une lettre qui signalait notre détresse. La mer était houleuse; ce n'est que le 10 au soir que M. Dubouzet peut nous envoyer du secours. Il nous arrive trois embarcations, montées par soixante hommes bien armés, sous les ordres de MM. de Lamotte et Fournier. Nous sommes invités à envoyer une députation à bord pour concerter avec M. le commandant les moyens de prudence les plus convenables dans notre position. Mgr. Collomb et moi partons à 10 heures du soir sur l'embarcation du lieutenant; nous n'arrivons qu'à 5 heures du matin à Balade, où la corvette était mouillée. M. Dubouzet nous accueille à son bord avec une bienveillance au-dessus de tout éloge; il est décidé que la corvette lèverait l'ancre pour aller mouiller à Pouébo. Cette manœuvre s'exécute et nous arrivons le 11 devant ce village. M. le commandant s'occupa aussitôt de notre délivrance. Une pluie battante, qui dure pendant toute la nuit du 11 au 12, nous permet de faire transporter à bord nos principaux effets. Sans cette averse nous eussions été attaqués par tous les villages de la grande tribu de Pouébo. Le 12, le grand-chef vient présenter au P. Rougeyron une pièce d'étoffe en signe de paix; le Père, qui soupçonne avec raison un piège, en avertit un matelot, et celui-ci s'avance, tenant sa baïonnette d'une main, tandis que de l'autre il reçoit le présent. A 9 heures du matin arrivent trois officiers de marine et deux élèves avec quatre-vingt-quatre

hommes; M. le commandant nous fait exprimer
le désir qu'il a de nous voir à bord le plus tôt possible. Nous nous mettons en route vers le rivage,
dont nous sommes éloignés de trois quarts d'heure
de marche. Les sauvages, réunis en grand nombre,
attendent que nous soyons entrés dans les broussailles pour nous attaquer impunément. Aussitôt
que nous sommes arrivés au bas du monticule sur
lequel est située notre maison, le grand-chef nous
fait signe de passer de l'autre côté du ruisseau;
mais, informés que plusieurs milliers d'indigènes
y sont cachés en embuscade, afin de nous surprendre et de nous tuer tous dans notre retraite,
nous refusons de suivre le chemin qui nous est
indiqué; le grand-chef donne alors à ses sauvages
le signal de l'attaque; une grêle de lances et de
flèches viennent pleuvoir sur nous. Les marins
français se voient forcés de tirer pour se défendre.
Mais, comme les sauvages se cachent dans les
broussailles, rampant et se traînant dans l'herbe,
on peut à peine entrevoir les mains d'où les traits
sont partis.

« L'un d'eux cependant s'approche de si près,
qu'après avoir manqué le fourrier Souchon, il est
tué par lui d'un coup de baïonnette. Enfin nous
arrivons sur le rivage; nous sommes hors de

danger. M. le lieutenant Lamotte fait l'appel : personne n'y manque, mais cinq hommes sont blessés, dont deux gravement; de ce nombre se trouve M. Raymond, élève de deuxième classe, qui a reçu une blessure au cou. Par bonheur ces plaies n'ont pas eu de suite. M. le commandant, au bruit de la fusillade, était accouru sur son canot; il y fit mettre les blessés, et nous sommes tous rendus à bord à midi.

« M. le commandant nous dit alors qu'il avait l'intention de tirer vengeance de la conduite cruelle des habitants de Balade. Nous lui signifiâmes par écrit que notre devoir comme missionnaires était de pardonner à nos ennemis, et nous le conjurâmes de pardonner comme nous. Il nous répondit qu'il louait notre démarche, mais que ce n'étaient pas seulement les missionnaires qui étaient victimes de la rapacité des Calédoniens; que la Société française de l'Océanie avait fait aussi de grandes pertes; que ses représentants, établis en toute confiance à Baïao, sous la sauvegarde de la foi jurée, avaient couru les plus grands dangers pour leur vie; que les naturels, poussés par le génie du mal, avaient commencé par mettre le feu aux embarcations de la *Seine*, appartenant à la France; qu'il croirait manquer à son devoir en laissant tant de méfaits impunis, etc.

« Le 15 août arriva l'*Anonyme*. La Providence nous a encore très-bien servis dans cette circonstance. Un fort vent d'est nous avait retenus jusqu'à ce jour dans la rade de Pouébo, autrement nous fussions partis, et, dans ce cas, c'en était fait de l'*Anonyme* et de son équipage. Le 18 nous retournâmes à Balade ; les deux navires s'y rendirent en même temps.

« Le 20, M. Dubouzet fit une descente à terre avec un détachement de soixante-quinze hommes. Après trois quarts d'heure de marche cette troupe arrive à Baïao sans rencontrer d'opposition. Le pays est découvert dans cet endroit. Tous les indigènes s'enfuyaient dans la montagne. M. le commandant fit mettre le feu aux maisons des principaux chefs, entre autres à celle de Païama, un des plus traîtres, et pour apprendre aux bâtiments qui pouvaient venir mouiller à Balade de se défier des habitants, il fit abattre une vingtaine de cocotiers de ce chef dans la partie du rivage qui en est couverte. Les naturels, cachés dans un bois voisin, poussaient des hurlements sauvages ; ils lancèrent même quelques javelines ; personne heureusement ne fut atteint.

« Le 21 août, le brick l'*Anonyme* se sépara de nous pour aller aux îles Salomon; il emmenait Mgr. le vicaire apostolique. Nous mîmes à la voile le même jour, pour nous rendre à Sydney, en passant par Anatom. Le capitaine de l'*Arche d'Alliance* doit toucher à cette île pour se rendre à la Nouvelle-Calédonie, au mois de décembre; nous y laissons une lettre pour l'avertir de notre désastre et prévenir un nouveau malheur.

« Enfin le 27, à 9 heures du matin, après avoir été sur le point de nous briser contre un écueil, jusque-là inconnu, nous arrivons à Sydney.

« Nous nous sommes éloignés à regret de ces infortunés Calédoniens, qui repoussent si aveuglément les bienfaits de la foi. Espérons que le sang du martyr [1] qui a coulé sur cette terre ingrate en

---

1. Nous nous permettons de relever cette expression qui n'est guère à sa place ici. Un homme n'est martyr qu'en tant qu'il a souffert, qu'il est mort pour sa foi; qu'en tant qu'un adversaire brutal, mais intelligent, ne lui a laissé que l'alternative d'abjurer ou de mourir pour son Dieu, celui qui, dans ces circonstances, a le courage d'affronter tous les tourments et la mort pour soutenir le nom de chrétien et les vrais principes du christianisme, celui-là seul a le droit, à notre avis du moins, d'être honoré du sublime nom de martyr. Or le frère Blaise était bien loin de se trouver dans ce cas, il a été simplement victime d'un lâche attentat; car l'attaque de la mission n'avait pas le caractère d'une persécution religieuse,

sera une prise de possession au nom de Jésus-Christ. Plus heureux que nous tous, le frère Blaise est mort comme ce divin Sauveur, en priant pour ses bourreaux; je vous avoue que j'ai eu quelque regret de ne point partager son sort. Dieu me réserve à de nouveaux travaux; que sa sainte volonté soit faite!

«GRANGE, S. M.»

Ainsi, après un séjour de trois ans et demi sur le sol calédonien, les missionnaires n'avaient réussi qu'à s'attirer la haine des naturels et à se faire chasser brutalement du pays.

Pour les Pères, tout ce qui venait d'arriver

---

le degré de civilisation des Canaques était encore loin de leur permettre un jugement quelconque au sujet d'une religion. Ils n'en voulaient pas au chrétien, ils en voulaient à l'étranger; ils en voulaient à l'homme de qui ils croyaient avoir à se plaindre.

Nous le répétons encore une fois, pour avoir droit au glorieux titre de martyr, il ne s'agit pas simplement de se laisser tuer sans la moindre résistance par quelques brutes sauvages; il faut que le bourreau, de même que la victime, ait conscience de ce qu'il fait, alors cette mort est un martyre, et alors seulement elle peut servir à la propagation de la foi; car le dernier argument, l'argument suprême, le seul argument indiscutable que l'on puisse donner à ses adversaires, n'est-il pas de mourir pour son Dieu !

n'était qu'une épreuve imposée par le Très-Haut ; à leurs yeux, l'infortuné frère Blaise était un martyr dont le sang précieux avait coulé pour la plus grande gloire de Dieu et de la religion.

Tout en respectant la croyance de chacun, nous ne pouvons nous défendre d'envisager les faits d'un point de vue moins mystique, *peut-être aussi moins chrétien*, mais dans tous les cas beaucoup plus logique.

En débarquant en Nouvelle-Calédonie, les RR. PP. Maristes se sont trouvés en présence de peuplades sauvages, cannibales, superstitieuses, n'ayant que des idées très-confuses sur la nature d'une divinité quelconque, décorant du nom de vertu ce que nous flétrissons du nom de vice et confondant volontiers le mien avec le tien. Si l'on joint à tout cela ce penchant au mal, conséquence forcée de leurs guerres atroces et de la famine, de la hideuse famine, on aura l'état réel des indigènes à l'arrivée de la mission.

Qu'eût-on dû faire dès le commencement avec ces sauvages, ou, disons mieux, avec ces malheureux ? On eût dû en faire des hommes d'abord et des chrétiens ensuite ; on eût dû leur procurer des instruments aratoires, leur donner le goût du travail des champs, et par cela même satisfaire à leurs besoins journaliers; on eût dû se rendre utile à ces gens, voire même indispensable et certainement les résultats eussent été autres.

Au lieu de tout cela, qu'a-t-on fait? On a placé au milieu des tribus à convertir quelques prêtres à titre de médecins de l'âme, alors qu'il fallait y placer des agriculteurs, des ouvriers d'art, des médecins du corps. Les missionnaires, très-peu habitués à travailler la terre, furent impuissants à se nourrir dès le début; au lieu de venir en aide aux Canaques, ils étaient à leur charge. Aussi, pendant les disettes, quand les bouchées se comptent, ces étrangers devaient être bien gênants pour les sauvages.

Les Pères eussent pu racheter leurs défauts par des services et de bonnes actions, mais leur prosélytisme outré vint tout gâter. Avec une ardeur plus chrétienne que raisonnable, ces zélés missionnaires ne s'occupaient que de courir d'une tribu à l'autre, éclairant les Canaques sur la vraie foi, parlant de Dieu et de religion dans une langue dont le vocabulaire ne dépasse pas sept cents mots. Eh bien! nous déclarons, nous, qu'il est impossible de faire entendre convenablement, avec si peu de mots, les principes d'une religion toute spirituelle à des gens qui ne se doutent même pas de l'existence d'un Dieu, et dont les idées grossières et les mœurs brutales sont en quelque sorte diamétralement opposées aux nôtres. Pour convaincre ces gens, il faut plus que la parole, il faut des faits.

Le chant sacré et le culte extérieur avaient certainement attiré quelques sauvages, mais ils devaient être là bien plutôt par une curiosité intéressée que par une conviction véritable; la tragique fin de la mission le prouve surabondamment. Enfin, ce qui a contribué grandement à faire exécrer les missionnaires et à les faire passer pour de méchants sorciers, ce sont les signes de croix, les prières en latin, le baptême, toutes choses auxquelles le Canaque, dans sa profonde ignorance, devait attacher des vertus bonnes ou mauvaises, selon les circonstances, et qui devaient fatalement attirer aux Pères ou la reconnaissance ou le ressentiment du néophyte.

Le cadre étroit de notre ouvrage ne nous permet pas de plus longs commentaires, mais, afin que le lecteur soit bien édifié sur la manière d'opérer des missionnaires, nous reproduisons ici des extraits d'une lettre du R. P. Viard, missionnaire apostolique de la Société de Marie, au T. R. P. supérieur de la même Société[1].

A bord de la corvette française le Rhin.

« Le jour de l'Assomption (1844), vingt naturels de différentes tribus, à qui j'avais appris à faire le signe de la croix et à réciter le *Pater* et l'*Ave*, vinrent chez nous pour assister à la sainte messe. Nous éprouvâmes une bien grande joie en entendant nos Calédoniens offrir, pour la première fois, leurs prières au Dieu véritable. Jusque-là il m'avait fallu courir de côté et d'autre pour les instruire séparément dans leurs cases. Mais à partir du 1er novembre de la même année j'ai réuni, soir et matin, un grand nombre de naturels dans la maison du chef de Balade. En trois mois j'ai pu leur apprendre le *Pater*, l'*Ave*, le *Symbole*, le *Décalogue* et plusieurs cantiques en l'honneur de Marie. Ils ont de l'intelligence et de véritables dispositions pour le chant. Leurs progrès auraient été plus rapides si la construction de notre nouvelle demeure, qui était de la dernière urgence, ne m'avait obligé de suspendre mes instructions. L'habitation des missionnaires

---

1. Cette lettre, ainsi que celle du P. Grange, est tirée de : *La Nouvelle-Calédonie*, par Ch. Brainne. Paris, 1854.

est maintenant à Baïao, à une demi-lieue de Mahamata, notre ancienne résidence.

« Notre maison finie, Mgr. d'Amata m'envoya visiter les diverses tribus. Je me dirigeai d'abord vers celle de Hienguène, à quinze lieues de notre habitation. J'appris en chemin que le chef de cette tribu était en guerre et qu'il avait tué quatre femmes. Je poursuivis ma route en toute hâte, et j'eus le bonheur de mettre fin à la guerre. Je passai de là à l'île Balabio, où je restai deux jours, instruisant les sauvages et baptisant un bon nombre d'enfants. De Balabio je me rendis par terre à Arama, où je reçus un accueil favorable, surtout de la part du chef, qui fut sensible à ma visite. Dans ces diverses courses j'ai baptisé environ deux cent soixante-dix enfants, dont un bon nombre est déjà allé au ciel prier pour le succès de la mission.

Agréez, etc.

«VIARD, provic. apost.»

CHAPITRE VII.

Missions catholiques de 1848 jusqu'en 1853. — Expédition de l'*Alcmène* (1851); massacre de l'équipage d'une embarcation. — Mort de Monseigneur d'Amata (1853).

Sans se laisser décourager par leur violente expulsion de Calédonie, les missionnaires se remirent bientôt à l'œuvre pour exécuter une nouvelle descente sur cette terre inhospitalière. Le 20 avril 1848 ils quittèrent Sydney, à bord de l'*Arche d'Alliance*, commandée par le capitaine Marceau. Le 2 mai ils furent en vue de la côte sud-ouest de la Nouvelle-Calédonie, mais le temps brumeux et la pluie ne leur permirent pas de reconnaître exactement le point de la côte où ils se trouvaient. Après avoir louvoyé jusqu'au 4, le capitaine Marceau reconnut enfin le port Saint-Vincent, où il put aborder.

Dès le lendemain, les missionnaires étaient à terre, mais le peu d'indigènes qui vivaient dans cette région de l'île, leur démontra bientôt qu'un établissement dans ces lieux n'aurait ni but ni avenir.

Avant de quitter le mouillage ils plantèrent sur une éminence une croix, au pied de laquelle ils déposèrent divers objets et une bouteille contenant une lettre; ce pli était destiné à d'autres missionnaires embarqués à bord de la *Léocadie* et auxquels on avait donné rendez-vous en ces lieux.

L'*Arche d'Alliance* appareilla le 8 mai, faisant route pour Anatom. En passant à Rotouma, les missionnaires apprirent le sort des prisonniers du *Velocity*[1]; ils décidèrent aussitôt le capitaine Marceau à les rapatrier, dans le double but de faire un acte de charité et d'avoir un argument qui plaidât en faveur de l'établissement d'une mission aux Loyalty.

Le capitaine prit donc trente-deux de ces malheureux à son bord et mit le cap sur Uvéa.

Aussitôt arrivé au mouillage, il fit débarquer son monde, puis descendit lui-même à terre en compagnie du R. P. Rocher et du docteur Montargis, médecin du bord. Contrairement à ce qu'ils attendaient, ils furent reçus avec beaucoup de méfiance; le souvenir des razzias humaines était encore trop vivant dans l'esprit des indigènes. Pourtant le vieux chef, dont ils avaient

---

1. Voir page 117.

rapatrié le fils, les reçut bien, et, comme on l'a su plus tard, s'opposa énergiquement à leur massacre; car, se voyant maîtres de trois blancs désarmés, et oubliant déjà le service que leur avait rendu le brave capitaine, les naturels ne voulaient rien moins que tuer les Européens.

Après cette entrevue, à laquelle ils n'avaient rien compris, ces messieurs retournèrent à bord et l'*Arche d'Alliance* reprit sa route vers Anatom. Cette île possédait à l'époque un établissement anglais s'occupant de l'exploitation du sandal, et les missionnaires espéraient, avec raison, trouver toutes sortes de facilités pour la création d'un établissement qui pût leur servir plus tard de dépôt, ou, pour mieux dire, de base d'opérations au milieu de ces îles sauvages.

En effet, dès l'arrivée à Anatom, on put acheter, sans la moindre difficulté, un excellent terrain pour y monter une case, dont les pièces avaient été apportées toutes faites de Sydney. Les RR. PP. Rougeras et Grange s'y établirent avec quelques frères laïques, tandis que le P. Rondaire restait à bord de l'*Arche d'Alliance* pour retourner aux Loyalty et tenter d'y créer une mission.

Le 27 mai l'on appareilla, et le 29 on arriva aux Loyalty; mais si la première fois les naturels s'étaient montrés méfiants, ils se montrèrent hostiles alors; aussi l'*Arche d'Alliance,* après plusieurs tentatives infructueuses, dut quitter ces parages dont les habitants considéraient, non sans raison, tout homme blanc comme un ennemi.

Pendant que les membres de l'ancienne mission erraient ainsi à l'aventure au milieu des archipels qui avoisinent la Nouvelle-Calédonie, quelques nouveaux missionnaires vinrent s'installer à l'île des Pins (15 août 1848). Comme ils ignoraient la langue du pays, tous leurs efforts durent se borner au commencement à cultiver la terre pour subvenir à leurs besoins.

Ce travail n'était certes pas celui qu'ils cherchaient; ils eussent préféré de beaucoup s'occuper de la conversion des sauvages, et pourtant, nous osons le dire, c'est grâce à ce travail qu'ils ont réussi. Procédant par ordre, sans s'en douter il est vrai, ils ont débuté de la seule manière qui *✝* pût donner de bons résultats et n'ont pas fait comme leurs prédécesseurs qui ont commencé par où ils auraient dû finir.

Le P. Goujon, qui dirigeait cette mission pendant l'absence de Mgr. d'Amata, fut incontestablement plus heureux avec cet établissement que ses devanciers de Balade; il sut gagner rapide-

ment la confiance des indigènes et principalement celle du chef de l'île, Djény.

Le 7 septembre 1850, après une absence de
trois ans, Mgr. d'Amata revint dans son diocèse.
Il alla s'établir à l'île des Pins et bientôt la mission prit un nouvel essor. Cette fois les Pères
surent mettre à profit leurs connaissances tech-
niques et l'établissement de la mission atteignit
bientôt un degré de prospérité inconnu jusqu'alors.

En plaçant son siège à l'île des Pins, Mgr. d'A-
mata avait eu l'intention visible de revenir sur la
Grande-Terre, et, en effet, quelques mois s'étaient
à peine écoulés que l'évêque se mit en route avec
des Pères pour visiter la côte orientale de la
Nouvelle-Calédonie. Il s'arrêta successivement à
Yaté, Canala, Hienguène et Balade.

Bouarate, le chef d'Hienguène, accueillit très-
bien les missionnaires et les engagea même à
créer une nouvelle station sur son territoire.

Des Pères furent désignés pour rester dans ce
lieu, tandis que d'autres devaient aller à Balade
pour relever l'ancien établissement.

Pendant que les Maristes formaient ces projets,
ils apprirent à Hienguène que les habitants de
Balade venaient de massacrer et de manger l'équipage du *Cutter*. Cette nouvelle les fit renoncer à

s'établir sur leur ancien territoire, mais Mgr. d'A-
mata ne voulut point quitter le pays sans avoir
visité les lieux témoins de la première expulsion
des missionnaires.

A son grand étonnement, les naturels le reçurent
très-bien ; pourtant, certains indices et la connaissance plus approfondie du caractère des indigènes
lui firent soupçonner que ces cannibales, sous des
dehors de bonhomie, ourdissaient encore quelque
sanglant complot. Aussi ne crut-il pas prudent de
laisser des membres de la mission au milieu de
ces tribus toujours avides de carnage.

Bientôt les faits devaient lui donner raison. Le
modeste établissement d'Hienguène n'était pas
encore achevé, que les missionnaires furent aver-
tis d'un complot qui se tramait contre eux. Les
Canaques avaient conçu le dessein de leur laisser
achever la maison, puis de s'en emparer et d'é-
gorger les missionnaires.

Le jour du massacre était déjà fixé et rien ne
pouvait sauver les Pères, car ils étaient gardés à
vue, et la fuite n'eût fait qu'avancer l'heure du
trépas.

Dans cette situation extrême, la goëlette la
Marianne, que l'on n'attendait pas encore, fit
soudainement apparition dans les eaux d'Hien-

guène. Cette goëlette avait été envoyée à Sydney, par Mgr. d'Amata, pour y chercher des vivres et différents objets nécessaires à la mission. Mais au lieu de se rendre directement en Australie, elle vint toucher à l'île des Pins, où elle trouva tout ce qu'elle devait chercher à Sydney, de sorte qu'elle put revenir à Hienguène bien avant l'époque fixée.

Nous laissons à penser la joie que causa son apparition aux missionnaires. Pourtant cette arrivée inattendue ne pouvait être d'un véritable secours qu'à la condition que les naturels ne s'aperçussent de rien, car abandonner ouvertement la mission, c'était se faire massacrer sur-le-champ. On usa donc de ruse avec les Canaques.

Le nouvel établissement, qui venait d'être terminé, était séparé par une baie de l'endroit qu'habitaient alors les missionnaires; on parla de l'occuper et l'on décida le chef à venir le visiter en même temps qu'on en prendrait possession. Celui-ci ne demandait pas mieux; les Pères allaient au-devant de ses désirs : c'était là qu'il voulait les égorger.

Au jour convenu, la *Marianne* envoie son embarcation aux missionnaires; on y charge les coffres, les ustensiles, enfin tout ce qui compose le bagage des Maristes; eux-mêmes se placent dans la chaloupe, tandis que le chef et ses tayos suivent dans une grande pirogue.

Mais au lieu de traverser la baie en ligne droite, l'embarcation de la *Marianne* oblique, dès le commencement, vers la goëlette, qui était mouillée en dehors des récifs. Les naturels, ne comprenant rien à cette manœuvre, laissent faire pendant un moment; malheureusement, l'intention des missionnaires se dessine bientôt nettement à leurs yeux. Aussitôt ils donnent la chasse à l'embarcation, criant, hurlant, vociférant, furieux de voir s'échapper leur proie. Mais toutes leurs menaces, tous leurs efforts sont vains; les matelots, auxquels l'horreur d'être dévorés donne des forces surhumaines, pliés sur leurs avirons, font avancer la chaloupe avec l'énergie du désespoir, et bientôt elle se trouve dans les eaux de la goëlette, où tout est prêt pour le départ. Aussitôt accosté, on lève l'ancre, et une bonne brise aidant on se trouve rapidement hors des atteintes du redoutable ennemi.

Chassés pour la seconde fois, mais non point découragés, les missionnaires résolurent de tenter un nouvel essai. Ils firent voile pour Yaté, point qu'ils avaient déjà visité précédemment, et qui était occupé alors par le R. P. Rougeyron. Mais là aussi des complots s'étaient formés, et peu de temps après, les missionnaires, amenés à l'évidence et voyant leur vie sérieusement menacée, durent quitter aussi cette dernière station.

Ils revinrent donc à l'île des Pins, emmenant toutefois ceux de leurs néophytes qui avaient bien voulu les suivre.

Cette fois le dernier espoir de créer un établissement sur la Grande-Terre s'était évanoui. Mgr. d'Amata résolut alors d'employer d'autres moyens pour arriver à son but. Dans l'île Futuna, les Pères possédaient un établissement, et les naturels de l'île vivaient sur un très-bon pied avec les Maristes. C'est là que l'évêque résolut d'envoyer catéchistes, néophytes, catéchumènes, enfin tous les Calédoniens qui désiraient vivre avec les missionnaires.

En les menant à Futuna, son but était de les séparer complétement des Canaques ennemis de la mission, afin de pouvoir les instruire plus facilement et plus sûrement selon les vues et les principes des Maristes.

On en fit un premier essai qui réussit pleinement. Encouragé par le succès obtenu, le R. P. Rougeyron revint bientôt après en Nouvelle-Calédonie et y prit une quarantaine de naturels pour les transporter également à Futuna.

Sur ces entrefaites, le gouvernement français, qui depuis quelques années déjà s'intéressait à la Nouvelle-Calédonie, envoya la corvette l'*Alcmène*, commandée par M. d'Harcourt, dans les eaux calédoniennes pour explorer la partie nord-est de la Grande-Terre.

L'*Alcmène* jeta l'ancre à Balade vers le commencement de 1851.

A plusieurs reprises l'équipage eut l'occasion de communiquer, à terre, avec les naturels, et rien ne fit soupçonner les mauvaises intentions de ces cannibales; bien au contraire, les rapports entre marins et indigènes avaient un caractère tout à fait pacifique. Aussi M. d'Harcourt n'hésita-t-il pas, pour compléter ses travaux hydrographiques, à envoyer à la pointe nord de l'île une chaloupe montée par douze hommes d'équipage, un chef de timonerie et deux officiers, MM. de Varennes et de Saint-Phal.

Comme la partie à explorer se trouvait à huit ou dix lieues de Balade, M. d'Harcourt avait fait délivrer à l'embarcation pour plusieurs jours de vivres et quatre fusils avec des munitions.

Pour ne pas avoir de démêlé avec les habitants

de cette partie de l'île, habitants dont la réputation d'anthropophages laissait toujours subsister des doutes sur l'accueil qu'on pourrait en obtenir, il fut résolu, à bord de la chaloupe, qu'au lieu d'accoster la Grande-Terre, on mènerait l'embarcation vers une petite île[1] peu éloignée de la côte et paraissant complétement inhabitée. On y accosta en effet, et, sans défiance aucune, on se prépara immédiatement à descendre à terre.

Ce manque de prudence allait amener une épouvantable catastrophe.

A peine les deux officiers ont-ils débarqué, qu'une centaine de naturels, jusqu'alors cachés dans les fourrés voisins, se précipitent sur eux, brandissant leurs armes et poussant des hurlements de forcenés. M. de Varennes tombe presque aussitôt frappé à la tête de plusieurs coups de hache. Deux matelots qui le relèvent et l'emportent sur l'arrière de l'embarcation, succombent eux aussi sous les coups qui pleuvent de toutes parts. En vain cherche-t-on, au milieu de cette lutte inégale, à dégager les fusils et les munitions, l'attaque est si rapide qu'on n'en a plus le temps.

---

1. Île Yenghiébanc (groupe des Nénéma).

Les indigènes, prompts comme l'éclair, envahissent la chaloupe. En un clin d'œil tout est mêlé. Mais nos braves marins ne se laissent pas tuer sans résistance. Ils font flèche de tout bois. L'un d'eux, armé de la barre du gouvernail, se précipite sur les assassins et fait des moulinets terribles pour dégager ses camarades. Il frappe à droite et à gauche, se frayant un passage sur l'avant; mais il tombe, lui aussi, mortellement atteint. M. de Saint-Phal, jeune homme de vingt ans à peine, tout criblé de coups, essaye encore de se défendre avec son sabre. Hélas! tout est inutile; en moins de temps qu'il n'en faut pour le dire, tout ce qui est dans la chaloupe tombe sous les coups des sauvages. Quatre hommes toutefois ont la chance de se dégager en sautant à la mer. Ils essayent de se sauver à la nage, mais l'un d'eux est massacré par les indigènes au moment où il pose le pied sur le rivage. Les trois autres réussissent cependant à échapper aux coups des naturels et parviennent à mettre pied à terre sans être inquiétés.

Huit jours s'étaient passés et l'on n'avait encore aucune nouvelle de la chaloupe à bord de l'*Alcmène*. Une vague inquiétude s'était emparée des esprits; on ne savait que penser d'une si longue absence, quand un jeune Canaque, qui était venu à bord de la corvette, répandit le bruit qu'un massacre de blancs avait eu lieu, sans toutefois rien affirmer de positif.

Ces rumeurs ne font que surexciter les esprits. A chaque indice, à chaque supposition, à chaque parole qui pouvait avoir trait aux malheureuses victimes, l'équipage fait entendre des murmures et presque des cris de vengeance. Les visages s'assombrissent de plus en plus. Un soir, à l'heure du branle-bas, au moment où l'officier de quart vient de commander « *aux hamacs* », les matelots s'écrient : « Ce ne sont pas des hamacs qu'il nous faut, ce sont des fusils ! »

M. d'Harcourt, pour calmer l'exaspération toujours croissante de l'équipage, monte sur le pont, et, tout en déclarant que rien de certain ne permet de conclure à un malheur, il promet de tirer une vengeance éclatante des Canaques si le fait se confirme.

Dès le lendemain matin, le commandant expédie une chaloupe armée à la recherche de la première embarcation. Celle-ci est retrouvée, en effet, intacte mais complétement dévalisée et portant les traces sanglantes de la lutte désespérée qu'y avaient livrée les malheureuses victimes. Quelques naturels, interrogés à ce sujet, ne laissent subsister aucun doute : les hommes de l'embarcation avaient été massacrés et mangés immédiatement après par les cannibales.

Ces indigènes déclaraient, en outre, que trois matelots, qui s'étaient enfuis à la nage, avaient été adoptés par une tribu voisine. Mais où les retrouver ?.... Comment les délivrer ?...

N'étant pas assez nombreux pour opérer une descente et ne sachant même pas où rechercher les malheureux, s'ils vivaient encore, le plus sage était de retourner immédiatement à bord de la corvette et d'y annoncer le fait.

Ce fut un moment d'anxiété générale à bord de l'*Alcmène*, quand on vit arriver de loin la chaloupe ayant à sa remorque une embarcation vide. Les hommes se pressaient mornes et silencieux contre les bastingages, l'œil immobile et fixé au loin sur le triste convoi.

En abordant la corvette, l'officier qui avait dirigé les recherches, prononce d'une voix entrecoupée par l'émotion ces lugubres paroles : « Commandant, voilà tout ce que nous avons pu recueillir! »

Un frisson d'horreur court dans les rangs de l'équipage; un grondement terrible vient rompre le silence de mort qui régnait jusque-là; autant d'hommes à bord, autant de voix qui s'élèvent proférant d'affreuses menaces contre les canni- l ales. Tous brûlent de venger leurs malheureux camarades, et de laver dans le sang l'insulte faite au pavillon français. A peine laisse-t-on le temps au commandant de délibérer avec son conseil. Il faut châtier les sauvages sans attendre un instant : sept embarcations, montées par une centaine d'hommes armés jusqu'aux dents, se dirigent vers le lieu du massacre.

Il ne fallut pas longtemps pour arriver près du théâtre du triste événement. Lorsqu'on ne fut plus qu'à une demi-encablure de l'île, on vit les indigènes qui, prudemment cachés derrière les arbres, brandissaient leurs armes et agitaient des lambeaux d'étoffe qui provenaient peut-être des habits de leurs victimes.

Les embarcations se rangèrent aussitôt en ligne, présentant le flanc au rivage, afin de permettre aux équipages de faire feu tous à la fois. On atten- dit un moment dans cette position, croyant que les naturels oseraient sortir de leurs fourrés, mais il n'en fut rien; ces lâches assassins se contentèrent de s'agiter derrière les arbres et de pousser leurs féroces hurlements.

L'impatience gagna bientôt les marins. Ils brûlaient d'en venir aux mains et attendaient fièvreusement le moment de débarquer. L'ordre fut donné. On descendit à terre en se déployant en demi-cercle, afin de rabattre cette bande d'assassins vers un seul point de l'île.

Si alors les Canaques avaient attendu l'ennemi de pied ferme, les représailles eussent été terribles; mais à la vue des baïonnettes françaises, ils furent saisis d'une terreur panique et se sauvèrent à qui mieux mieux, cherchant à gagner la Grande-Terre soit en pirogue soit à la nage. Les matelots réussirent pourtant à tuer une vingtaine de naturels, mais ce n'était pas là un châtiment proportionné au crime, aussi M. d'Harcourt donna-t-il ordre de ravager de fond en comble les quelques îlots dont les habitants avaient pris part au massacre; les cases furent brûlées, les plantations détruites, on coupa plus de cinq mille cocotiers; on fit, en un mot, tout le mal qu'il était possible de faire à ces bandits.

Dès que les habitants de Balade eurent connaissance de la tournure des affaires, ils vinrent à la rescousse, aidant aux matelots dans leur œuvre de destruction et s'appropriant ensuite, comme part de butin, tout ce qu'ils purent emporter.

En même temps qu'on s'occupait de rendre ces îlots inhabitables pour de longues années, on fit des recherches minutieuses pour retrouver quelques restes des malheureuses victimes. On découvrit ainsi des ossements épars, des touffes de cheveux et des lambeaux de vêtements, tous objets qui effaçaient les derniers doutes sur le sort des infortunés marins.

A la vue de ces horribles pièces à conviction, la pensée de retrouver les trois hommes qui devaient avoir échappé au massacre, s'était complétement évanouie. L'on ne s'occupa plus que de rechercher les quelques fragments d'os, seuls restes mortels des victimes, pour les confier aux profondeurs de la mer et leur donner au moins une tombe inviolable, même pour les Canaques.

Dans le cours de ces recherches on fut plus heureux qu'on ne l'avait espéré : on cherchait des morts et l'on trouva des vivants. Les trois matelots qui s'étaient enfuis à la nage, firent soudain leur apparition au milieu de leurs camarades, mais dans quel état, grand Dieu! L'un d'eux avait le nez mutilé par un coup de sagaïe, l'autre avait

le poignet cassé et tous avaient le corps couvert
de blessures. Ils n'avaient pourtant plus été mal-
traités par les Canaques depuis leur fuite ; au
contraire, une tribu les avait adoptés. On leur
avait même déjà peint le visage et relevé les
cheveux suivant la mode du pays. Nous laissons
à penser l'émotion et la joie de tout le monde à la
vue de ces trois malheureux, que l'on croyait
morts eux aussi.

Quand toutes les recherches furent terminées,
on plaça ce qu'on avait pu recueillir en fait d'ossements dans deux caisses lestées de cailloux,
puis on immergea le tout non loin de la côte, dans
un endroit très-profond.

La leçon que l'on venait de donner aux Canaques fut salutaire et leur enleva pour longtemps
l'envie de recommencer. Le commandant d'Harcourt put continuer et terminer, sans être inquiété,
ses utiles travaux hydrographiques. Les officiers
qui achevèrent les plans nommèrent un passage
qu'ils avaient découvert très-près de terre, *détroit
de Varennes,* en l'honneur de l'infortuné chef de
la petite expédition.

C'est grâce aux travaux opérés par l'état-major
de l'*Alcmène,* qu'il est devenu possible aux navires
qui viennent de Sydney de se rendre directement

à Balade en doublant la pointe nord de l'île, ce qui raccourcit de beaucoup le chemin à parcourir.

Pendant que ces événements se passaient en Nouvelle-Calédonie, les missionnaires travaillaient et réussissaient à discipliner les indigènes qu'ils avaient transportés à Futuna. Au bout de quelques mois, il leur fut possible de revenir avec la petite colonie et de s'établir dans le voisinage de Balade.

Naturellement leur position fut tout autre alors; les indigènes avaient la mémoire encore trop pleine des souvenirs de la correction que leur avaient infligée les marins de l'*Alcmène;* de plus ce n'était plus aux missionnaires seuls qu'il eût fallu s'attaquer, mais à une cinquantaine de *Tayos,* qui, sans doute, ne se seraient pas laissé manger sans d'énergiques protestations.

Vers la fin de 1852 la mission était complétement rétablie. Des maisons avaient été construites; des terres avaient été défrichées et Mgr. d'Amata allait pouvoir considérer son siège comme solidement établi, quand il fut atteint d'une maladie épidémique qui l'enleva en peu de jours. Il mourut à Balade, le 27 avril 1853.

CHAPITRE VIII.

Missions protestantes.

Vers l'époque où les Pères maristes, sous la conduite de leur évêque, s'installaient en Nouvelle-Calédonie, les missionnaires wesleyens, sous la direction du révérend Williams, se rendaient aux Fidji, aux Nouvelles-Hébrides et jusques en Nouvelle-Zélande.

Moins heureux que Mgr. d'Amata, le révérend Williams tomba sous les coups des sauvages avant de voir son œuvre établie sur des bases solides. Il fut assassiné par les naturels d'Erromango.

Pourtant sa mort ne fit pas reculer ses compagnons. Son œuvre fut continuée par d'autres et se continue toujours.

Quelques ministres wesleyens vinrent s'installer aux Loyalty et réussirent en quelques années à faire des indigènes non pas des chrétiens modèles, mais au moins des hommes.

Plus pratique que le prêtre catholique, le ministre protestant, loin de perdre son temps à enseigner aux sauvages des préceptes et des pratiques qu'ils ne comprennent pas, et qu'ils ne comprendront pas encore de longtemps, les a attirés vers l'Église en flattant leurs intérêts matériels. Là où il n'a pu convertir, il a colonisé.

Loin de s'emparer du territoire canaque et d'en faire la propriété de la mission[1], il a laissé son champ à chacun; il s'est contenté d'apprendre à l'indigène à cultiver ses terres et à les mettre en rapport. Le pasteur ne s'est pas écarté pour cela des voies de l'Évangile, et il a su concilier le travail et le commerce avec la religion. S'il n'enseigne pas à ses ouailles des prières en latin, il leur apprend, par contre, et met en pratique lui-même les grands principes de la morale chrétienne.

Malheureusement l'antagonisme regrettable qui a surgi de tout temps dans les lieux où les deux religions rivales s'établissaient ensemble, n'a pas manqué de se produire aussi aux Loyalty.

Après l'installation des ministres protestants, les missionnaires catholiques vinrent à leur tour prêcher la paix et la concorde à Maré, Lifu et Uvéa.

Qu'en résulta-t-il? Que le puritanisme protes-

____

1. Voir Chapitre X.

tant et l'intolérance catholique allumèrent bientôt une haine irréconciliable entre les indigènes des deux cultes ; de là rixes et scènes qui rappellent en petit les plus lugubres événements de nos anciennes guerres de religion.

Comme il nous répugne profondément de retracer ces querelles, ces actes de fanatisme, où l'intolérance et l'entêtement des missionnaires jouent le. plus grand rôle, nous préférons passer sous silence des actes commis par les indigènes, il est vrai, mais dont la responsabilité revient en grande partie aux prêtres des deux cultes.

Pour ne pas être obligé de revenir sur l'établissement des missions aux Loyalty, et pour donner un aperçu exact de la situation actuelle, nous ne pouvons mieux faire que de citer une page due à la plume du profond et spirituel observateur, M. le capitaine de frégate H. Rivière.

« Sur toutes deux (*Lifu* et *Maré*) cependant, quelques Européens ont pris pied. Ce sont, comme partout, ces éternels pionniers d'une religion entêtée et d'un commerce profitable, les missionnaires catholiques et protestants. La religion demeure incompréhensible aux sauvages et le commerce ne va guère. Toutefois les protestants ont l'avantage. Il y a six indigènes protestants pour un catholique. C'est que les missionnaires anglais ne surmènent pas leurs ouailles d'enfantillages religieux, d'homélies sentimentales ni du travail commandé par Dieu. Ils vont droit au but, aux intérêts matériels, les leurs et ceux de leurs convertis. Ils se sont faits les maîtres enseignants, les hommes d'affaires des indigènes. Ils les conduisent, par les conseils pratiques et par l'exemple, à la bonne culture, aux récoltes fructueuses, à l'hygiène et au bien-être. Ils ne vivent point d'eux par l'aumône rebelle, mais par des honoraires en apparence facultatifs. A de certains jours qu'ils désignent d'avance, ils sont prêts à recevoir des redevances en nature et en argent. Si les redevances n'arrivent point, ils ne se plaignent pas, mais ils mettent en interdit d'aide et de conseils celui qui s'est abstenu. Ils cessent de lui être propices, et celui-là qu'ils délaissent, moins heureux désormais, vient vite à résipiscence. Aussi les cases canaques, groupées autour du temple, sont-elles propres et bien tenues, les hommes, les femmes et les enfants décemment habillés de cotonnade bleue, avec un air d'aisance et de santé. Quant au pasteur, dans son presbytère, aux murs blancs tapissés de plantes grimpantes, il a sa femme qui est sa compagne, ses meubles en noyer cirés et frottés, un keepsake sur la table ronde et le thé tout préparé avec des biscuits. Le *home* anglais en son strict confortable. C'est là qu'en commerçant d'ordre spirituel il mène son existence, étroite d'esprit, correcte de forme. A un autre bout de l'île, le missionnaire français vit sous une hutte, d'un peu de pain, quand il sait en faire et des fruits qu'il prend à l'arbre. Sa robe est usée, son tricorne chauve, sa barbe inculte et longue. Tout déguenillé, son troupeau d'indigènes qu'il essaye de vêtir, psalmodie des cantiques ou court les bois, malpropre, hypocrite et paillard. Le Père, cependant, n'est pas triste. Il a ʿait son deuil des propriétés de ce monde non-seulement pour lui, mais pour sa mission, dont il est en ces îles de mauvais rapport, l'enfant perdu et oublié. A pied, avec un bâton ferré, ou à cheval, sur un bidet étique venu de Nouméa on ne sait comment, il va de paroisse en paroisse. L'église en bambous a sur le sol des jonchées de feuillage; l'autel a des fleurs. C'est plus beau que le temple qui est nu. Son amour pour son église et sa haine pour le protestant suffisent au Père. Ses jours sont pleins. »

CHAPITRE IX.

Prise de possession de la Nouvelle-Calédonie et de ses
dépendances (1853).

Lors d'une discussion sur la déportation qui eut
lieu en 1850 à l'Assemblée législative, la Nouvelle-Calédonie avait déjà été désignée comme
une des terres qui seraient les plus propres à
recevoir nos établissements pénitentiaires. D'un
abord difficile, entourée d'une muraille de coraux
qui permet d'en surveiller facilement les approches, cette île offre, outre ces avantages incon-
testables sur nos autres lieux de déportation, des
conditions toutes particulières de salubrité et un
climat presque tempéré.

Les rapports du commandant Lecomte et les
discussions de la Chambre avaient engagé la
France à expédier l'*Alcmène,* comme on le sait
déjà, pour reconnaître, avec tous les soins possibles, la partie nord de la Nouvelle-Calédonie.
Enfin, les rapports du commandant d'Harcourt et
l'horrible catastrophe qui venait de plonger dans
le deuil tant de familles de marins décidèrent

définitivement le gouvernement français à s'établir dans l'île et à imposer par la force à ces tribus cannibales la civilisation que les missionnaires n'avaient pu leur donner par la douceur.

Le 1er mai 1853 des ordres secrets étaient dépêchés à M. le contre-amiral Febvrier-Despointes, alors commandant de la station navale du Pacifique. Le 24 septembre, tandis que le gouvernement britannique armait en toute hâte un navire chargé de s'emparer de la Nouvelle-Calédonie, notre amiral en prenait possession, après avoir amusé les Anglais, à Sydney, par une habile comédie, au moyen de laquelle il gagna sur eux une avance de cinq heures.

Le *Moniteur officiel* du 14 février 1854 apprit à la France, par la note suivante, qu'elle venait de s'enrichir d'une nouvelle colonie :

« Le gouvernement français était désireux depuis longtemps de posséder dans les parages d'outre-mer quelques localités qui pussent au besoin recevoir ses établissements pénitentiaires.

« La Nouvelle-Calédonie lui offrait toutes les conditions désirables.

« En vertu des ordres de l'empereur, le ministre de la marine et des colonies a prescrit, le 1er mai dernier, à M. le contre-amiral Febvrier-Despointes, commandant en chef des forces navales françaises dans l'océan Pacifique, de se diriger vers la Nouvelle-Calédonie.

« Conformément aux instructions qui lui avaient été transmises, le contre-amiral Febvrier-Despointes, après s'être assuré que le pavillon d'aucune nation maritime ne flottait sur la Nouvelle-Calédonie, a pris solennellement possession de cette île et de ses dépendances, y compris l'île des Pins, au nom et par ordre de S. M. Napoléon III, empereur des Français.

« Aussitôt que le pavillon de la France a été arboré sur les terres de la Nouvelle-Calédonie, il a été salué de vingt et un coups de canon et des cris répétés par l'état-major et l'équipage de « Vive l'Empereur ! »

Voici la copie des procès-verbaux de la prise de possession de la Nouvelle-Calédonie et de l'île des Pins, en date des 24 et 29 septembre 1853 :

« Ce jourd'hui, samedi 24 septembre 1853, à trois heures de l'après-midi.

« Je soussigné, Auguste Febvrier-Despointes, contre-amiral, commandant en chef les forces navales françaises de la mer Pacifique, agissant d'après les ordres de mon gouvernement, déclare prendre possession de l'île de la Nouvelle-Calédonie au nom de S. M. Napoléon III, empereur des Français.

« En conséquence, le pavillon français est arboré sur ladite île (Nouvelle-Calédonie) qui, à partir de ce jour, 24 septembre 1853, devient, ainsi que ses dépendances, colonie française.

« Ladite prise de possession est faite en présence de MM. les officiers de la corvette à vapeur le *Phoque* et de MM. les missionnaires français qui ont signé avec nous.

« Fait à terre, au lieu de Balade (Nouvelle-Calédonie), les heure, jour, mois et an que dessus.

« Ont signé : E. DE BOVIS, L. CANDEAU, A. BARAZER, ROUGEYRON, FORESTIER, J. VIGOUREUX, A. CANY, MULLER, BUTTEAUD, MALLET, L. DÉPÉRIERS, A. AMET, L. DE MARCÉ, le contre-amiral FEBVRIER-DESPOINTES. »

« Ce jourd'hui, jeudi 29 septembre 1853.

« Je soussigné, Auguste Febvrier-Despointes, contre-amiral, commandant en chef les forces navales françaises dans la mer Pacifique, agissant d'après les ordres de mon gouvernement, déclare prendre possession de l'île des Pins au nom de S. M. Napoléon III, empereur des Français.

« En conséquence, le pavillon français est

arboré sur ladite île des Pins, qui, à compter de ce jour 29 septembre 1853, devient, ainsi que ses dépendances, colonie française.

« L'île continuera à être gouvernée par son chef, qui relèvera directement de l'autorité française

« Ladite prise de possession faite en présence de MM. les missionnaires français, des officiers du *Phoque* et du chef Ven-de-Gon, qui ont signé avec nous.

« Fait à terre, en double expédition, les jours, mois et an que dessus.

« Ont signé : E. DE BOVIS, A. BARAZER, L. CAN-DEAU, A. CANY, L. DÉPÉRIERS, MALLET, MULLER, CHAPUY, GOUJON, A. GELLÉ, A. AMET, le chef de l'île V. X., le contre-amiral, commandant en chef, FEBVRIER-DESPOINTES. »

Le contre-amiral Febvrier-Despointes fut, comme de juste, le premier gouverneur de l'île. Nous extrayons des premiers rapports officiels, qu'il adressa au ministre de la marine et des colonies, les parties les plus saillantes; elles permettront au lecteur de se faire une idée nette de la situation et des travaux d'établissement qui furent exécutés sitôt après la prise de possession.

« Au village de Balade, le 5 décembre 1853.

« Après avoir expédié le navire américain le *John Millay*, qui va prendre un chargement de vivres à Sydney, je m'occupai immédiatement de rechercher un mouillage sûr pour les bâtiments qui seront obligés de stationner dans le nord de l'île pendant l'hivernage. En conséquence, obligé de rester avec le *Phoque* devant Balade, afin de surveiller la construction d'un blockhaus assez fort pour résister à toute attaque de la part des naturels, j'envoyai un canot pourvu de vivres et armé en guerre visiter l'entrée de la rivière du Diahot et voir si dans ces parages je pourrais, en toute sécurité, laisser hiverner mes bâtiments. Cette reconnaissance a été couronnée d'un succès auquel j'étais loin de m'attendre. A l'embouchure même de la rivière, à la distance de douze milles, au nord-ouest du mouillage de Balade, il me fut rendu compte qu'une baie, dont le fond était de vase, m'offrait toutes les garanties que je désirais.

« L'arrivée du *Prony*, qui vint me rejoindre le 30 octobre, doubla le nombre de mes ouvriers et me permit, en lui laissant tous les travailleurs du *Phoque*, d'aller juger par moi-même du mouillage qui m'avait été signalé.

« La baie du Diahot est fermée d'une part par

les hautes terres de la Nouvelle-Calédonie, et de l'autre, par une île d'une assez grande étendue, dont les sommets élevés l'abritent des vents d'ouest et du sud-ouest. La mer qui vient du large y est toujours brisée par la ceinture de coraux qui environne l'île de **Balabio** et par un banc de sable fermant la baie dans la direction du nord. Je juge cette découverte d'autant plus précieuse, que j'y vois un port à cheval sur la passe de l'est et du nord-ouest; une rivière arrosant de vastes plaines susceptibles de recevoir toute espèce de culture et navigable pour les plus fortes embarcations jusqu'à **Bondé**, village situé à plus de dix lieues dans l'intérieur.

« A l'embouchure du Diahot, il existe un banc tout de vase sur lequel on ne trouve pas moins de trois mètres et demi d'eau à mer basse. Cette barre n'offre aucun danger, puisqu'elle est de vase très-molle et qu'elle ne brise jamais. Je consacrai quinze jours, non-seulement à lever le plan de cette rade, mais encore à pousser mes travaux hydrographiques jusqu'à six milles dans la rivière. Les fonds qu'on a trouvés, une fois la barre d'entrée franchie, n'ayant jamais été moins de sept mètres, je pense qu'avec de faibles efforts, et surtout l'emploi d'une cure molle, on établirait

facilement un chenal pour les grands bâtiments.

«Obligé de tout faire exécuter avec mes propres
ressources, je suis étonné d'avoir pu tant faire
avec si peu de moyens. Officiers et matelots ont
rivalisé de zèle et de dévouement. Pas un murmure, pas une infraction à la discipline ; parmi les
équipages des deux bâtiments occupés à terre,
chacun y apportait une bonne volonté à toute
épreuve. C'était vraiment admirable de voir nos
marins former un atelier de travaux de tout genre,
et, sur ce terrain naguère si désert, s'élever subitement des briqueteries, des fours à chaux, des
scieries et des forges; les murs et les charpentes
sortir, comme par enchantement, de la main habile, quoique novice de nos matelots.

«Je ne dois pas non plus omettre de dire à
Votre Excellence que j'ai trouvé dans le concours
des pères missionnaires des ressources inespérées.
Tout ce que la mission possédait a été mis à ma
disposition; cela m'a permis, avec le peu que nous
possédions déjà à bord des bâtiments, d'utiliser
des terrains et de nous procurer des bois de construction indispensables à nos travaux. Le R. P.
Rougeyron, qui remplace ici provisoirement Monseigneur d'Amata, a été pour moi du plus grand

secours, dans cette circonstance. Sa conduite, pleine de dévouement et de patriotisme, mérite bien de fixer l'attention du Gouvernement.

« Dès à présent, je puis annoncer avec plaisir à Votre Excellence que le blockhaus est presque totalement terminé. Construit entièrement en pierres et en briques, il peut facilement résister à toute attaque de la part des naturels. Ses créneaux défendent un magasin que je fais construire, pouvant contenir un an de nourriture pour six cents hommes, et le haut de cet établissement sera une caserne crénelée, dont le feu, avec celui du block-haus, en rendra toutes les approches inexpugnables. Une vaste plaine située entre les deux rivières, également dominée et défendue par ces deux fortifications, sera très-propice pour contenir un troupeau à l'usage de la garnison.

« Désirant achever ces travaux avant la mauvaise saison, dont les approches se font déjà sentir, je viens d'expédier le *Phoque* à l'île des Pins. Il y prendra les planches que la mission consent à me céder, et en même temps me rapportera des arbres qu'il doit abattre lui-même. J'ai limité à huit jours la durée de son absence.

« Par ce que j'ai vu, par les travaux forcés que j'ai exécutés et qui ne nous ont pas donné un seul malade, je ne puis douter que le pays ne soit très-sain. Quant aux vastes plaines qui y existent et aux rivières nombreuses qui les sillonnent, à mon point de vue, cette colonisation dans ces mers ne peut offrir que des avantages réels au Gouvernement. L'opinion des missionnaires est que l'île doit renfermer des minerais très-précieux. Ce que je puis personnellement affirmer, c'est que j'ai rencontré partout du fer, un peu de cuivre, du cristal de roche et du porphyre, tout cela sans fouiller et à la surface de la terre.»

Balade, le 30 décembre 1853.

« Le *Catinat* a mouillé sur la rade de Balade le 7 de ce mois. Dès le lendemain, j'ai pu employer une partie de son équipage à renforcer mes travailleurs.

« Le *Phoque*, suivant mes instructions, est arrivé le 12, m'apportant de l'île des Pins un chargement de bois qui n'a nécessité aucun déboursé, et qui m'a permis de donner plus d'activité à mes travaux.

« Ma présence n'étant plus nécessaire ici, je pars demain, 31 décembre, sur la corvette à vapeur le *Catinat,* en laissant le blockhaus entièrement terminé, le petit magasin susceptible de recevoir cent tonneaux de vivres, le grand avec les matériaux nécessaires pour sa construction; le *Prony* mouillé sur la rade du Diahot, et par conséquent en communication avec les hommes chargés de la défense du poste fortifié de Balade.

« Je me propose, Monsieur le Ministre, d'adresser à Votre Excellence, dès mon arrivée à la côte d'Amérique, quelques notes et observations plus complètes sur la Nouvelle-Calédonie. »

CHAPITRE X.

Création de Port-de-France (Nouméa). — Massacre de six colons à Houaïlou. — Fondation de la Conception et de la mission de Saint-Louis. — Bonarate; son arrestation. — Pillage d'un cutter anglais à Kongouma. — Le chef Ouatton. Création du poste de Canala (Napoléonville). — Révolte des Hienguènes. — Massacre du caboteur Capron. — Guerre de tribus.

Quelques mois s'étaient à peine écoulés depuis la prise de possession de la Nouvelle-Calédonie, et déjà l'on sentait le besoin de créer pour notre colonie un chef-lieu plus convenable que Balade, et surtout plus rapproché de Sydney. M. Tardy de Montravel, qui remplaça comme gouverneur le contre-amiral Febvrier-Despointes[1], comprenant tout l'avantage qu'on aurait à placer la capitale de la colonie dans un lieu de l'île le plus rapproché possible de la métropole australienne, fixa son choix sur la presqu'île de Nouméa qu'il venait de découvrir et de reconnaître en visitant et en recherchant les divers points importants de l'île, à bord de la *Constantine,* dont il avait le commandement.

Séparée de la terre ferme par un isthme très-étroit, baignant le pied de ses collines dans une vaste rade au mouillage sûr et aux abords faciles, cette presqu'île montueuse, qui se prête admirablement à la défense, devait naturellement attirer les regards du gouverneur.

La sécurité du port et la facilité de le défendre l'emportèrent sur une considération qui pourtant, elle aussi, était de la plus haute importance, nous voulons dire le manque d'eau.

Au mois de juin 1854, M. de Montravel posa sur cette presqu'île les bases d'un premier établissement. Bientôt quelques colons hasardèrent de se grouper autour du poste militaire qu'on venait

---

1. Pour les noms des gouverneurs, voir la Table chronologique à la fin de l'ouvrage.

de créer; des négociants, à leur tour, vinrent consolider ce petit noyau, et si Port-de-France — c'était le nom que l'on venait de donner à Nouméa — n'était encore qu'un camp de baraques et de paillottes défendu par des blockhaus, il n'en devint pas moins rapidement le centre du commerce calédonien. Pourtant il faut avouer que le manque d'eau douce retarda de beaucoup le développement de la ville. Jusqu'en 1877, on en fut réduit,—comme nous l'avons dit précédemment, — presque exclusivement à l'eau de pluie. Pour des marins, pour des soldats, tous gens habitués aux privations, le rationnement de l'eau était chose facile, mais que peut faire sans eau le cultivateur, le colon?

Toutefois, si Port-de-France n'était pas une station agricole et ne pouvait pas le devenir, c'était, au moins, le meilleur point stratégique de toute la côte occidentale de la Nouvelle-Calédonie, et bien en prit au Gouvernement de s'y être établi, car au milieu de ces populations irritées par l'envahissement progressif de leur pays, et soutenues trop souvent par les caboteurs anglais, il ont plus d'une fois maille à partir avec elles.

Pendant les premières années, la petite garnison du chef-lieu eut mille peines à tenir tête aux entreprises des Canaques. Ce n'était pourtant pas une guerre franche et déclarée, mais une lutte sourde, d'autant plus dangereuse, qu'il fallait combattre un ennemi invisible, insaisissable. Chaque nuit, les sentinelles étaient obligées de faire feu sur quelques Canaques qui venaient rôder autour des retranchements. Plus d'une fois aussi, le malheureux factionnaire, qui s'était laissé surprendre par le sommeil, ou dont la vigilance s'était relâchée un instant, payait de sa vie ce moment de faiblesse ou ce manque de prudence; et, le lendemain, la découverte du cadavre mutilé d'un soldat français apprenait au poste le sanglant exploit de ces terribles rôdeurs de nuit.

La fréquence de pareils faits et la faiblesse numérique de la garnison décidèrent les colons à prendre les armes afin de multiplier le nombre des factionnaires; ce fut peine inutile, les hostilités continuèrent comme si de rien n'était. Une nuit, les Canaques poussèrent même l'audace jusqu'à s'aventurer au milieu du camp, et, à l'endroit où se trouve aujourd'hui le Trésor, ils percèrent les murs en paille d'un magasin appartenant à M. Martinns, négociant anglais, et enlevèrent plusieurs ballots de marchandises. Ce vol était d'une hardiesse surprenante, quand on songe qu'il fut accompli à la barbe d'un gardien qui couchait au milieu des ballots.

Pendant que le gouvernement colonial s'installait ainsi péniblement sur la presqu'île de Nouméa, luttant nuit et jour contre les naturels des environs; se fatiguant à déjouer les mille pièges que lui tendait l'astuce canaque; ayant souvent à pleurer la perte d'un brave défenseur, lâchement assassiné par quelque féroce indigène ; pendant ce temps, il se passait à Houaïlou un fait horrible, digne pendant de la catastrophe de l'*Alcmène*.

Au mois de mars 1856, six colons français, Barronet, Le Duc, Leclerc, Granet, Camina, Caille et A...., partaient de Canala, se dirigeant vers Houaïlou, pour aller à la recherche de terrains aurifères, dont on commençait alors à soupçonner l'existence en Nouvelle-Calédonie.

Nos malheureux prospecteurs n'eurent pas le temps de faire de longues recherches, car, dès qu'ils arrivèrent sur le territoire d'Houaïlou, ils furent massacrés et mangés, à l'exception de l'infortuné A...., auquel les cannibales laissèrent la vie sauve, à condition qu'il leur enseignerait la manière de se servir des armes à feu qu'ils avaient enlevées à ses camarades.

Profitant d'une nuit obscure, le malheureux

A.... prit la fuite, et, après avoir erré pendant deux jours et deux nuits, torturé par les affreux tourments de la faim, et par la perspective toujours présente d'être repris et massacré, il rencontra un de ces nombreux Anglais qui roulaient à cette époque sur les côtes de la Nouvelle-Calédonie. Celui-ci, touché de pitié, le conduisit à Houagape, où les RR. PP. Maristes venaient de créer, depuis peu, un établissement semblable à celui de Pouébo.

A son arrivée chez les Pères, on s'aperçut, malheureusement, que l'infortuné A.... n'avait pu résister à l'ébranlement produit par de si violentes secousses morales et physiques : il avait perdu la raison.

Depuis lors, le pauvre fou parcourt la Calédonie, vivant sans crainte au milieu des tribus les plus féroces, respecté de tout le monde, partageant la nourriture des Canaques, sans qu'un seul ose la lui refuser; car en cela le Calédonien est tout aussi superstitieux que nos aïeux l'étaient, et que le sont encore aujourd'hui certaines gens dans nos campagnes d'Europe[1].

----

1. Dans le canton du Valais (Suisse), beaucoup de familles comptent parmi leurs membres un et quelquefois plusieurs idiots. Loin de s'en plaindre, le campagnard valaisan prétend que cela porte bonheur à la famille.

A la nouvelle de cette horrible catastrophe, M. le commandant supérieur Le Bris dirigea des troupes contre les Houaïlous et, secondé par les gens d'Aliki-Kaï, grand-chef de Canala, il tira de justes représailles de ce lâche attentat.

Nous avons mentionné précédemment une nouvelle station des missionnaires, celle d'Houagape; nous devons y ajouter la *Conception*, établissement que le T. R. P. Rougeyron, alors provicaire apostolique, fonda vers la fin de 1855, non loin de Nouméa. Le but de cette station était de former une réduction (*reducere*), c'est-à-dire un établissement autour duquel devaient venir se grouper les catéchumènes des différentes tribus non encore chrétiennes. Les Maristes achetèrent, à cet effet, environ deux mille hectares de terre, situés au nord du Mont d'or; cet achat, qui se fit au moyen d'échanges avec les indigènes, permit d'établir à demeure fixe un certain nombre de Canaques provenant des tribus de Balade, de Pouébo et de Touho.

Après avoir jeté les bases de la Conception, les RR. PP. Maristes fondèrent, en 1856, non loin de celle-ci, un autre établissement, connu sous le nom de *mission de Saint-Louis*. Cette station, l'une des plus riches et des mieux cultivées de la colonie, est située entre la rivière d'Yahoué et la rivière Morari, elle comprend trois mille deux cents hectares de terres.

A peine achevée, la mission de Saint-Louis fut incendiée par le chef Kouindo et ses gens, mais elle fut rebâtie presque aussitôt. Cette station possède aujourd'hui de vastes bâtiments, une scierie et un moulin à sucre.

En 1857, un nouveau drame vint ensanglanter les annales de la colonie. Cette fois ce fut Bouarate, le chef d'Hienguène, qui voulait s'opposer à l'établissement des Français, — et principalement à celui des missionnaires — sur le vaste territoire où il dominait en souverain absolu.

Avant de rapporter les faits eux-mêmes, nous croyons devoir présenter au lecteur le grand-chef des Hienguènes, le principal auteur de ce nouveau meurtre.

Bouarate était âgé de vingt-cinq à trente ans quand les Maristes vinrent s'établir pour la première fois à Balade; d'une belle taille, vigoureux, intelligent et rusé, redouté de ses voisins, craint de ses sujets, il était le grand-chef le plus en vue et commandait à la tribu la plus puissante de toute la Nouvelle-Calédonie. Loin de le faire passer pour un homme sanguinaire et abruti, comme on s'est plu à le dépeindre, nous dirons seulement qu'il était, à la fois, meilleur et pire que ses sujets, car il possédait à un plus haut degré qu'eux toutes leurs qualités et tous leurs vices.

On a prétendu que, dès le premier jour, il s'était montré hostile à l'établissement des Maristes, c'est une erreur; tout au contraire, il s'était prêté de bonne grâce à leur installation; et plus d'une fois il leur était venu en aide. En 1844, ce fut lui qui sauva de la famine les missionnaires qui venaient de débarquer en Calédonie. Pendant les premiers temps de l'établissement des Maristes, ce fut encore lui qui fit à ceux-ci les plus nombreux présents de vivres. Il leur donna, entre autres, un vaste champ d'ignames qui devait, une seconde fois, les sauver d'une grande disette.

Peut-on conclure de ces faits qu'il était, dès le commencement, l'ennemi juré des missionnaires? Non certes.

Si plus tard il changea d'allure avec les Maristes, c'est qu'il devait avoir des motifs, et peut-être des motifs sérieux. Quoi qu'il en soit, nous pouvons affirmer, sans crainte d'être contredit, que les caboteurs anglais avaient été pour beaucoup dans ses agissements. Ce sont eux qui l'excitèrent à la haine contre les missionnaires catholiques et contre les colons et les soldats français; ce sont eux qui lui firent visiter Sydney, où il fut reçu en roi de la Nouvelle-Calédonie (les feuilles australiennes ne le nommèrent pas autrement que *New-Caledonia's King*).

Certainement toutes ces menées avaient réussi à faire de Bouarate un anglophile des plus purs, mais cela n'explique pas trop l'aversion profonde qu'il conçut plus tard pour les missionnaires. Le manque de tact, le prosélytisme outré, intolérant même des Maristes, n'était-il pas plutôt la cause réelle de leur disgrâce?

Bouarate, lui chef de tribu, lui homme libre et fier, ne devait-il pas voir avec dégoût ces catéchistes qui, sous la direction des Pères, étaient devenus de véritables espions, et qui, chose remarquable, avaient déjà pris le cachet et les allures hypocrites de ces figures *d'ainsi soit-il*, que tout homme intelligent, et fier de sa dignité, ne peut voir sans mépris, même dans nos pays chrétiens et civilisés.

L'indéniable ascendant que les Maristes avaient pris sur leurs néophytes, n'avait, à coup sûr, pas échappé à l'œil clairvoyant de Bouarate; il s'était même aperçu qu'après avoir conquis à la foi chrétienne et groupé autour d'eux, une foule de naturels, les missionnaires n'avaient pas su résister au désir d'utiliser, pour le compte de leur Société, ce petit peuple, dont ils avaient détrôné les chefs pour se mettre à leur place. Les vastes lots de terrain que les Pères venaient d'acquérir, et la manière dont ils les cultivaient, prouvaient assez nettement à Bouarate, que si sous la main des Maristes on devenait chrétien, on ne manquait pas de devenir en même temps leur valet, leur domestique, en un mot, l'instrument docile de leur volonté absolue.

Devenir chrétien, c'était abdiquer entre leurs mains, c'était se rendre à merci. Ce n'était plus être propriétaire et maître absolu du sol qu'on habitait, c'était devenir sujet d'une mission qui ne travaillait que pour elle, et dont les chefs s'arrogeaient à la fois le spirituel et le temporel, disposaient du revenu des plantations presque exclusivement en faveur de leur Société et ne laissaient arriver qu'une maigre part jusqu'à leurs prosélytes, à ces indigènes qui cependant avaient arrosé de leur sueur les champs de cannes à sucre, de maïs et les autres terres des missions.

Tant que les missionnaires avaient été pauvres et n'avaient fait que prêcher et cultiver leur jardin, Bouarate les avait soutenus; mais du jour où ils étaient devenus les plus grands propriétaires fonciers de la Nouvelle-Calédonie, du jour où ils avaient fait du Canaque un sujet d'exploitation, ils avaient cessé d'être les amis de Bouarate.

En tenant compte de ce puissant motif, on comprendra peut-être mieux pourquoi le chef redouté défendit non-seulement à ses sujets de devenir catholiques, mais aux Canaques chrétiens de circuler sur son territoire.

Cette défense, que nous sommes loin d'approuver, devait inévitablement porter son fruit. Le 9 septembre 1857, une pirogue envoyée à Houagape par les RR. PP. Maristes de Pouébo, et montée par des néophytes, relâcha sur la côte d'Hienguène en dépit des menaces du grand-chef. Aussi fut-elle attaquée par les gens de Bouarate. Un chef d'ordre inférieur qui la montait fut tué; les autres naturels, presque tous blessés, ne durent leur salut qu'à la promptitude de leur fuite.

Les Maristes réclamèrent, et au mois d'octobre de la même année, le *Styx*, ayant à son bord l'amiral-gouverneur Du Bouzet, vint mouiller en rade d'Hienguène. Bouarate, mandé à bord, fut immédiatement constitué prisonnier, et l'on décida, séance tenante, son internement à Taravao

(Taïti), où l'*Infatigable* le conduisit, en effet, dans le courant de février 1858.

Cette année 1858 fut signalée par le pillage d'un cutter anglais, entre Houagape et Hienguène. Nous extrayons de l'intéressant ouvrage de M. J. Patouillet, médecin de la marine[1], un passage relatant la mort du chef qui dirigea l'attaque; ce passage fera voir, mieux que la plus savante dissertation, jusqu'où vont et la superstition des indigènes et la duplicité de leurs sorciers.

« A Tiomoudou on trouve dans une des grottes[2] les restes d'un vieux chef de Tillet qui se rendit, en 1858, célèbre par le pillage d'un côtre anglais à Kongouma. Il mourut peu de mois après cet exploit, prétendant qu'il se sentait dévoré par l'esprit des blancs morts, demeuré dans les objets volés, ou même dans les richesses indigènes qu'il avait acquises avec le prix de ces objets. Pour éviter pareil sort à son successeur, il lui ordonna, d'après le conseil du sorcier, de l'enfermer après sa mort, lui et toutes ses richesses, dans la malle du caboteur assassiné. On obéit. En 1869 j'allai

---

1. *Trois ans en Nouvelle-Calédonie* (Paris 1873).

2. Il s'agit de grottes dans lesquelles certaines tribus placent leurs morts.

visiter cette grotte en compagnie d'un sorcier et de deux ou trois tirailleurs, dans l'espoir d'y découvrir quelques talismans du vieux chef, je n'y trouvai qu'une malle vermoulue et quelques ossements blanchis. A toutes mes questions sur la disparition des objets, le sorcier répondit : « L'esprit du blanc est venu reprendre son bien », et il me regarda sans rire. Il put s'applaudir en voyant que je n'étais pas encore un augure de sa force. »

Si le Gouvernement réussissait tant bien que mal à châtier les rebelles de la côte, il n'avait pas toujours le même succès contre ceux qui rôdaient autour de Nouméa.

Les sentinelles entendaient toutes les nuits des bruits étranges, des rumeurs sourdes, et bien des fois une pierre ou une sagaïe, lancée par une main invisible, venait les avertir de redoubler de vigilance.

Enfin, le gouverneur réussit à gagner à notre cause un chef indigène qui, las d'une guerre sans profit, séduit par l'appât d'une récompense et poussé en même temps par des inimitiés personnelles, vendit ses frères aux autorités locales.

Voici le texte traduit en français du message que le gouverneur adressa à ce chef:

Au grand chef Ouatton.

« Gloire à Dieu! que son saint nom soit béni!

« Tu es notre allié fidèle, je suis ton ami.

« Les assassins Jack et Kandio sont chez Damé. Va les prendre, tu seras richement récompensé si tu les amènes et tu me prouveras que tu es digne d'être allié de mon Gouvernement.

« Au camp de Morari, le 12 juin 1859. »

Quelques jours après, deux têtes étaient apportées au Gouvernement et Ouatton reçut une somme de mille francs en payement du service qu'il venait de nous rendre. Depuis lors ce chef n'a jamais cessé d'être fidèle à notre cause. En 1862 il fut décoré d'une médaille d'or, frappée en France spécialement pour lui, et portant l'effigie du souverain. Pourtant il faut le dire, malgré cette médaille, malgré les fusils d'honneur qu'on lui avait donnés, Ouatton ne devint pas plus civilisé que Clovis Ier ne devint chrétien. Bien souvent il fut question de courriers indigènes égorgés en traversant sa tribu. A la mort de son fils aîné, il fit étrangler les deux femmes du défunt, car, à son avis, elles ne devaient pas lui survivre. Une autre fois, voulant agir à l'européenne — du moins dans ses châtiments — il fit fusiller un de ses sujets, coupable d'un délit insignifiant. Le gouvernement français s'émut enfin de ces faits et infligea un blâme sévère à Ouatton, qui apprit avec stupéfaction que lui, chef héréditaire et absolu, n'était plus maître chez lui.

Après s'être débarrassé — grâce au concours d'Ouatton — de ses dangereux voisins, le gouverneur put enfin poursuivre rapidement les travaux nécessités dans le chef-lieu et ses environs. Il acheta de M. Paddon, caboteur anglais, établi sur l'île Nou, le territoire de cette île pour le prix de quarante mille francs. Cet achat rendit le Gouvernement maître de toute la rade : le chef-lieu était créé.

Pour fournir une protection plus efficace aux habitants blancs de la côte orientale, on résolut d'établir, vers le centre de celle-ci, un poste militaire qui tînt les indigènes en respect.

Le choix tomba sur Canala, dont la belle rade, le sol fertile et la situation centrale faisaient espérer les plus grands avantages pour l'agriculture, le commerce et l'industrie du pays.

Le 17 juillet 1859, M. Saisset, alors gouverneur, vint inaugurer le nouvel établissement[1]. Toutefois, pour concentrer davantage les troupes

---

1. Ce poste reçut le nom de *Napoléonville* et reprit plus tard son nom indigène de Canala, sous lequel, du reste, il a toujours été connu des habitants blancs de la colonie.

et pour fournir la garnison de ce poste, sans trop
dégarnir Nouméa, le gouverneur supprima, au
mois d'août, le poste de Balade, qui n'a pas été
réoccupé depuis.

Cependant les indigènes d'Hienguène, que le
nouveau poste ne menaçait pas directement, s'agitaient toujours; loin de se laisser démoraliser par
la déportation de leur chef, ils ne faisaient que
tramer toutes sortes de complots. Il est vrai
que certains Européens, hostiles à l'occupation
française, excitaient ces indigènes à la révolte
par leurs agissements déloyaux. Des caboteurs
australiens, malgré la défense formelle du gouvernement français, fournissaient aux naturels des
armes de toutes sortes. Aussi, en juin 1859, le
tribunal de première instance de Nouméa se vit-il
obligé de condamner le capitaine du *Brunswick*
à mille francs d'amende et aux frais, pour s'être
livré, au mépris du droit international, au trafic
des armes, illicite et interdit d'ailleurs dans
toute l'étendue du territoire calédonien par des
arrêtés en bonne forme.

La révolte éclata enfin ouvertement. Les Hienguènes prirent les armes — pour chasser l'étranger, disaient-ils. Rien ne fut négligé pour inti-
mider les Français; ils poussèrent l'audace jusqu'à

envoyer, suivant l'usage canaque, un défi en règle aux autorités supérieures. Ils déclaraient dans leur message que « dix mille guerriers » attendaient les forces des Français. C'en était trop. M. le gouverneur Saisset, alors occupé dans le sud à poursuivre avec une infatigable activité ses doubles travaux de conquête et de colonisation, s'embarqua immédiatement sur le *Styx* avec 170 hommes de troupe; une section de vingt-cinq Taïtiens, commandée par Taririi, chef de Hapapé, suivait la colonne.

La troupe fut débarquée sur les bords de la rivière Chimpencé, au nord de la baie de Touho. Sitôt à terre, nos soldats se mirent en campagne, mais ils trouvèrent chez les Hienguènes une résistance énergique et tout à fait inattendue. Le courage des indigènes était surexcité par quelques armes à feu qui se trouvaient entre leurs mains, et surtout par la présence dans leurs rangs — chose inouïe — de plusieurs Européens.

Naturellement, en combattant de pareils adversaires, les différents engagements ne pouvaient manquer de devenir meurtriers. Il y eut des tués et des blessés de part et d'autre; l'infanterie de marine surtout fit une perte douloureuse dans la personne du vaillant capitaine Tricot, tué le 2 septembre.

Néanmoins, l'expédition fut couronnée d'un éclatant succès. Tous les villages des ennemis furent incendiés, leurs plantations, détruites de fond en comble; eux-mêmes furent repoussés, la baïonnette dans les reins, jusqu'aux confins de leur territoire. Trois des blancs — tous trois de nationalité anglaise — qui avaient combattu dans les rangs des Canaques, furent faits prisonniers, traduits devant un conseil de guerre et passés par les armes. Enfin, les Hienguènes, traqués de tous côtés, mourant de faim et manquant de tout, furent réduits à demander la paix. M. le gouverneur Saisset la leur accorda; mais pour empêcher de nouvelles révoltes, et pour couper court aux menées hostiles à l'établissement des Français, il fit interdire l'accès d'Hienguène à tous les caboteurs.

Cette campagne produisit un effet salutaire sur les esprits remuants de la colonie; tous ces colons au passé douteux, à la nationalité incertaine, tous ces caboteurs aux allures louches, se le tinrent pour dit, et n'essayèrent plus de recommencer. L'un d'eux, le capitaine Paddon, qui se trouvait à Nouméa au moment de l'exécution des trois Anglais, craignit tellement de partager leur sort, qu'il entreprit, pour se sauver, un de ces voyages qu'une panique épouvantable ou une folle témérité seules peuvent suggérer. Dès qu'il eut connaissance des événements d'Hienguène, il s'embarqua, lui second (son unique compagnon de voyage était un Canaque), dans une chaloupe non pontée, et mit le cap sur Sydney. Favorisé par le beau temps, il réussit à parcourir le trajet de Nouméa en Australie — trois cent soixante lieues marines — sans le moindre accident. Ce fait peut être considéré comme un hasard extraordinaire dans ces parages, où les tempêtes sont si fréquentes et où le moindre coup de vent eût suffi pour engloutir la chétive embarcation et son misérable équipage.

Cette même année 1859, si pleine de sinistres événements, eut encore à enregistrer le massacre du caboteur Capron, tué et mangé par les gens de la tribu de Taou (mois d'octobre).

En 1860, la colonie fut relativement tranquille; il n'y a lieu de signaler qu'une guerre de tribu, que les Canaques chrétiens de Pouébo, ou Mouëlébé, eurent à soutenir contre les quatre tribus alliées de Ouébia, de Dorévali, de Maloumb et de Ti-Pendié. A cette occasion, le gouvernement local avait envoyé, fort à propos, à la tribu catholique un pierrier et trente fusils; aussi la guerre, comme c'était à prévoir, eut une heureuse issue pour les gens de Pouébo.

CHAPITRE XI.

La baie du Massacre. — Attaque de la mission d'Houagape. —
Création du poste d'Houagape. — Situation des indigènes.

La constitution géologique du sol calédonien, semblable, en beaucoup d'endroits, aux terrains aurifères de la Nouvelle-Hollande; les gisements de houille, — sans grande importance il est vrai —; la découverte de minerais de cuivre et de nickel; la présence du fer; tout faisait espérer un bel avenir à la jeune colonie, du moins quant à l'exploitation des mines.

Bien des colons s'étaient déjà mis en campagne, abandonnant volontiers la culture des terres pour un travail beaucoup plus pénible, beaucoup plus dangereux et offrant en outre des bénéfices beaucoup plus incertains. Presque tous ces gens, éblouis par les rapides fortunes qui venaient de se réaliser en Australie, saisis de ce *mineral-yellow-fever* qui règne toujours dans les pays à mines d'or, presque tous, disons-nous, se lançaient à corps perdu dans des expéditions aventureuses, pleines de périls, s'exposant à mille privations, affrontant toutes sortes de dangers, payant souvent de leur vie la trop grande confiance qu'ils avaient ou dans la bonne foi des indigènes, ou dans leurs propres forces, et le tout pour revenir quelques mois après, misérables, sans le sou, ayant découvert, il est vrai, par-ci par-là, quelques traces de nickel ou de cuivre, mais n'ayant plus ni la volonté, ni les moyens d'exploiter leurs découvertes.

En 1861, un capitaine au long cours, M. Darnaud, qui venait de rechercher des mines de houille aux environs du mont d'Or, résolut de pousser plus avant ses explorations minières; il caressait peut-être aussi, comme beaucoup d'autres, la douce perspective de voir apparaître soudain, mêlés aux sables d'une rivière, ou scellés dans un fragment de roc, ces petits points jaunes, révélateurs du précieux métal.

Seul avec trois Canaques, il fit le tour de l'extrémité méridionale de la Grande-Terre à bord d'un petit bateau, et s'arrêta à Kuanné, sur les bords de la baie de Purina. Tous les matins il descendait à terre pour explorer le pays, revenant coucher à bord le soir. Ce malheureux ne continua pas longtemps ses recherches, car les indigènes de la côte le massacrèrent ainsi que ses trois tayos, quelques jours après leur arrivée. Il va sans dire qu'ils firent un festin des corps de leurs victimes et qu'ils pillèrent le bateau.

M. Durand, alors gouverneur de la colonie, dès qu'il eut connaissance des faits, s'empressa de diriger sur Kuanné une expédition qui tira vengeance de cet horrible attentat.

En mémoire du meurtre de l'infortuné M. Darnaud, la baie de Purina prit le nom de *baie du Massacre.*

Au mois de novembre 1861, le lieutenant-colonel Durand visitait la côte orientale de la Nouvelle-Calédonie. A son passage à Houagape, il apprit la mort du grand-chef Appengou, dont la sympathie pour les missionnaires était connue de tous. Sa mort avait été regardée comme un grand événement dans le pays; plusieurs milliers de tayos étaient venus assister à ses funérailles. Appengou avait pour favorite une femme d'Uvéa; aux derniers moments du chef, celle-ci, fervente catholique, réussit à peser sur les volontés suprêmes du moribond — volontés qui chez les Canaques sont toujours respectées —; le grand-chef enjoignit aux siens le dévouement, la soumission aux RR. PP. Maristes et les pratiques du catholicisme.

La situation d'Houagape était donc excellente au passage du colonel Durand; rien dans les allures des indigènes ne faisait présager des hostilités prochaines. Pourtant il se tramait une attaque contre la mission. Les trois frères et l'oncle d'Appengou, quatre brutes de la pire espèce, s'étaient conjurés pour faire ce mauvais coup.

Ces quatre personnages, dont les sobriquets eussent, à la rigueur, pu dépeindre les caractères (Pond' aoulou, dit le Tapageur; Aoutinnedan, dit le Rouge; Thiéhou, dit le Gros, et Tipouhaka, dit l'Assassin), appelèrent à leur aide le chef Kahoua, de la tribu de Pouaye, reconnu pour ses intentions hostiles à l'égard des missionnaires. Après avoir pris toutes les précautions nécessaires et s'être assurés par le nombre du succès de l'entreprise, ils se ruèrent avec leurs gens, le 16 janvier 1862, sur la tribu de Touho, entièrement dévouée aux PP. Maristes. Pour les détails de l'affaire, nous laisserons la parole à M. le colonel Durand (ordre du jour du 20 février 1862, Bulletin et Moniteur de la colonie):

« .... L'établissement des Révérends Pères fut incendié; les troupeaux furent égorgés, les plantations dévastées. Plusieurs cadavres d'indigènes chrétiens, arrachés de leurs tombeaux, furent

foulés aux pieds et mis en pièces. La fureur de
ces féroces cannibales était à son comble.

« La mission d'Houagape allait subir le même
sort, lorsqu'un détachement, expédié en toute hâte
de Canala dans une frêle embarcation, arriva sur
les lieux au moment où ce nouveau drame était
près de s'accomplir.

« Pendant quarante-huit heures consécutives,
et après des efforts inouïs pour se rendre maître
de la maison principale, le détachement, composé
seulement de neuf soldats d'infanterie de marine
et de trois matelots sous les ordres du sergent
Jousselin, eut à soutenir, sur terre et sur mer, les
attaques de plus de deux mille naturels. Un tel
fait ne paraît-il pas incroyable?

« Grâce aux bonnes dispositions prises par cet
intrépide sous-officier, grâce au bon esprit et à l'ardeur de sa petite troupe, à laquelle étaient venus
se joindre trois habitants de la colonie, les sieurs
Lacabane, Carbonel et Morignat, les premiers dangers eurent bientôt disparu. »

. . . .

En effet, ce petit renfort permit aux assiégés
de se maintenir encore pendant quelques jours
dans leurs positions; mais, à bout de vivres, et
numériquement trop faibles pour se dégager tout

seuls, ils venaient de conclure un armistice avec l'un des chefs révoltés, quand la goëlette à voiles la *Gazelle*, dépêchée du chef-lieu, arriva, juste à temps, avec quarante hommes d'infanterie, pour débloquer la garnison et empêcher la mauvaise foi canaque de commettre de nouveaux crimes. L'aviso le *Coëtlogon* suivit de près la *Gazelle*; il avait à son bord le chef de la colonie et un renfort de cent hommes de troupe.

Le gouverneur organisa, avec ces forces réunies, une expédition contre les rebelles; et si l'attaque de ceux-ci fut brutale et féroce, la revanche de ceux-là fut inexorable et terrible. Toutes les plantations furent détruites, tous les villages des tribus insurgées furent incendiés; un grand nombre d'indigènes tomba sous nos balles, et de partout ils furent traqués et poursuivis comme des bêtes féroces qu'ils étaient. La tête des quatre chefs, instigateurs de la révolte, fut mise à prix. Trois d'entre eux se rendirent, espérant avoir la vie sauve; mais il fallait un exemple; jugés par une cour martiale, ils furent condamnés à mort.

Les misérables, se voyant perdus sans retour, tentèrent alors de se sauver en brisant leurs liens et en se précipitant tous à la fois hors de la tente sous laquelle on les tenait prisonniers; mais les factionnaires chargés de veiller sur eux les entourèrent aussitôt, et les trois insurgés périrent sous les coups de baïonnette.

Kahoua fut le seul des chefs qui échappa au châtiment. Il se soumit plus tard, et rallié à nos intérêts, il devint un de nos bons auxiliaires.

Une fois la paix conquise, il fallut empêcher qu'elle ne fût troublée de nouveau. Ce résultat s'obtint par la création du poste militaire d'Houagape.

Avant de clore ce chapitre, nous devons encore nommer un autre chef, justement compromis dans l'attaque de la mission, c'était Onine, le grand-chef d'Amoi. De même que Kahoua, il parvint à se cacher dans la montagne, et de même que celui-ci, il obtint sa grâce, et put se retirer dans son village; mais il n'était plus le maître du vaste territoire sur lequel il avait régné sans partage; car une des conséquences de ces révoltes de Canaques, c'est la destitution des chefs et la confiscation de toutes leurs terres au profit du domaine colonial.

Ce mode d'annexion, quoique moins brutal que celui employé dans les colonies britanniques, où l'on cherche en quelque sorte des prétextes, où l'on ne manque jamais une occasion, pour refouler à coups de carabine les malheureux indigènes dans leurs sauvages montagnes ou dans leurs arides déserts — témoin l'Australie, Van-Diémen[1] et la Nouvelle-Zélande, — eh bien! ce mode, n'en déplaise aux partisans du système anglais, nous le trouvons injuste, inhumain et, qui plus est, contraire à nos propres intérêts. Toute personne qui a eu l'occasion d'observer de près le Néo-Calédonien, a dû remarquer que chez lui, comme chez la plupart des hommes à l'état sauvage, le ressentiment contre tous ceux qui lui font du mal, est implacable. Il garde toujours le souvenir des torts qu'il a éprouvés, et s'il fait bonne mine à ceux qui le dépouillent, c'est que dans le moment ils sont plus forts que lui et qu'alors il n'a rien à gagner et tout à perdre en exprimant de l'humeur ou du mécontentement. Mais un jour, se trouve-t-on embarrassé, ou, se fiant à l'apparente tranquillité de l'indigène, vient-on à manquer de vigilance, aussitôt on le verra courir aux armes et tomber comme la foudre sur l'infortuné colon qui personnellement ne lui a peut-être jamais fait de mal,

---

1. Il n'existe plus un seul aborigène en Tasmanie. L'ex-reine Trucamini, connue plus généralement sous le nom de Lalla-Rookh, mourut à Londres en 1876; c'était peut-être la dernière de sa race.

mais qui alors est obligé de payer pour les fautes
que d'autres ont commises. Les nombreuses révoltes qui ont eu lieu, depuis la prise de possession
de la Nouvelle-Calédonie jusque dans ces dernières
années, prouvent, il nous semble, assez clairement
que ces annexions, ou, disons le mot, ces spo-
liations n'aboutissent qu'à une seule chose, à nous
faire cordialement détester des indigènes, sans
profit pour nous ni pour eux, car les terres dont
on s'empare, en changeant de propriétaire, ne
changent malheureusement pas toujours de face.
Ces immenses lots de terrain, propriété du domaine colonial, sont encore aujourd'hui, pour la
plupart, tout aussi incultes qu'à l'époque où ils
appartenaient aux Canaques.

N'eût-il pas été plus rationnel de laisser aux indigènes leurs terres, de leur apprendre à les cultiver et conséquemment de leur faire accepter la
civilisation sans qu'ils s'en aperçussent, pour
ainsi dire par la force des choses, plutôt que de
s'en emparer sans autre but que celui d'en priver
le Canaque?

N'eût-il pas été plus équitable d'acheter les terrains dont on avait réellement besoin, comme on l'a
fait et comme on le fait encore à Taïti; surtout alors
que ces terrains se vendent à des prix dérisoires?

Grâce à ces expropriations et à l'abandon complet dans lequel on laisse végéter les Canaques, ceux du moins qui ne veulent pas rallier les missions, on peut dire que sur la population indigène de la Nouvelle-Calédonie, population qui s'élève à environ soixante-dix mille âmes, les huit dixièmes se trouvent encore aujourd'hui dans le même état qu'il y a quarante ans.

Cette manière d'agir est-elle bien digne de la nation qui proclama les droits de l'homme, qui fut une des premières à abolir l'esclavage?

Nous croyons qu'il est du devoir des Français, après s'être emparés du pays des Calédoniens, de se les assimiler, d'en faire des citoyens comme eux et non pas de les repousser et de les détruire comme on le ferait d'animaux nuisibles.

La France, en occupant la Nouvelle-Calédonie, a donné satisfaction à ses propres intérêts; de plus, elle a rendu service à la Société tout entière — nous ne le contestons pas —, car elle a mis un terme aux actes d'anthropophagie, au brigandage commis par les naturels et elle a livré à la culture des terres qui jusque-là n'avaient servi à rien et qui pourtant ne demandaient qu'à produire. En s'emparant de ces terres, la France était dans son droit, car toute chose qui existe dans la nature doit être exploitée et mise à profit pour le bien-être général, et les Canaques n'ont pas le droit de retenir, sans les cultiver, des terres qui nourriraient largement une population vingt fois plus nombreuse qu'eux ; certainement ils doivent les céder à une race active et intelligente, qui, mettant à profit les connaissances acquises par des siècles d'observations, d'études et de travail, réussit à tirer des fruits abondants d'un sol auquel le Canaque ne sait même pas arracher la nourriture nécessaire à son existence. Mais si la France a bien fait de prendre possession du sol calédonien, si elle a rendu service à la Société en cherchant à tirer profit de ces terres jusqu'alors incultes, et en empêchant, par la force, les actes de cannibalisme des naturels, elle s'est imposé en même temps l'obligation de faire de ces naturels des hommes et non pas de les laisser abandonnés à eux-mêmes et à leurs mauvais instincts.

Non, on ne doit point laisser ainsi végéter soixante-dix mille individus qui ne nuisent à la Société que parce que celle-ci ne sait ou ne veut pas les civiliser ; et cependant c'est son devoir, car si les Canaques sont des êtres possédant un corps et une âme comme nous — ce que l'on ne peut

contester —, pourquoi les repousser comme des
parias ou des bêtes immondes?

Tandis que dans la métropole on tend à exiger
de chaque citoyen une somme de travail propor-
tionnée à ses forces et à son intelligence, tandis
qu'on punit, de par la loi, le vagabondage, la pa-
resse et l'ivrognerie, en Nouvelle-Calédonie on
laisse sciemment sans emploi une vingtaine de
mille hommes vigoureux, agiles, supportant à merveille les privations, peu délicats sur la question
de nourriture, et possédant des instincts guerriers
qui ne demandent qu'à être développés.

Ne pourrait-on pas en faire des soldats, et même
de bons soldats? L'expérience ne laisse pourtant
pas de doute à ce sujet. La compagnie de tirailleurs (tayos-fusils) a rendu des services (comme
on le verra plus loin); malheureusement on fit
partager aux tayos-fusils les mêmes fatigues qu'à
nos soldats, sans les payer, sans les nourrir comme
eux; sans les habiller ou en les habillant d'une
manière ridicule[1], et en ne leur donnant que des

---

1. Nous n'avons jamais compris que l'on puisse donner ou
laisser porter à des gens, qu'on a la prétention de civiliser,
des accoutrements dans le genre de ceux que nous avons
vus en Nouvelle-Calédonie.

Un exemple: Massalléro, le chef d'une tribu des environs

armes à feu défectueuses, presque aussi dangereuses pour celui qui s'en sert que pour celui sur
lequel il tire.

Ce n'est du reste pas en Nouvelle-Calédonie
que les Canaques doivent servir. Des compagnies
indigènes, convenablement armées et équipées,

---

de Bourail, vint un jour au camp coiffé d'un shako d'infanterie, modèle 1830, provenant d'une des républiques de
l'Amérique méridionale; en plus il avait endossé un habit de
médecin-major de la marine française, mais avait oublié de
mettre une chemise et un pantalon (de chaussures, il n'en
faut point parler); comme arme, ou comme insigne de commandement on lui voyait un sabre d'officier de marine, qu'il
portait à la main, faute de ceinturon. Ce costume, sottement
ridicule, devint bientôt un sujet de plaisanterie pour tous les
soldats du poste, et le brave Massafléro, humilié dans son
amour-propre d'indigène, et honteux de ne pas être habillé
comme les *tayos-soldats*, disparut tout à coup sans que l'on
pût savoir ce qu'il était devenu. Il était allé, sans doute, cacher
sa défroque dans un fourré voisin, car il revint au bout
de quelque temps, plusieurs sagaïes à la main, la fronde
roulée autour de la tête, tout fier de pouvoir étaler au soleil
sa peau noire, sa tignasse crasseuse et son *costume national.*

Ajoutons, en passant, que quelques indigènes, comprenant
le ridicule de ces accoutrements insensés, et moins entichés
de galons d'or et de passepoils rouges que leurs compatriotes,
s'habillent et vivent complétement à l'européenne, n'attendant pour entrer dans le grand courant civilisateur que le
moment où l'on voudra bien les utiliser, mais sans les exploiter. Tel est, entre autres, le chef actuel d'Hienguène, Philippe
Bouarate, le fils du déporté de 1858.

pourraient être utilisées, avec un avantage marqué sur les troupes européennes, en Cochinchine, au Sénégal et à la Guyane. Ces troupes, en raison de leur habillement, de leur solde et peut-être même de leur nourriture, reviendraient beaucoup moins cher à l'État et supporteraient, sans contredit, beaucoup mieux que nos soldats d'Europe le climat meurtrier de ces colonies.

Nous sommes persuadé que le Canaque qui aurait servi seulement pendant trois années dans les rangs de l'armée régulière, ne voudrait et ne pourrait plus vivre à la manière de ses compatriotes sauvages; et, mettant à profit les connaissances d'agriculture et d'arts mécaniques qu'on ne peut manquer d'acquérir dans les corps servant aux colonies, il saurait bientôt faire rapporter ses terres et procurer à sa famille un bien-être jusqu'alors inconnu, tout en devenant un honnête homme et un bon Français.

Dans tous les cas, sans avoir recours au système militaire, on pourrait parfaitement bien créer des fermes modèles pour l'instruction agricole des Canaques — on en a bien créé pour les forçats. — On pourrait faire mieux encore, créer des *tribus forestières*, c'est-à-dire obliger chaque tribu à planter et à exploiter pour le compte de l'État —

moyennant rétribution, *bien entendu*, — les essences utiles, telles que le pin colonnaire, le sandal[1]. L'exploitation forestière conviendrait fort bien au caractère et aux habitudes des Canaques; ils s'y livreraient assurément avec plaisir, y trouveraient leur compte et le Gouvernement aussi.

Si nous avons tant insisté sur la culture du sol par l'indigène, c'est que nous croyons que le seul moyen d'en faire un homme, et un honnête homme, c'est de lui faire connaître la valeur de la terre qu'il habite, en la lui faisant travailler. Les rapports qu'il ne pourra manquer d'obtenir, en lui donnant les moyens de se procurer tout ce dont il a besoin, l'attacheront à la propriété, lui feront distinguer plus clairement le mien du tien; lui apprendront par conséquent à mieux discerner le bien du mal et à accepter sans peine notre genre de vie, nos idées et nos mœurs.

---

1. « Le sandal était fort commun dans le pays et devenait la matière d'un commerce très-avantageux avec la Chine; mais un monopole, concédé à un industriel anglais avec une imprévoyance regrettable, a fait disparaître presque totalement ce précieux bois de la Nouvelle-Calédonie, sans qu'on paraisse même s'occuper d'en assurer la reproduction par des semis. » (Jules Patouillet.)

CHAPITRE XII.

La découverte de l'or. — Les prospecteurs. — Retour de
Bonarate à Hienguène.— Expédition contre les Koumacs.

Dans le courant du mois de mars 1863, le bruit
se répandit au chef-lieu que des prospecteurs, venus d'Australie, se proposaient d'explorer la Nouvelle-Calédonie pour y constater l'existence de
terrains aurifères. Grand fut l'émoi de la population nouméienne à l'ouïe de cette nouvelle, car,
de l'avis de plusieurs géologues et notamment du
savant anglais W. Clarke, l'on pensait généralement que les montagnes de la Nouvelle-Calédonie,
de même que celles de l'Australie, étaient riches
en gisements du métal précieux.

Une souscription s'ouvrit, pour ainsi dire spon-
tanément, en faveur de l'entreprise. Tous les habitants, saisis de la fièvre d'or, avant même d'avoir
vu la moindre pépite, dénouèrent à l'envi les cordons de leur bourse, espérant ainsi placer leur
argent à gros intérêts et réaliser sans fatigue, du
jour au lendemain, une fortune qu'ils cherchaient
à acquérir par le travail, depuis des années.

Cette expédition, sous tous les rapports, fut plus heureuse que celle de 1856. Nous reproduisons ici le récit que M. Ulysse de la Hautière, membre de la Société de Géographie de Paris (alors en Nouvelle-Calédonie), a fait paraître dans le journal de Nouméa — numéro du 28 juin 1863 —, sous la rubrique *Euréka!* Ce récit nous donnera un exposé fidèle des premiers résultats.

« Le 1er mars dernier, nous annoncions le départ de quelques chercheurs d'or, et nous leur souhaitions succès avec un enthousiasme d'autant plus légitime qu'il doit assurer inévitablement le progrès de notre colonie; trois longs mois se sont écoulés depuis cette époque, et les espérances commençaient à devenir moins vives; des bruits sinistres, partis on ne sait d'où, avaient même circulé sur le sort des mineurs; on parlait de leur fin tragique! Mais tout à coup une grande nouvelle est arrivée, volant de bouche en bouche avec une rapidité impossible à décrire: *Ils ont trouvé de l'or!!!*

« Qui de vous, lecteurs, n'a observé l'effet électrique d'une grande nouvelle s'abattant, pour ainsi dire, sur un centre de population; tout d'abord, mince filet d'eau, le fleuve grossit, puis, torrent impétueux, rompant ses digues naturelles, s'étend, couvre les terres environnantes; tel, à Nouméa, le bruit de la découverte de l'or a enlevé tous les esprits. D'aucuns, pour qui le mot *minéralogie* était peu ou prou de leur vocabulaire, parlent *quartz aurifère* ou *mica*, tout comme un des fauteuils de l'Institut; et l'on cite certains aspirants mineurs qui ont mis sous les yeux des érudits de bons gros cailloux de nos boulevards, en s'écriant comme M. Lozeron, le chef de l'entreprise: *Euréka!*

« A Canala, l'élan n'a pas été moins vif; le jour où la nouvelle est arrivée, tous les habitants, colons et militaires, étaient réunis pour la réception de M. le Gouverneur, qui a ainsi connu l'événement pendant son séjour dans le poste. Peu de jours après, le *Coëtlogon* mouillait à Pouébo, et le chef de la colonie se rendait sur le lieu de la découverte. Comme tous les sentiers qui mènent aux choses désirables, celui de Houéhiahom est escarpé, accidenté, glissant: aussi ce ne fut pas sans quelques sueurs que l'on y arriva. Cependant, après avoir gravi une dernière colline, la vallée s'offrit aux yeux des visiteurs avec son aspect riant et pittoresque. Bientôt M. Lozeron s'arma de ses outils, remplit un vase de la terre précieuse et procéda au lavage dans le ruisseau voisin; tous

les cœurs palpitaient; enfin la terre s'écoula peu
à peu, et des paillettes de l'or le plus pur restè-
rent seules, promesses fécondes pour l'avenir.
Tous ceux qui ont assisté à cette première et dé-
cisive épreuve officielle, conserveront longtemps
le souvenir des émotions qu'elle leur a causées.

« De retour au chef-lieu, M. le Gouverneur a
fait expérimenter une certaine quantité de terre
prise à Houéhiahom par plusieurs officiers ou fonctionnaires, dont la profession ou les connaissances spéciales offraient toutes les garanties nécessaires pour former des juges compétents; nous
laissons la parole à l'un d'eux, M. l'Ingénieur colonial[1], qui a bien voulu nous remettre une note
présentant le résultat des observations recueillies:

« Deux plats ont été remplis de la terre auri-
« fère rapportée de Pouébo; soumise au lavage,
« elle a fourni plusieurs parcelles d'un or qui
« paraît très-pur; la quantité obtenue en est peu
« importante à la vérité, mais il est probable
« qu'une portion considérable a dû être perdue en
« raison de l'imperfection du lavage, fait à la
« hâte et au bord de la mer. Les terres expéri-

---

1. L'honorable et savant M. Kulczycki, aujourd'hui retiré
à Papéiti (Taïti).

« mentées ont été extraites de côteaux très-tour-
« mentés et dont la formation géologique est diffi-
« cile à définir pour le moment, la contrée n'ayant
« pas encore été assez explorée. Elles se com-
« posent de granit, gneiss et micachiste décom-
« posés, dans lesquels le feldspath est passé à l'état
« de terre glaise, le quartz et le mica forment un
« gravier grossier et du sable quartzeux. C'est
« dans ce sable, dégagé par le lavage de la terre
« glaise, que se trouvent définitivement les par-
« celles d'or qui proviennent probablement des
« fissures du quartz broyé par l'action des eaux
« ou autres causes géologiques. Les morceaux de
« quartz délivrés du lavage n'ont cependant pas
« présenté jusqu'à présent de l'or engagé dans
« leurs fissures.

« Le lavage exécuté sur les lieux mêmes a
« produit des résultats analogues; chaque plat con-
« tenant 4 ou 5 kilogr. de terre brute a produit
« quelques grains d'or.

« Le lavage découvre de plus dans le gravier
« une substance brune, noirâtre, plus pesante que
« les autres matériaux qui le composent, et qui
« pourrait bien être de l'oxyde d'étain; cette
« substance, non soumise encore à un examen
« sérieux, pourrait augmenter, le cas échéant, la

«richesse de la région aurifère découverte à
«Pouébo[1].

«Ainsi, hommes pratiques et théoriques, tous
s'accordent sur la pureté de l'or obtenu: il ne
reste plus qu'à constater par des études et de
nouvelles recherches la valeur de cette découverte, c'est-à-dire la richesse relative des terrains
aurifères calédoniens.»

«Hélas! le bonheur de voir notre belle possession océanienne (c'est encore M. de la Hautière

----

1. Extrait du compte rendu de la situation de l'Empire pour
1864 (Marine et Colonies).

Placers de la Nouvelle-Calédonie. Les deux échantillons de
gisements aurifères découverts dans la partie nord de notre
colonie et adressés à l'Exposition permanente des Colonies,
ont été soumis à l'analyse. Ils ont donné les résultats suivants :

	Spécimen n° 1.	Spécimen n° 2.
Or	80 gr. 50	81 gr. 11
Argent	16 » 10	15 » 49
Autres métaux	3 » 40	3 » 40
Totaux	100 gr. —	100 gr. —

D'après leur titre, la valeur commerciale de ces deux spé-
cimens serait, pour le kilogramme :

	Spécimen n° 1.	Spécimen n° 2.
Or	2,764 73	2,785 33
Argent	35 24	33 71
Totaux	2,799 97	2,819 04

qui parle) subitement transformée en une contrée riche, brillante et peuplée, envahie par un flot d'immigrants, ne nous était pas réservée. Nos mineurs ont dû renoncer à leur entreprise quelques mois après leur découverte, car, suivant leur expression, employée par les prospecteurs des mines australiennes, « leur travail ne payait point (*Work don't pays*). » Depuis lors, les fouilles effectuées par notre actif et intrépide ami, M. l'ingénieur Garnier, n'ont produit, en ce qui concerne les gisements aurifères, que des résultats à peu près identiques; mais, ainsi qu'il le fait judicieusement observer dans son rapport du 26 août 1864[1], « il est difficile à quelques explorateurs, à moins de hasard, de mettre en évidence *à priori* les richesses aurifères d'un sol, à cause de la dispersion inégale de l'or. » Il faut, en effet, chercher pour trouver, suivant le précepte de l'Évangile; et si l'on peut dire du passé des montagnes de Houéhiahom, ce que le fabuliste a dit de sa montagne en travail : « *nascetur ridiculus mus* », il faut espérer que celles-ci se montreront plus fécondes dans l'avenir. »

Pour ne pas être obligé de revenir sur cette

----

1. *Moniteur calédonien* du 25 septembre 1864.

question des mines d'or, question qui a fait beaucoup trop de bruit pour si peu d'effet, nous dirons
que jusqu'à ce jour on a continué d'exploiter les
terrains aurifères avec plus ou moins de succès,
mais ajoutons-le, sans obtenir les bénéfices insensés
qu'on espérait.

En 1869, quatre prospecteurs anglais se laissèrent tenter à la vue de quelques *nuggets* recueillis
on ne sait où, mais que certains farceurs, en veine
de plaisanterie, assuraient provenir de Bondé, sur
le Diahot. Nos Anglais frétèrent à Nouméa une
petite goëlette, *The Prospect*, et allèrent passer
quelques mois aux environs de Pouébo. Après cinq
mois d'un travail opiniâtre et fatigant, ils avaient
enfin pu réunir une cinquantaine de grammes
d'or, c'est-à-dire une valeur de 150 francs!!! Ce
résultat ne les découragea pas plus que la perte
d'un de leurs camarades qui venait de se noyer
dans le Diahot. Loin d'abandonner leurs pénibles
travaux, ces inébranlables prospecteurs n'en continuèrent que de plus belle. N'étaient-ils pas sur
la piste de l'or! Bientôt des machines à broyer le
quartz furent dirigées sur Bondé. Une société se
forma. Des capitalistes vinrent prêter leurs fonds
aux nouvelles entreprises et pendant quelque
temps le mouvement vers *le pays de l'or* eut l'air

de vouloir prendre consistance. En prévision des fournitures à livrer au personnel des mines, qui ne pouvait manquer de s'accroître, le commerce se mêla aussi de ces spéculations hasardeuses. Une compagnie acheta d'immenses lots de terrain (vingt-cinq mille hectares) dans le but de fonder une ville à l'ouest des terrains aurifères, au sud de Gomen, près du cap Devert. D'après les engagements que cette compagnie avait pris avec l'État, elle devait fonder une banque, installer un service postal, ouvrir des chemins, des routes, enfin créer tout ce qui pouvait faciliter ou aider l'exploitation minière.

. Toutes ces belles choses restent encore à faire, et pourtant on n'a pas cessé d'extraire l'or des roches quartzeuses de la vallée du Diahot. Ajoutons toutefois que si jusqu'à présent on n'a pas trouvé le métal précieux en quantité satisfaisante, et qu'on ne le trouvera probablement jamais, il n'en est pas moins vrai que ces travaux à la recherche de l'or ont amené des découvertes minérales très-importantes pour le pays; ce sont les gisements de nickel et de cuivre, si abondants en Nouvelle-Calédonie.

Beaucoup de prospecteurs, après avoir cherché vainement des placers qui n'existaient que dans leur imagination, se sont rabattus avec raison sur la recherche et l'exploitation de minerais, moins précieux il est vrai, mais tout aussi utiles et offrant au moins un travail plus rémunérateur.

Malgré tous les avantages que peut offrir l'industrie minière de la Nouvelle-Calédonie, on a de la peine à comprendre, après avoir eu l'occasion d'admirer les belles et fertiles vallées qui sillonnent de toutes parts le pays des mines, comment des hommes, dont le travail est loin d'être un jeu, ne cherchent pas plutôt à cultiver ces riches terres qui n'attendent que des bras pour produire, et qui, mises en rapport, savent pourtant mille fois mieux enrichir le travailleur que tous les placers de la colonie.

Avant de terminer les notes sur l'année 1863, nous mentionnerons pour mémoire l'expédition contre les Koumacs, tribu de la côte nord-ouest de l'île; cette expédition fut dirigée par **M.** le lieutenant de vaisseau Mathieu, alors commandant du *Coëtlogon.*

Pendant son exil à Taïti, le grand-chef d'Hienguène eut le temps de réfléchir mûrement sur son ancienne conduite à l'égard des Français. Il comprit enfin que la lutte armée entre le principe civilisateur et le cannibalisme ne pouvait avoir qu'une seule issue : la destruction complète de la race sauvage. Aussi sa manière de voir, quant à la domination étrangère, se modifia profondément; en homme convaincu de la supériorité intellectuelle et physique de la race conquérante, il résolut d'accepter franchement et loyalement la domination française.

Informé de ce fait par M. le commandant Gaultier de la Richerie, commissaire impérial, résidant à Taïti, M. le gouverneur Guillain conçut la généreuse pensée de rapatrier le rebelle et de le réintégrer dans ses anciennes fonctions, comptant ainsi rallier à notre cause une des plus puissantes tribus de la colonie.

Il réussit en effet. Bouarate, ramené par le *Latouche-Tréville*, revit les siens au mois d'août 1863, et depuis cette époque il est devenu notre fidèle allié. Son attachement à la cause française ne s'est plus démenti un seul instant, et en maintes circonstances il l'a prouvé en nous prêtant son concours pour châtier des tribus révoltées.

CHAPITRE XIII.

Un phalanstère. — Les orphelines. — La transportation. —
Bourail.

Comme nous l'avons fait remarquer dans le
chapitre précédent, la découverte de l'or, son
exploitation et la création de sociétés financières,
industrielles et commerciales conduisirent en
Nouvelle-Calédonie un certain nombre de colons
alléchés par les promesses illusoires des compagnies d'exploitation et par la perspective d'une
vie plus heureuse que celle qu'ils menaient dans
notre vieille Europe.

Au commencement de 1864, le gouverneur de
la colonie, séduit par la fertilité et l'heureuse
situation de la plaine qu'arrose la rivière d'Yaté,
résolut d'y fonder un établissement agricole en
appliquant le système de Ch. Fourier, c'est-à-dire
le travail en commun. La frégate la *Sibylle* venait
précisément d'amener un bon nombre d'immigrants. On choisit dans la masse une vingtaine
d'hommes de tous métiers, devant former par
leur réunion une Société phalanstérienne dans

toute l'acception du mot. Il s'y trouvait un mécanicien, deux forgerons, deux ferblantiers, un maréchal-ferrant, un charpentier, un sellier, un tailleur de pierres, deux agriculteurs et deux femmes qui suivaient la fortune de leurs maris. On dota la société de trois cents hectares de terrain situés dans la plaine d'Yaté. De plus, le gouvernement local fit une avance de bétail, de poules, de semences, d'outils et d'instruments aratoires.

La direction du *phalanstère* fut confiée à l'un des sociétaires, sous la surveillance d'un conseil choisi parmi les membres.

La communauté, étant ainsi créée et pourvue du nécessaire, fut embarquée avec son matériel, le 14 janvier 1864, à Nouméa, sur un des navires de la station, pour être conduite à Yaté. Avant le départ des colons, le gouverneur se rendit à bord et leur expliqua en termes chaleureux tout ce qu'une société ainsi constituée pouvait exécuter et tout ce qu'il était en droit d'attendre d'eux.

Cette application des idées sociétaires avait bien trouvé quelques partisans dans la colonie; mais beaucoup de gens (se rappelant peut-être encore l'équipée des fouriéristes en France) désapprouvaient et blâmaient cette innovation. Les événements donnèrent raison à ces derniers.

Le *phalanstère* n'eut pas un seul jour de prospérité. N'étant pas guidés par un chef à autorité reconnue et respectée, ne sachant tirer aucun profit des avantages du travail en commun qui, du reste, ne répondait aucunement à leurs visées personnelles, ils durent bientôt se séparer, pleins de défiance, d'aigreur et de haine les uns contre les autres.

La société n'avait pas duré deux années entières, et tous les subsides accordés par le Gouvernement, tant en argent qu'en vivres et en approvisionnements de toutes espèces, avaient disparu; le phalanstère avait tout englouti. Le petit pécule des sociétaires avait, lui aussi, sombré dans la débâcle. Au moment de la dissolution de la communauté, non-seulement les malheureux socialistes étaient ruinés, mais ils avaient encore des dettes.

Ainsi ce nouvel essai du travail en commun n'eut pas plus de succès que celui qui fut fait trente années auparavant par les disciples de Fourier lui-même (phalanstère de Condé-sur-Vesgre). Pourtant ce résultat était à prévoir; des hommes qui s'associent en faisant, de prime abord, la restriction mentale de se séparer dès qu'ils auront acquis un peu de fortune, travailleront toujours pour leurs intérêts personnels et privés, et ne s'inquiéteront que fort peu du succès de l'entreprise. Dès le commencement, chacun aura soin de tirer de son côté, et, de cette manière, provoquera fatalement à courte échéance la dissolution de la communauté.

Pour qu'une association de ce genre puisse subsister et prospérer, il faut que tous ses membres, faisant le sacrifice de leur fortune personnelle, ne vivent que par et pour la société et se vouent corps et âme au développement de celle-ci; mais ce résultat ne peut s'obtenir que par la réunion de deux espèces distinctes de gens; d'un côté, des êtres ignorants, pauvres, misérables, quelquefois illuminés, d'autres fois fanatiques, mais toujours imbéciles, et de l'autre côté, quelques hommes intelligents, rusés, astucieux, qui, par leur énergie et leurs talents, savent en imposer aux masses; alors les uns commanderont, les autres obéiront et tous travailleront avec une ardeur égale au bien-être de la communauté. Comme exemple, nous pourrions nous hasarder à citer les Mormons, quoique ceux-ci ne doivent leur cohésion qu'à une institution qui causera tôt ou tard leur désagrégation.

Cette institution, qui tue la famille pour créer la société, qui sacrifie l'âme aux plaisirs du corps, et qui finirait par faire de l'homme une vile machine à reproduction, c'est la polygamie.

Mais la réunion d'hommes de cœur, égaux en force et en intelligence, ne peut amener ce résultat. Chacun voudra conserver son indépendance, sa liberté d'action vis-à-vis des autres; chacun voudra avoir sa propriété, sa famille à soi, car chacun se sent la force et le courage de faire prospérer l'une, d'élever l'autre et de les défendre toutes deux à lui seul. L'homme vraiment libre veut être maître du bien qu'il a acquis par son labeur, il veut en disposer à sa guise. Mais ce dont il est jaloux surtout, c'est d'être libre dans son travail, et il a raison, car ce qui fait l'homme, ce qui fait qu'il a conscience de lui-même et de ses devoirs envers la Société, son énergie se perd du jour où l'émulation provoquée par le travail de ses concitoyens lui manque, et cette émulation ne peut naître que d'un travail libre et indépendant.

Dans le cours de cette même année 1864, le Gouvernement fit une autre tentative, avec tout aussi peu de succès, pour remédier au manque de femmes. L'assistance publique fit transporter de Paris à Nouméa soixante orphelines, dans le but de leur trouver des maris parmi les colons et les ouvriers du pays. Hélas! au lieu de trouver les époux qu'on leur avait promis, elles ne rencontrèrent partout que des amants, prêts à payer largement leurs faveurs, mais ne songeant pas le moins du monde à s'allier à ces pauvrettes, dont le grand crime était d'être sans fortune et d'avoir été élevées par l'assistance publique.

Comment pouvait-il en être autrement dans une ville dont la population n'était composée que d'officiers, de fonctionnaires du Gouvernement, de quelques riches négociants, presque tous célibataires, et de fort peu d'ouvriers.

L'orpheline repoussa, de prime abord, le pauvre mais honnête travailleur; ce n'était pas ce qu'elle avait rêvé. Elle ne resta pas longtemps sans trouver un ami, un protecteur, dans ce monde mieux élevé où elle prétendait s'introduire. Mais l'ami de la veille fut l'amant du lendemain.

Trompée aujourd'hui, repoussée demain, méprisée de l'un, souillée par l'autre et bafouée par tous, cette malheureuse tomba rapidement si bas, que l'ouvrier lui-même, celui qu'elle avait dédaigné naguère, ne songea plus un seul instant à se lier à une créature qui ne pouvait lui apporter en mariage que la honte et le déshonneur.

Les désordres de ces demoiselles forcèrent enfin l'autorité à sévir. Alors les unes, c'est-à-dire les moins compromises, et quatre ou cinq autres qui avaient su résister à des offres trompeuses et rester sages en dépit de toutes les tentations, se hâtèrent de se marier; le reste quitta le pays et bientôt on n'entendit plus parler d'orphelines ni de femmes à épouser. De nouveaux essais ont été faits depuis, mais, hélas! ils ont produit des résultats presque identiques.

C'est encore à l'année 1864 que remonte l'envoi des forçats en Nouvelle-Calédonie. Le gouvernement métropolitain, comprenant enfin que la moralisation des criminels ne s'obtiendra jamais dans un bagne ou dans une prison centrale, résolut de supprimer la chiourme, qui punit l'homme et ne le corrige pas.

Le 9 mai 1864, le premier convoi de galériens débarquait à Nouméa et s'installait à l'île Nou. Pour éloigner le plus possible de ces malheureux l'horreur et l'infâmie du bagne, leur genre de nourriture, leur habillement, jusqu'à leur nom, tout fut changé. La réhabilitation devait commencer pour eux dès leur arrivée. Les *ouvriers de la transportation* (c'était le nom que l'on venait de leur donner), sitôt débarqués, se mirent à changer la face de l'île Nou; ils y construisirent de vastes bâtiments en pierres, dont les charpentes de fer, préparées d'avance, avaient été expédiées de France en même temps qu'eux.

L'île Nou, qui naguère ne possédait que quelques méchantes baraques, et dont les seuls habitants étaient deux ou trois blancs, autant de Canaques et les troupeaux de M. Paddon, vit surgir, comme par enchantement, vingt corps de bâtiments destinés à loger les transportés, des maisons pour les officiers et le personnel de surveillance, une caserne pour soixante hommes de troupe, une boulangerie, des magasins, des ateliers, un hôpital et une chapelle. Cette sorte de village, créé sur la côte de l'île qui fait face à Nouméa, réalisait dans ses formes, non plus le bagne sombre, humide et plein de terribles souvenirs, mais le lieu nécessaire pour retremper l'homme déchu et lui donner l'espoir que lui aussi pourra un jour reprendre rang dans la Société.

Sur la côte ouest de l'île Nou on traça d'immenses jardins qui s'étendent actuellement jusqu'à un second hôpital, plus vaste que le premier et destiné plus spécialement à recevoir les convalescents. Une vacherie fut installée au centre de l'île. Dans la partie nord on créa une ferme modèle et à la pointe sud on établit des fours à chaux.

Tous les trois mois un navire de l'État amenait un nouveau convoi de transportés. On commençait ainsi à évacuer petit à petit nos bagnes de France[1]. Mais ces nouveaux arrivés, en augmentant l'effectif du pénitencier, nécessitaient de nouvelles constructions, de nouveaux emplacements, l'île Nou ne suffisait plus. On choisit alors les condamnés, auxquels, par suite de leur bonne conduite, on pouvait accorder une certaine confiance et l'on créa des camps de transportés sur la Grande-Terre.

C'est ainsi que l'on forma successivement autour de Nouméa les camps de l'Orphelinat, de la vallée des Colons, Montravel et Magenta; puis vinrent ceux de Païta, Tomo, Bouloupari, Uaraï, la station de la baie du Prony (baie du sud), etc. etc.

Tous ces camps avaient la double mission de

---

1. Le bagne de Toulon, le dernier de nos bagnes de France, a été complétement et définitivement évacué en 1871. Les condamnés aux travaux forcés sont dirigés actuellement sur l'île d'Aix, près Rochefort, d'où l'un des transports de l'État, spécialement affectés à ce service, les conduit en Nouvelle-Calédonie. Les transports ne partent plus que tous les six mois.

s'occuper d'agriculture et de construction de routes[1]. Au point de vue de la colonisation, ce système a amené d'heureux résultats. Ce fut d'abord un chemin de ceinture autour de la presqu'île de Nouméa, quelques solides établissements agricoles le long de la côte, la construction d'une route d'Uaraï à Canala, les tronçons de route de Nouméa à Bourail, la démolition de la butte Conneau[2], la conduite d'eau du chef-lieu, etc.

---

1. Jusqu'à l'arrivée des forçats, les travaux de route avaient été exécutés par les soldats des compagnies de discipline. Ces compagnies ont été retirées depuis de la Nouvelle-Calédonie.

2. La butte Conneau s'élevait droit devant la ville du côté de la mer, et interceptait en quelque sorte les communications avec la rade ; elle avait environ 15 mètres de hauteur, 50 mètres de largeur et 150 mètres de longueur. La démolition de cette colline était non-seulement nécessaire au point de vue des communications, mais presque indispensable pour remblayer un vaste marais qui croupissait à son pied du côté de la baie de la Moselle.

Par suite de ce terrassement cyclopéen, la ville a gagné environ 15 hectares de terrain à surbâtir, dans une excellente situation.

Les travaux exécutés pour la démolition de la butte Conneau sont devenus légendaires et ont fourni, trop souvent, matière à la critique et aux sarcasmes du public nouméien. L'ingénieur J. Garnier, dans son ouvrage « *La Nouvelle-Calédonie (côte orientale)* », s'exprime ainsi : « C'était donc un volume de 750,000 mètres cubes à enlever et un poids de 2,250,000

Certes, ces travaux ne sont pas faits en un jour, quelques-uns viennent à peine d'être terminés; il a fallu bien des hommes et bien du temps pour tout achever, car le travail du condamné est bien lent. Mais on ne veut pas et l'on ne peut pas demander au transporté ce travail opiniâtre et fiévreux que sait fournir l'homme libre quand il a l'espoir d'un gain sérieux devant soi. Le travail du condamné est lent, mais constant; c'est, du reste, tout ce qu'on exige de lui, et avec raison, car, comme le dit fort bien M. H. Rivière: «On ne peut demander aux tra-

---

tonnes, ce qui, dans ce pays, et à cause de la distance à laquelle il fallait transporter les débris de la colline, aurait exigé, à cent hommes, un travail de vingt années. Cependant on plaça là sans hésiter quelques travailleurs; voyant que leur travail *ne paraissait pas,* on les décupla: même résultat. Le gouverneur prit alors un parti énergique; il *corvéa* toutes les tribus soumises et se fit envoyer une armée de Canaques, qui furent adjoints aux militaires pour jeter cette colline à bas: c'était une lutte fiévreuse contre la malheureuse éminence; mais c'est à peine si au bout d'une année de ce travail acharné on avait réussi à l'écorner. Le gouverneur eut une conférence avec l'officier du génie, à la suite de laquelle il fut décidé que l'on userait de la plus grande violence à l'égard de la colline réfractaire: on la percerait d'un immense puits se terminant par des galeries que l'on remplirait de poudre; au moyen de batteries électriques, on provoquerait l'explosion, et la colline, pulvérisée, anéantie, s'élèverait vaux forcés que la lenteur, qui ne se rebute pas, que la résignation qui se prolonge. »

La Nouvelle-Calédonie est en tous points le pays qu'il faut pour l'établissement d'un pénitencier, destiné, non pas simplement à punir le malfaiteur en l'éloignant pour longtemps d'une Société qui ne le reconnaît plus comme un de ses membres, mais à lui faire expier sa faute par un travail honorable, à le régénérer, à le relever, à en faire un honnête homme.

Comme nous voilà engagés dans la question des transportés, nous voulons profiter de l'occa-

----

dans les airs en un immense nuage de rocs, de fumée et de poussière. Tout était prêt, l'on avait déjà calculé le poids formidable de la poudre nécessaire, lorsqu'on coupa subitement court à ce projet ; on venait de songer que par la même occasion on démolirait toutes les maisons de la ville. Dès lors tous les travaux furent interrompus, l'herbe pousse sur la butte *Conneau* — c'est le nom qu'elle porte — et les chèvres du voisinage qui y viennent paître ne sont plus à chaque instant effrayées par les éclats des coups de mine. »

Ces choses se sont passées, comme le lecteur a pu s'en apercevoir, avant l'arrivée des transportés. Le travail de démolition n'a cependant été repris que longtemps après l'établissement des camps de condamnés autour de Nouméa. Il y avait d'autres travaux, d'une nécessité plus impérieuse qui réclamaient les bras des transportés. C'est sous l'administration de M. le contre-amiral de Pritzbuer, en 1877, que disparut enfin le légendaire monticule.

sion pour donner quelques détails sur la vie et l'organisation de ceux-ci.

L'île Nou, qui est la station d'arrivage pour les condamnés venant de France, est devenue le dépôt du pénitencier. C'est là que se trouvent les hôpitaux, les magasins, les ateliers, les prisons, c'est-à-dire le bagne et les cellules (nous en parlerons plus loin), une partie des bureaux de la transportation, etc.

Le condamné venant de France arrive tout équipé au dépôt, sauf le chapeau de paille et le *couchage* (un hamac). Son costume n'a rien d'horrible; la chaîne ne le marque plus d'infâmie, et le bonnet rouge ou vert, le pantalon jaune et la casaque rouge, cette hideuse livrée du bagne, n'est plus là pour lui rappeler à chaque instant le crime commis et l'inutilité de chercher à se réhabiliter aux yeux d'un monde qui l'a repoussé sans retour.

Le nouveau costume est simple, sévère et propre. Pendant la saison d'hivernage, c'est un pantalon, une vareuse et un bonnet de laine gris de fer; pendant la saison chaude, et conséquemment pendant la plus grande partie de l'année, c'est un pantalon et une blouse de toile grise, un chapeau de paille. Cet habillement, comme on le voit, n'a plus rien du forçat, il tient bien plutôt de l'homme de peine, du journalier.

Comme parmi les transportés il y en a naturellement de bons, de mauvais et d'incorrigibles, on les a divisés en quatre classes, suivant leur conduite.

Les meilleurs sujets, ceux qui se sont distingués par une conduite exemplaire, et dans lesquels on peut avoir quelque confiance, forment la première classe. Ce sont eux qui servent chez les colons, chez les industriels et dans les maisons privées en qualité de laboureurs, d'ouvriers d'art ou de domestiques, c'est-à-dire de *garçons de famille*, car tel est le nom que l'on donne à ces derniers.

Les services du transporté de la première classe sont généralement recherchés, car il s'en acquitte bien et ne coûte que fort peu. Naturellement il convient de choisir son homme d'après les fonctions qu'il doit remplir. Un père de famille ne devra assurément pas prendre un sujet que ses passions brutales auront conduit en Nouvelle-Calédonie; un pharmacien se gardera bien de prendre un empoisonneur, car à Nouméa, comme partout, il serait à craindre que *l'occasion ne fît le larron.*

Cependant l'administration, qui connaît à merveille le caractère et les aptitudes de chacun, sait habilement fixer le choix, et en général on n'a pas à se plaindre du transporté qu'on a pris à son service. Du reste, il est obligeant et sait vite se rendre utile à tous; bientôt on s'habitue à sa vue, à son travail, et l'on finit presque par oublier qu'il est forçat. On le traite à peu près comme un domestique libre; s'il commet une faute, on saura le gronder, le punir même, mais on ne l'humiliera jamais.

Le garçon de famille surtout est un homme précieux. Nous ne pouvons mieux le dépeindre qu'en empruntant un passage aux *Souvenirs de la Nouvelle-Calédonie :*

« On le choisit.... parmi ceux d'entre les transportés qui ont la meilleure conduite. Ils viennent le matin du pénitencier, y rentrent le soir. On ne les paye que dix francs par mois[1]. Ce n'est pas

---

1. En dehors de ces dix francs, la personne qui engage un condamné est tenue de pourvoir à sa nourriture.

Les règlements prescrivent de fournir au transporté la même ration journalière qu'il avait au dépôt ou dans les camps.

Comme le mode de nourriture n'est pas la partie la moins intéressante du service pénitentiaire, nous avons cru bien faire en donnant ici le détail de la ration réglementaire du condamné :

cher, et c'est une grande ressource pour les petits ménages d'officiers et d'employés qui sont nombreux. Alors dans la maison ils sont tout. Ils font la cuisine et la lessive, cultivent le jardin, repassent le linge, empèsent les jupons. Ils promènent les enfants, ou plutôt les enfants les promènent, car il n'est pas permis aux condamnés de sortir seuls par les rues. Assemblage bizarre, et cependant, en son étrangeté même, il y a quelque chose de moral, je n'oserai dire de touchant. L'enfant ignore, il sourit à cet homme comme il le ferait à sa nourrice ou à sa bonne. L'homme, de son côté, lui sourit, joue avec lui,

------

1º 750 grammes de pain (moitié maïs, moitié froment);

2º 23 centilitres de vin et 6 centilitres de tafia, de deux jours l'un;

3º 250 grammes de porc frais deux fois par semaine, ou la même quantité de bœuf trois fois par semaine;

4º 180 grammes de porc salé quatre fois par semaine;

5º 140 grammes de légumes secs, ou 80 grammes de riz pour chaque repas du soir;

6º 9 grammes d'huile et 15 grammes de saindoux;

7º 22 grammes de sel et 25 centilitres de vinaigre;

8º Enfin, pour le matin, 20 grammes de café et 25 grammes de sucre.

Pourtant, on comprendra facilement que dans les familles on ne fait pas deux sortes de cuisine, et que si le condamné ne mange pas à la table des maîtres, il reçoit, du moins, la même nourriture qu'eux.

quelquefois le porte dans ses bras. Qui saura
jamais les inconscientes profondeurs de l'âme?
Peut-être le condamné se revoit-il alors en son
enfance, quand il était un innocent et qu'il faisait
un beau soleil. D'ailleurs ce que fait l'enfant qui
ne s'en doute pas, presque tout le monde le fait
ici avec le transporté. La faute s'oublie, l'expiation
la paye. »

Les hommes de la seconde classe forment
l'effectif des camps et des fermes modèles établies
sur la Grande-Terre. Ce sont ceux qui s'occupent
des routes, des cultures de maïs, de cannes à
sucre, etc.

Les condamnés de la troisième classe résident
en permanence à l'île Nou; ils ne sont employés
sur la Grande-Terre que dans le cas d'absolue
nécessité. Ce sont des gens qui par leur conduite
et leurs mauvais instincts réclament une surveillance plus active et une discipline plus sévère.
La troisième classe comprend aussi les nouveaux
arrivés.

Enfin la quatrième classe, c'est-à-dire les plus
mauvais sujets, ceux que de nouvelles fautes ont
amenés devant le conseil de discipline ou les
conseils de guerre de la colonie, ceux-là sont
enfermés dans des bâtiments spéciaux à l'île Nou;

ils reprennent la chaîne et sont soumis, à peu de chose près, au régime de nos anciens bagnes.

Comme punition disciplinaire il y a la prison, la cellule, les coups de martinet. Cette dernière punition ne s'administre que par vingt-cinq coups de suite. La correction a lieu en plein air devant les condamnés réunis de la quatrième classe. Comme cette peine a fait jeter de hauts cris à certaines gens plus humains que pratiques, dont nous honorons, du reste, les idées philanthropiques sans vouloir les partager, nous nous permettrons de donner au lecteur quelques détails sur la manière dont les choses se passent.

Au jour et à l'heure indiqués par l'autorité, les condamnés de la quatrième classe sont rangés en bataille devant le front de leurs bâtiments; un peloton de surveillants armés vient se placer en potence à l'aile gauche des condamnés, et un piquet d'infanterie de marine est placé en potence à l'aile droite. Les armes de la troupe sont chargées en présence des transportés — les revolvers des surveillants le sont toujours. Au milieu de l'espace libre est placé un banc de voilier, à côté du banc se tiennent les correcteurs.

Ces correcteurs sont des condamnés très-vigoureux, d'anciens hercules de foire, de fortes poignes, ayant néanmoins une bonne conduite; leurs fonctions consistent à prêter main forte aux surveillants en cas de désordre; d'arrêter les mutins, s'il y a lieu, et d'administrer les corrections; ils sont aussi chargés des exécutions capitales.

Quand tout le monde est à son poste, on amène le coupable; la quatrième classe se découvre et un secrétaire lit à haute voix la faute commise et la sentence prononcée. Cela fait, les correcteurs amarrent le condamné sur le banc, lui relèvent la chemise et l'un d'eux administre la fustigation, lentement et en comptant à haute voix le nombre des coups.

Certains transportés reçoivent la correction sans desserrer les dents. D'autres, plus sensibles ou plus lâches, pleurent, crient, hurlent, se lamentent, implorent, menacent, injurient le correcteur; mais celui-ci, calme et impassible, après chaque coup ramène sa lanière de cuir avec la main gauche, l'élève lentement au-dessus de la tête et la fait retomber en sifflant sur les parties charnues du condamné.

La correction terminée, on délie le transporté, et s'il en a besoin, on l'envoie à l'hôpital pour s'y reposer quelques jours.

Ce mode de punition, quelque barbare qu'il

puisse être, est le seul dont l'efficacité ne se soit jamais démentie. La prison, la cellule ne peuvent rien sur ces êtres pervers, ces *désespérés* de la quatrième classe. Habitués depuis longtemps à traîner leur misérable personne d'un cachot dans l'autre; condamnés peut-être pour la vingtième fois, incorrigés et incorrigibles, rien ne leur fait plus. Ce ne sont plus des hommes, ce sont des fauves aux regards louches, qui ne sortent de prison ou de cellule que pour exécuter quelque mauvais coup qu'ils ont médité pendant leur incarcération. Toujours prêts à faire le mal, ils ne respectent rien, ils trompent, volent tout le monde, même leurs camarades! Aussi, pour ramener à la raison de pareilles brutes, mille fois plus dangereuses que les Canaques, il n'y a qu'un seul moyen pratique : les coups.

Du reste, si les coups n'existaient pas dans le Code disciplinaire de la transportation, il faudrait bien les y 'introduire, ne serait-ce que pour effrayer et retenir un peu ces pâles voyous qui, pleins d'admiration pour les hauts faits de leurs camarades du *collége*[1], et qui savent fort bien qu'on y est mille fois mieux que dans nos prisons

---

1. Nom de la transportation en argot.

de France, ont poussé l'insolence jusques à crier en plein tribunal : « *Envoyez-nous à la Nouvelle!* » Il n'y a plus là de quoi inspirer de la pitié, mais du dégoût, de l'horreur.

Certes, il serait à souhaiter que l'on n'eût plus besoin de recourir à ce terrible moyen, mais à défaut d'autre, il faut bien employer celui-ci. Du reste, toutes les personnes compétentes qui ont étudié la question, non pas dans leur cabinet de travail, à trois mille lieues de la Nouvelle-Calédonie, mais au bagne même, et dans les camps de la transportation, toutes ces personnes seront obligées d'avouer que sans la crainte salutaire du martinet, il ne serait pas possible de se faire obéir d'une grande partie des condamnés. Au surplus, ces corrections ne sont pas infligées sans des motifs très-graves et sans qu'on ait préalablement épuisé les autres moyens de coercition.

C'est principalement pour empêcher les évasions que le martinet a son utilité pratique. Une correction de vingt-cinq coups de lanière est la punition assurée d'une première tentative d'évasion. Cette sévérité de peine a été jugée nécessaire par suite des méfaits que les évadés ne manquaient pas de commettre dès qu'ils vivaient dans la *brousse*. Nous devons ajouter qu'une prime de 25 à 50 francs est allouée pour la capture de tout forçat mort ou vivant.

En théorie, l'abolition du martinet est une chose admirable, en pratique elle est impossible. Toutefois, nous le répétons, pour avoir le droit de se prononcer sur ce sujet, il faut avoir vu les transportés de près et pendant longtemps, il faut avoir acquis l'expérience des choses sur les lieux mêmes; ce n'est pas en édifiant, au milieu d'un tas de paperasses, de belles théories humanitaires que l'on obtiendra ce droit, car ce dernier mode d'action n'engendre que de brillantes utopies et souvent d'amères déceptions.

Nous avons parlé jusqu'à présent des condamnés, il est juste de dire aussi quelques mots du personnel de surveillance.

Ce personnel est recruté parmi les sous-officiers de l'armée de terre et de mer proposés pour ce service aux inspections générales. Leur nom et leur costume ne rappellent en rien le garde-chiourme d'autrefois. Ce sont des *surveillants militaires*, ayant rang de sous-officier. Leur habillement se compose d'une tunique et d'une vareuse en drap bleu foncé avec boutons argentés ; d'un képi et d'un pantalon en drap de même nuance, le turban (galonné d'argent) du képi est d'un bleu grisâtre, le pantalon porte des bandes de même couleur. Pendant la saison chaude, le képi est remplacé par un chapeau de paille fine et les pantalons de drap par des pantalons blancs.

Prenant rang avec le sous-officier, ils ont aussi les insignes du sous-officier. La tunique et la vareuse du surveillant de troisième classe portent à chaque bras un galon en argent, semblable à celui des brigadiers de gendarmerie. Le surveillant de deuxième classe a les mêmes insignes et porte en outre un galon d'argent au collet de ses habits. Le surveillant de première classe a deux galons sur les bras et porte de même le galon du collet. N'oublions pas de mentionner aussi le surveillant-chef qui est assimilé à l'officier et qui a un petit galon dentelé[1]. L'armement des surveil-

---

1. *Corps militaire des surveillants.*

Ce corps, réorganisé par décret du 20 novembre 1867, a pour attribution : la garde, la surveillance et la direction des condamnés transportés aux colonies. Il est placé sous l'autorité supérieure du Directeur de l'Administration pénitentiaire, et soumis, dans chaque établissement, aux ordres du commandant particulier.

Les surveillants principaux et les surveillants-chefs sont assimilés aux gardes principaux et aux gardes d'artillerie (ancienne organisation).

Les surveillants de 1re classe sont assimilés aux sergents-majors ; les surveillants de 2e et 3e classe aux sergents. (*Annuaire de la Nouvelle-Calédonie.*)

lants consiste en un fusil avec sabre-baïonnette, un sabre d'adjudant de marine et un revolver; cependant, pour le service ordinaire, le surveillant n'emporte que cette dernière arme.

Nous ne pouvons mieux comparer la transportation, dans son ensemble, qu'à un vaste régiment, dans lequel les condamnés seraient les soldats; les contre-maîtres (condamnés, chefs de chantier), les caporaux; les surveillants, les sous-officiers et les officiers.

Cette comparaison, que MM. les surveillants ne s'en formalisent pas, n'est faite en aucune façon pour établir un parallèle entre eux et les condamnés; loin de nous cette pensée; du reste, l'idée que nous venons d'émettre n'est pas neuve, elle s'est formée depuis longtemps, par une sorte d'analogie, dans l'esprit des indigènes.

Ainsi Hamak, une propinée du poste d'Oubatche, à laquelle nous demandions un jour quelques renseignements sur l'origine de ce poste, nous répondit qu'après l'expédition de Pouébo (en 1868), il était venu à Oubatche des *tayos-soldats*, des *tayos-froçarts* (des forçats), des *sergents-froçarts* (surveillants), un *tayo-commandant*, et que c'était tout ce monde qui avait élevé les bâtiments actuels.

Avant de terminer l'article *Transportation*, il

convient encore de parler du village de Bourail. Bâti sur les bords d'une magnifique plaine, arrosé par la Néra, à deux lieues seulement de la mer, ce village est une des plus belles stations agricoles de la colonie. Il a été fondé par les condamnés eux-mêmes, sous les ordres de M. Lacroix, peu de temps après l'arrivée des transportés en Nouvelle-Calédonie, et a été destiné, en principe, à servir de résidence aux libérés voulant s'occuper d'agriculture.

Bourail est aujourd'hui chef-lieu d'arrondissement et possède un grand établissement pénitentiaire; on y compte environ 600 condamnés et 200 libérés. L'état-major de la place se compose du chef d'arrondissement (commandant territorial), ordinairement un officier d'infanterie de marine, de deux officiers commandant les troupes de la garnison, d'un médecin, d'un commissaire de la marine faisant les fonctions d'officier de l'état civil et d'un aumônier. Bourail possède aujourd'hui une école, une bibliothèque, un bureau de télégraphe et de poste, des casernes, une église, une prison cellulaire, un hôtel et des ateliers de construction. A quelque distance du village, et dans différentes directions, se trouvent: un camp de transportés, une ferme modèle et une usine à

sucre. Mais l'édifice le plus important, du moins
pour les transportés, c'est le couvent. Cet établissement, dirigé par des religieuses de l'ordre de
Saint-Joseph de Cluny, est habité par les femmes
condamnées venues de nos maisons centrales de
France. C'est là que le transporté qui a obtenu
une concession de terre, est autorisé à chercher
une épouse[1]. Laissons un instant la parole à l'auteur des *Souvenirs de la Nouvelle-Calédonie*, car il
a si bien dépeint le pénitencier de Bourail, que
changer quelque chose à son récit serait une
faute.

« Le futur mari voit les femmes à la messe. Il
en désigne une qui lui plaît. Celle-ci est préve-
nue, l'entrevue a lieu. « Qu'avez-vous fait? dit
l'un. — Et vous? » répond l'autre. Les deux fautes, les deux crimes sont en présence, s'interro-
geant, s'évaluant, s'arrangeant à l'amiable pour
une vie commune meilleure et d'espérance. Infamie pour infamie, pardon pour pardon. Si le
couvent fournit les femmes, une ferme pénitentiaire a fourni les maris. Cette ferme est alimen-
tée, comme main-d'œuvre, par des condamnés as-

---

1. Les transportés mariés avant leur condamnation peuvent
obtenir l'autorisation de faire venir leurs familles.

pirants concessionnaires, destinés à aider les concessionnaires établis dans leurs cultures. Dès qu'ils sont suffisamment instruits et qu'ils ont pris femme, ils deviennent concessionnaires eux-mêmes. La vallée de Bourail est magnifique et la plus fertile de tout le pays. C'est là que les concessions se découpent, bien tenues, que les maisons s'espacent à intervalles égaux, uniformément construites, en bonne apparence. Le sol se défriche et se creuse à la charrue. Au soleil du matin, on voit les laboureurs à la besogne et les ménagères au seuil ou alentour du logis, dans la basse cour ou le jardin. La canne à sucre, le maïs, les haricots, le café, le tabac offrent à l'œil les cases diversement colorées d'un échiquier de verdure. Les troupeaux paissent dans les terrains vagues. Cela est animé, plein de rumeurs et prospère. Et cependant, à descendre dans la vérité, cette prospérité n'est qu'artificielle, tout cela ne vit qu'à la surface. Ces paysans improvisés ne se suffisent point à eux-mêmes, subsistent pour la plupart, et longtemps après les délais fixés, des rations que l'administration leur donne. Ils ne sont à l'aise ni dans leurs cultures, ni dans leur existence. Le travail ne s'épanouit pas pour eux dans sa liberté, dans sa plaisance. Il faut qu'ils sèment et cultivent ceci et non cela. La canne leur a été imposée, bien qu'inévitablement dévorée par les sauterelles, parce qu'il fallait un aliment à l'usine à sucre. On y a renoncé. Tous ces gens-là se hâtent et se heurtent, en des espérances précaires, à un labeur demi ingrat, demi forcé, n'ont point le libre arbitre du bien-faire. Ils sont encore trop près de l'administration, qui les réglemente en tout. Le surveillant les surveille, le directeur les dirige, l'agent des cultures les régente de ses conseils, qui sont des ordres. Ils sont aussi trop près les uns des autres. Ces 212 ménages, ces 230 enfants habitent une ferme modèle qui, sous son prisme trompeur et riant, sent encore son bagne. Les criminels, en cours sincère de réhabilitation, aiment à se fuir, non à voisiner. Ils ne se reconstituent en société qu'après s'être retrempés dans une solitude libre et dans l'oubli d'eux-mêmes et des autres. Je crois que la ferme pénitentiaire est une excellente école pour les aspirants concessionnaires; mais je voudrais que ceux-ci, quand on leur donne une concession et une femme, pussent s'établir, pour ainsi dire, hors de la vue les uns des autres, non point sans surveillance, puisqu'ils ont encore un temps de peine à subir, mais dans un isolement relatif et avec une initiative

propre qui leur fissent leur famille et leur travail
tout personnels. Il en résulterait peut-être une
production plus active et une moralisation plus
prompte. »

CHAPITRE XIV.

Gondou. — Massacre des équipages de la *Reine-des-Iles* et du
Secret. — Expéditions. — Fondation du poste de Gatope.

Le châtiment des Hienguènes, l'éloignement
de leur chef, Bouarate, puis l'adhésion de celui-ci
à la cause de la civilisation, avaient fait tomber
aux yeux des populations indigènes le prestige
attaché à la caste de l'ancien et puissant meneur.
Mais si le chef de la côte avait abdiqué le rôle de
représentant de l'insoumission, un chef de la montagne se fit le champion de la révolte et l'ennemi
juré de toute idée civilisatrice.

Ce nouvel et redoutable adversaire, c'était le
féroce Gondou, ou Nen'dé, chef de la tribu de Konéi, dont le territoire s'étend, à hauteur d'Hienguène, sur le revers occidental de la grande chaîne
des montagnes. Deux chefs de moindre impor-

tance, Poindi-Patchili et Poindi-Doui, qui commandaient aux Attiniens (indigènes des environs d'Houagape), reconnaissaient la suprématie du terrible Nen'dé et facilitaient singulièrement ses coups de main.

Doué d'un courage à toute épreuve et d'une audace inouïe, Gondou jouissait en tous points, et même au delà, du prestige qu'avait eu Bouarate. Toutes les tribus environnantes réclamaient sa protection. Le nombre de ses sujets s'accroissait journellement de tous les réfractaires des autres tribus et des indigènes rebelles à notre cause ou que leur conduite avait rendus passibles d'un châtiment. Tous les mauvais garnements s'étaient massés autour de lui, sachant bien que, sous son égide, il n'y avait rien à perdre et tout à gagner. Ainsi constitués, les Konéis devenaient dangereux à tous leurs voisins; aussi Gondou, profitant de l'avantage numérique de ses forces, ne se faisait pas faute de conduire ses gens au pillage; tantôt c'était tel village de tribu qu'on saccageait, tantôt c'était tel autre, et l'on revenait généralement chargé de butin, poussant devant soi, comme du bétail, une quantité de prisonniers destinés à faire les frais de la table des vainqueurs. L'anthropophagie et la dévastation étaient à l'ordre du jour.

Les Konèis et leur chef faisaient trembler tout le pays.

Tant que Gondou ne s'en prit qu'aux indigènes, eux-mêmes sourdement hostiles à la colonisation, le Gouvernement ne s'en émut pas trop; mais le succès fit grandir l'audace, et bientôt le chef canaque se crut assez fort pour attaquer impunément et les indigènes et les Européens.

Nos griefs contre le farouche Gondou s'accumulaient de jour en jour, et pourtant on différait de lui faire la guerre. Les moyens d'action n'étaient pas assez énergiques pour opérer avec succès dans des régions inconnues, privées de chemins, loin des lieux de ravitaillement et dans un pays prodigieusement accidenté où la moindre faute pouvait coûter la vie à toute une colonne. D'autres considérations, d'ordre politique, avaient aussi empêché jusqu'alors un mouvement offensif.

Pourtant, la mesure allait se combler. Au mois de juillet 1865, les alliés de Gondou massacrèrent, sur la côte ouest, au sud de Gomen, l'équipage du caboteur la *Reine-des-Iles*. Différer le châtiment n'était plus possible; aussi, n'ayant plus de ménagements à garder, le gouverneur résolut de châtier les rebelles d'une façon exemplaire.

Le 5 septembre, à quatre heures de l'après-midi, l'aviso à vapeur, le *Fulton*, et le transport à voile, la *Bonite*, quittaient la rade de Nouméa pour se rendre à la baie Chasseloup, qui devait servir de base d'opérations. Le voilier avait à son bord cent quatorze hommes d'infanterie, le steamer portait un détachement d'artillerie, commandé par un lieutenant, le gouverneur, chef de la division navale, et son état-major. Enfin, quelques jours auparavant, la *Gazelle* était partie pour Houagape, emmenant avec elle trente soldats de la première compagnie de discipline, commandés par leur capitaine; cette petite troupe devait former, avec trente hommes d'infanterie de marine et deux cents Canaques armés, une colonne chargée de traverser l'île dans toute sa largeur et d'opérer sa jonction avec les troupes du gouverneur, venant par la côte ouest.

Après avoir navigué pendant toute la nuit au large des récifs, la flottille se rapprocha des terres à l'aube, et, après avoir franchi la passe, allait mouiller dans le port de Gatope, lorsqu'un cutter démâté attira les regards de tout le monde. Sans oser faire de sinistres conjectures, chacun pressentait un nouveau malheur. En effet, quelques instants après, une yole se détacha de la goëlette de l'État, la *Fine*, alors mouillée dans le même port, et son capitaine, armé ainsi que ses hommes, vint, à bord du *Fulton*, annoncer la fatale nouvelle que l'équipage du cutter le *Secret* avait été massacré par les Canaques dans la nuit du 24 août : c'étaient cinq victimes de plus à venger.

Il n'est pas possible de décrire les divers sentiments qui agitèrent alors soldats et marins ; cette nouvelle catastrophe exaspérait tout le monde. L'équipage du *Secret*, à l'exception du patron, était composé de quatre matelots du *Fulton ;* leurs noms étaient dans toutes les bouches ; tout le monde s'apitoyait sur le sort des malheureux, mais tout le monde aussi se promettait de rendre la vengeance terrible.

Le cutter le *Secret* avait été adjoint à la *Fine* pour aider à l'achèvement de travaux hydrographiques exécutés dans ces parages de l'île. Dans la soirée du 24 août, les deux bâtiments se trouvaient séparés par une vaste dune de sable qui relie les deux villages de Pouangué et de Paquièpe. Cette dune venait d'être nommée *plateau du Massacre,* en souvenir de l'horrible catastrophe de la *Reine-des-Iles :* c'est là que le nouveau drame s'accomplit.

Les seuls renseignements qui purent être recueillis sur cet affreux malheur furent donnés par les indigènes de Pouaco. Les voici, du reste, tels qu'ils ont paru dans le journal de la colonie du 1ᵉʳ octobre 1865.

« Les naturels de Paquièpe et de Pouangué se dirigèrent vers le *Secret*. Arrivés le long du côtre et voyant que l'équipage les laissait approcher, ils sautèrent à bord.

« Deux des marins eurent la tête fendue à coups de hache ; deux autres, dont le patron, s'élancèrent alors dans le you-you pour essayer de s'échapper, mais ils furent presque aussitôt rejoints par une bande de Canaques. L'un saisit par le canon le fusil dont le patron allait tenter de se servir ; un autre fendit d'un coup de hache le crâne de cet infortuné.

« La cinquième victime était un enfant de dix-sept ans. Effrayé de l'attaque des indigènes et ne sachant où se réfugier, il se précipita dans la mâture, pleurant et suppliant ces bêtes féroces impossibles à fléchir. Au moment où il allait être saisi par un naturel, il se jeta sur un banc de corail, où il fut aussitôt massacré à coups de casse-tête.

« Les corps des victimes, transportés à Pouanloïtche, village principal de la tribu dont font partie les populations de Paquièpe et de Pouangué, servirent à un horrible festin.

« Des présents de chair humaine furent adressés à plusieurs tribus environnantes. »

Cependant à bord de la flottille, on prenait les dernières dispositions pour opérer une descente. Le capitaine de la *Fine* offrit, comme guide et interprète, un Suédois, nommé Peterson, qui, depuis plusieurs années, vivait au milieu de ces cannibales, se faisant tolérer tant par les services qu'il leur rendait que par l'usage opportun qu'il savait faire de son revolver.

Un autre personnage, d'une utilité non moins grande, fut conduit à bord, c'était Mango, l'ancien chef du vaste territoire de Konéi, dépossédé par Gondou. Il fut amené par le Suédois Peterson, et l'on n'eut pas grand'peine à décider le vieux chef à s'allier aux Français pour reconquérir son ancienne souveraineté. Il promit un contingent de cent hommes commandés par son propre fils; et, en effet, quelques heures plus tard, cent guerriers tout barbouillés d'un mélange de suie et d'huile de coco, faisaient leur apparition à bord du steamer, tenant à la main leur faisceau de sagaïes de combat, leur casse-tête, et portant liée autour des hanches, la petite filoche contenant les pierres de fronde.

Le détachement qui devait opérer avec les cent

Canaques sur l'ancien territoire de Mango (Konéi) fut transbordé de la *Bonite* sur le *Fulton*, puis, tout étant prêt pour le départ, le gouverneur fit, en termes pathétiques, ses adieux à la colonne expéditionnaire, et l'aviso se mit en route.

Après le départ du *Fulton*, le gouverneur arbora son pavillon sur la *Bonite*.

Le 9 septembre, à huit heures du soir, les embarcations des trois bâtiments sur rade déposaient, sans bruit, au village allié de Pouaco, tous les marins disponibles et le restant des soldats. Sitôt à terre, les troupes se divisèrent en deux colonnes. Le commandement de la première fut pris par le capitaine de la *Fine*, cette colonne était chargée d'opérer sur Panquié et Paquié; la seconde fut dirigée par le gouverneur lui-même, celle-ci s'était donné pour mission d'attaquer les villages de Pouanloïtche, où résidaient les principaux instigateurs du massacre. Le chef de Pouaco servit de guide à cette dernière colonne, car Pouanloïtche est très-loin dans l'intérieur des terres, et il fallait à tout prix y arriver au petit jour, afin de surprendre dans leurs cases les Canaques endormis.

Dès que les deux colonnes eurent achevé de se former, chacune prit en silence le chemin vers son poste.

Après avoir marché toute la nuit, traversant bois, broussailles, marais, en se suivant à la file indienne, les soldats de la colonne du gouverneur aperçurent à cinq heures du matin, c'est-à-dire à l'aube, un village Pouanloïtche, au milieu d'un massif de verdure. Tout était silencieux, et les habitants, plongés dans un profond sommeil, ne rêvaient assurément pas qu'ils allaient être attaqués.

La troupe se range, sans faire le moindre bruit, le long d'une magnifique allée de bananiers, puis, à un signal donné, tout le monde, le capitaine Camus et le lieutenant Kriéger en tête, s'élance brusquement sur le village canaque.

Pour empêcher les indigènes de fuir, on met aussitôt le feu aux cases. En un clin d'œil, le village est en flammes. Une scène horrible se produit alors: quelques naturels ahuris, dormant encore à moitié, se précipitent hors de leurs habitations pour échapper à l'incendie, mais les troupiers, dont la mémoire est encore trop pleine des derniers attentats de ces gredins, les repoussent impitoyablement dans les flammes; d'autres indigènes, comprenant que tout est perdu, saisissent à la hâte leurs armes et s'élancent, plusieurs à la fois, en véritables forcenés sur le cercle de fer des assaillants, mais les baïonnettes et les balles en ont bien vite raison. En moins de temps qu'il n'en faut pour le décrire, il ne reste du village et de ses habitants, que des cadavres sanglants, des corps carbonisés, des monceaux de cendre fumant, et finissant de calciner les os des Canaques morts dans le feu.

Pourtant, malgré les précautions prises, malgré l'incendie des cases, une grande quantité d'indigènes eut la chance de se sauver dans les fouillis inextricables de la montagne, où il ne fut plus possible de les rattraper.

Cette terrible leçon n'avait néanmoins pas abattu leur moral, car à sept heures, ainsi deux heures après l'attaque du village, ils eurent l'audace de revenir avec une nuée de tayos des villages voisins. Toutes les hauteurs des environs se couvrirent subitement d'indigènes, et presque en même temps ceux-ci firent pleuvoir une grêle de cailloux sur la troupe. Heureusement ils n'atteignirent personne. La colonne, saisie à l'improviste, crut à une attaque en règle, mais il n'en fut rien, quelques coups de carabine bien ajustés, en faisant mordre la poussière à cinq ou six naturels, engagèrent leurs compagnons à battre en retraite.

Comme il n'y avait plus rien à faire à Pouanloïtche, la colonne reprit le chemin de la mer, et arriva sur le soir à Panquié.

La troupe, commandée par le capitaine de la *Fine*, avait été moins heureuse; les gens de Panquié, prévenus à temps, avaient fui, laissant leurs cases et leurs cultures à la merci de l'ennemi. Quelques ossements provenant des malheureuses victimes du *Secret*, exposés au bout d'une perche, en forme de défi, furent tout ce que l'on put trouver.

Dans la nuit du 10 au 11, une nouvelle colonne opéra sur Panquié et Paquié. Elle n'eut pas plus de succès, mais elle ne quitta les deux villages, qu'après les avoir totalement détruits.

Les colonnes d'Houagape ne furent pas plus heureuses et durent se contenter de brûler quelques villages. Pendant un mois entier, les troupes parcoururent les territoires ennemis, incendiant les villages et détruisant les plantations. Quant aux naturels, ils s'étaient réfugiés auprès de Gondou, au milieu de montagnes inaccessibles, où il ne fut pas possible d'aller les châtier. Afin d'éviter un retour offensif, et pour la sécurité de la côte, on établit un poste militaire à Gatope[1].

---

1. Ce poste, qui n'a pas rendu de grands services, a été supprimé quelques années plus tard.

CHAPITRE XV.

Port-de-France change de nom. — Exposition de Sydney. — Expédition. — Massacre de deux gendarmes et du colon Déménée (1867). — Châtiment des coupables. — Création du poste de Pouébo. — Massacre de six soldats (1868). — Création des postes de Boudé et d'Oubatche. — Mort de Goudou.

L'année 1866 fut comparativement paisible. Les indigènes se tinrent tranquilles, ou à peu près, car sauf une expédition insignifiante contre les Houaïlous, il n'y eut ni meurtre à punir ni révolte à écraser. Ce moment de repos permit au gouvernement local de s'occuper plus sérieusement de la colonisation et de l'installation des transportés.

Avant de parler des faits saillants de l'année, nous devons, tout d'abord, signaler une décision venant de la métropole, et qui, sans intéresser directement la colonisation, mit pourtant le public à l'abri de bien des contretemps; ce fut le changement de nom de la capitale calédonienne.

Par suite de fréquentes erreurs postales résultant de la trop grande ressemblance de nom qui

existait entre Port-de-France (Nouvelle-Calédonie)
et Fort-de-France (Martinique), il fut décidé, le
14 mars 1866, sur le rapport du ministre de la
marine et des colonies, que le chef-lieu de la
Nouvelle-Calédonie et de ses dépendances por-
terait dorénavant son nom indigène de *Nouméa*.

En 1866, il y eut une grande exposition à Sydney, et la colonie, créée d'hier, ne manqua pas
d'y envoyer ses produits, tant agricoles qu'industriels.

La jeune colonie profita de la Grande Exposition de Sydney, pour mesurer ses forces naissan-
tes. Les Anglais ne purent s'empêcher d'admirer
les efforts de leurs nouveaux voisins; ils honorèrent
même de leurs récompenses les échantillons de
la Faune, de la Flore, de l'Agriculture et de
l'Industrie, tant indigène qu'européenne, de la
colonie.

Un ancien ingénieur, M. Boutang, directeur
d'une ferme modèle, créée depuis peu par le Gouvernement, obtint des commissaires de l'Exposition les plus vives félicitations pour ses machines
agricoles construites dans les ateliers de la transportation, et dont le prix de vente était exception-
nellement bon marché, grâce à la main-d'œuvre
qui ne coûtait presque rien.

Le secrétaire colonial, dans un chaleureux discours, remercia les Anglais de leur cordial accueil, et le président de l'Exposition répondit par
un toast porté au succès, déjà réalisé, de la devise
que nous venions d'inscrire dans les armes de la
Nouvelle-Calédonie.

Ces armes sont bien celles qui conviennent au
pays dont la double mission doit être de faire des
hommes de ceux qui n'en sont pas encore, et de
relever par le travail ceux que le crime a fait
tomber. En voici la description :

Au-dessus d'un écusson, soutenu à droite par
un indigène aux armes brisées et la main appuyée
sur un aviron, à gauche par un condamné foulant
aux pieds sa chaîne et poussant une charrue, plane
un aigle blanc calédonien enserrant une ban-
derole tricolore avec cette devise : CIVILISER,
RÉHABILITER, PRODUIRE, et dont les deux extrémités vont se confondre avec une branche
de caféier et une branche de cotonnier, placées
aux deux côtés de l'écusson. Le premier quartier
de celui-ci est d'azur au cagou d'argent armé et
becqué d'or ; le second de gueule, à la gerbe de
cannes à sucre d'argent, nouée et feuillée de si-
nople ; le quatrième d'azur au papillon d'or sor-
tant de sa chrysalide. Un quartier supplémen-

taire, au centre, est d'azur aux trois pins colonnaires d'argent.

Si l'année 1866 se passa sans effusion de sang, il n'en fut pas ainsi pour l'année 1867. Gondou était toujours le roi de la montagne. Ne se sentant plus harcelé par nos colonnes, il avait repris ses anciennes habitudes. Les Ounouas, nos alliés et nos voisins, faisaient entendre constamment des plaintes sur la disparition de leurs tayos, qui allaient indubitablement approvisionner le garde-manger de l'ogre calédonien. Deux de ses hommes poussèrent même l'audace jusqu'à venir, en plein jour, couper la tête du colon Tagnard, à cinq cents mètres du poste d'Houagape, après avoir traversé six lieues de territoire de nos alliés.

Cet assassinat ne resta pas impuni. Une colonne organisée en toute hâte arriva, après une marche forcée de nuit, au beau milieu d'un village indigène qui avait été signalé comme le repaire des cannibales. Là, comme à Pouanloïtche, on mit le feu aux cases et l'on repoussa impitoyablement dans les flammes tous ceux qui cherchaient à s'échapper. Vingt-sept Canaques tués, tel fut le résultat de cette expédition. La leçon avait été rude cette fois, mais Gondou restait toujours à prendre.

Cette leçon eût peut-être été moins sévère, si nous n'eussions été secondés par une section de tirailleurs indigènes (tayos-fusils). Ces tirailleurs formaient un corps nouveau que l'on venait d'organiser pour faciliter les opérations des postes de Gatope et d'Houagape. Il ne se composait que de soixante tirailleurs répartis entre les deux postes, et recrutés parmi les chefs indigènes nos alliés.

Armés de fusils avec baïonnette (sans toutefois avoir d'autre habillement que le *costume national*), ils rendaient des services signalés; car ils étaient, sans contredit, beaucoup plus habiles que nos soldats à prévenir et à déjouer les ruses des Canaques ennemis. Il faut avouer pourtant que les tayos-fusils, en devenant nos auxiliaires, n'étaient devenus ni meilleurs, ni plus civilisés que leurs compatriotes de la brousse ; pendant et après les combats, ils se signalèrent toujours par des actes de cruauté bien inutiles, et il est fort admissible qu'ils aient mangé, à leur tour, quelques-uns des naturels vaincus. Malgré la répugnance que tout le monde avait de les laisser agir à leur guise, on fut bien obligé de fermer les yeux sur des actes d'anthropophagie qui pour ces messieurs n'étaient que péchés mignons, car il était évidemment plus sage de leur laisser manger nos ennemis, que de se voir manger par eux. Au reste, c'eût été une faute de vouloir les contrarier dans des mœurs que nous ne pouvions corriger du jour au lendemain, surtout alors que ces gens nous étaient si utiles et que l'ennemi, l'implacable ennemi, n'était pas en notre pouvoir.

Le 6 novembre de cette même année 1867, un nouvel assassinat vint grossir les annales criminelles déjà si chargées de la colonie.

Depuis la découverte de l'or aux environs de Pouébo (1863), on avait établi, sur le territoire de la mission, un poste de trois gendarmes chargés de maintenir l'ordre dans le pays. C'était bien peu de monde pour faire respecter la loi et par les sauvages cannibales et par les non moins sauvages prospecteurs. Trois hommes n'auraient pas suffi pour empêcher les désordres des mineurs, tous bien armés, vigoureux, endurcis à la fatigue et ne craignant ni Dieu, ni gendarmes; quant aux indigènes, le grand sabre, le costume bleu et les bottes — dont ils n'ont jamais voulu comprendre l'utilité — ne les épouvantaient pas plus que s'ils eussent été d'honnêtes gens.

Évidemment l'autorité avait compté sur le bon vouloir de la tribu chrétienne et sur l'ascendant des Pères; mais il n'en fut rien cette fois, au contraire, les missionnaires furent accusés par la rumeur publique d'avoir poussé les naturels au crime. Au reste, voici les faits:

Le 6 novembre, le brigadier Bailly et le gendarme Venturini avaient poussé une pointe vers le sud, à huit kilomètres de leur poste; ils s'arrêtèrent à l'habitation du colon Déménée, sise à mi-chemin entre Pouébo et Oubatche, et y passèrent une partie de la soirée.

Vers 9 heures du soir, en retournant chez eux, ils furent attaqués par les gens de Gabari, qui les assassinèrent et laissèrent leurs corps sur la place. Les meurtriers, au nombre de douze cents, se dirigèrent alors vers la case d'où venaient de sortir les gendarmes, tuèrent M. Déménée, coupèrent la gorge à son dernier-né, encore à la mamelle, blessèrent grièvement madame Déménée et ses deux autres enfants; mais ceux-ci parvinrent à fuir avec leur mère et à gagner ensuite la mission de Pouébo.

Après avoir pillé l'habitation, la bande des scélérats se dirigea vers Oubatche, fit sa jonction avec les naturels d'Yambé et vint assiéger la maison de M. Henry, un brave Écossais établi dans le pays depuis la prise de possession de la Nouvelle-Calédonie. Il se livrait, à cette époque, au commerce et à l'exploitation du bois de sandal. (Depuis bon nombre d'années, il ne s'occupe plus que de son *store* et de l'élève du bétail.)

M. Henry avait quatre-vingts Sandwichs (Néo-Hébridais) à son service et possédait quelques fusils; aussi put-il organiser en toute hâte la défense; cependant, malgré les armes à feu, l'attaque fut si imprévue, que les sauvages purent lui tuer quatre Sandwichs, en blesser plusieurs et même un de ses propres fils, qui ne réussit à se sauver que grâce à la bravoure éprouvée de sa mère.

Voyant que leur attaque ne réussissait pas, les naturels se retirèrent, après avoir pillé de fond en comble un magasin situé près de la maison d'habitation, et qui contenait pour soixante mille francs de marchandises.

Dès que la catastrophe fut connue à Houagape, la station militaire la plus rapprochée des lieux du crime, le commandant du poste partit avec vingt soldats, trente tayos-fusils, six cents auxiliaires canaques et le médecin de la marine résidant au poste. On accéléra la marche autant que possible, afin d'arriver encore à temps pour dégager la famille Henry (on ne savait pas que les naturels s'étaient retirés). En route, la colonne fut rejointe par le contingent du poste de Gatope, sous le commandement du lieutenant Kriéger.

Les représailles furent les mêmes que dans les autres expéditions; on brûla le village d'Yambé, on coupa quelques têtes, les révoltés se soumirent; et lorsque les troupes du chef-lieu, sous les ordres du gouverneur lui-même, arrivèrent, il n'y eut plus qu'à s'occuper d'instruire l'affaire du crime — dans lequel étaient inculpées les missions — et de châtier, comme ils le méritaient, les auteurs de cet odieux attentat.

Voici les bruits qui firent mettre en accusation les PP. Maristes: Bonou, baptisé Hippolyte, chef de la tribu chrétienne de Pouébo, catholique, mais à la manière des indigènes, et partisan fanatique de la mission, avait été condamné, quelques années auparavant, pour refus d'obéissance, à un internement à l'île des Pins. Il y mourut. On prétendit qu'une sœur de charité avait porté sa tête à Pouébo, et que le P. Villard l'avait montrée aux indigènes en les excitant à la vengeance. Ce missionnaire fut même accusé d'avoir reçu des naturels une hache en serpentine pour prix de son silence dans l'affaire du meurtre des gendarmes.

Ces faits étaient-ils vrais? Tout nous porte à

croire que non: le P. Villard était missionnaire et Français.... ces deux titres doivent suffire.

Quoique nous soyons loin de partager les convictions des Maristes, et de croire au bon succès de leur entreprise en Nouvelle-Calédonie, quoique nous ayons combattu et que nous voulions toujours combattre leur mode intéressé de colonisation et de prosélytisme, nous devons être juste; nous ne devons pas insulter gratuitement un homme qui lui-même, pendant longtemps, a joué sa vie au milieu de ces sauvages; s'il n'a pas réussi dans son œuvre — à notre point de vue du moins — il a pourtant dû rester fidèle à des principes d'honneur et de bonne foi qui, s'ils avaient fait défaut au religieux travaillant uniquement pour le bien de sa congrégation, n'eussent pas manqué de se retrouver dans le Français éloigné de sa patrie. Non, un missionnaire français ne peut pas être un assassin, cela ne s'est jamais vu, l'Histoire n'en a jamais parlé.

Malgré les rumeurs, malgré les cris, l'accusation ne put être soutenue faute de preuves. Le P. Villard, acquitté par le tribunal, revint la tête haute au milieu des siens, et pourtant l'accusation continua de peser sur lui. Dans l'esprit des colons

8.

et des militaires il était toujours considéré comme le promoteur de la révolte. Pourquoi cela?

En répondant à cette question, nous expliquerons peut-être du même coup comment l'accusation a pu prendre racine et se développer.

Les missionnaires, depuis la prise de possession de la Calédonie par le gouvernement français, se sont toujours efforcés d'éloigner les colons et les militaires des abords de leurs établissements. En agissant ainsi, les Maristes voulaient empêcher les indigènes de prendre les mauvaises habitudes et les vices des blancs. Tous les efforts des missionnaires ont convergé sur ce point; ils ont atteint en partie leur but, mais par quels moyens! En isolant les Canaques; en empêchant leurs relations avec les Européens, surtout avec les soldats, et en leur faisant éviter en toutes circonstances le contact avec des gens, qui certes n'étaient pas tous des saints, mais qui cependant n'étaient pas non plus ces êtres pervers et diaboliques que les Révérends Pères dépeignaient à leurs ouailles.

L'isolement des indigènes chrétiens et les paroles dures, intolérantes des Pères, devaient comme toujours porter leurs fruits: la haine sourde, hypocrite des néophytes contre tout ce qui n'était pas de la mission, et la haine ouverte, déclarée des blancs contre tout ce qui en était.

Le naturel, pour qui toute chose européenne est nouvelle, qui ne saisit pas toujours les subtilités de notre organisation sociale, et qui ne se doute pas que le missionnaire est soumis à la loi comme le plus simple des mortels, s'est imaginé que la France est partagée en deux camps rivaux: les soldats et les missionnaires. Pour lui, il faut être ou d'un parti ou de l'autre. Il considère donc, en logicien convaincu, les colons et les militaires comme opposés au parti des missions et conséquemment ennemis des Pères et de leurs tayos.

Avec de pareilles idées et en tenant compte de leurs dispositions d'esprit, que fallait-il pour soulever ces êtres ignorants et fanatiques? Un rien, une simple parole pouvait suffire.

Dans un moment d'humeur, le missionnaire avait peut-être laissé échapper cette parole imprudente, qui, relevée aussitôt, transmise de bouche en bouche, grossie et défigurée avant d'avoir franchi les limites du village, avait fini par être l'arrêt de mort des gendarmes et des colons.

D'une manière involontaire, inconsciente, la mission était devenue la complice des meurtriers; la mission entière, et non le Père Villard tout seul, car c'est elle qui a fait des indigènes chrétiens ce qu'ils étaient et ce qu'ils sont encore.

En entravant les relations entre Canaques et Européens, les Maristes avaient écarté un mal pour en attirer un pire : on avait empêché l'indigène de devenir ivrogne, mais on l'avait laissé devenir assassin. Voilà où l'éducation donnée par les Maristes avait abouti.

La justice ne put trouver d'autre moyen de répression que celui de déclarer la tribu tout entière civilement responsable des meurtres commis. Pour tuer le mal dans sa racine, il fallait, à tout prix, un châtiment exemplaire; aussi la guillotine, montrée pour la première fois à ces Canaques tout couverts de scapulaires et de chapelets, fit rouler neuf têtes sur la plage de Pouébo et apprit aux néophytes terrifiés qu'il y a quelque chose au-dessus des missionnaires : la Loi.

A la suite de tous ces évènements, la création d'un nouveau poste militaire était devenue indispensable. Il fut établi à Pouébo même, et les tribus voisines furent mises en réquisition pour aider à la construction des bâtiments.

Par malheur, l'officier chargé des travaux, aiguillonné d'un côté par l'autorité pour le prompt achèvement du poste, aigri de l'autre par la mauvaise volonté des indigènes et le peu de travail qu'ils fournissaient, les accabla de corvées, sans trop s'inquiéter des suites que tout cela pourrait avoir.

Les esprits recommencèrent à fermenter, les têtes s'échauffèrent, et, un an après l'assassinat des gendarmes, jour pour jour, six soldats qui avaient été envoyés dans une tribu, à quelques lieues du poste, pour réquisitionner de nouvelles corvées, furent surpris, tués et mangés, ainsi qu'un colon de la côte, nommé Antonio. Ces malheureux, qui avec leurs armes eussent pu tenir tête hardiment à toute la tribu, avaient commis l'imprudence de former les faisceaux au milieu du village ; confiant dans l'apparente tranquillité des indigènes, ils s'étaient mis en devoir de faire la soupe, quand, à un signal donné, ils furent entourés et massacrés sans pouvoir opposer la moindre résistance.

Les représailles furent sanglantes. Pendant plusieurs mois des colonnes volantes sillonnèrent le pays, dévastant les plantations, brûlant les villages et tuant sans merci tous les indigènes rebelles.

Pour atteindre l'insurrection au cœur, on créa dans la vallée du Diahot, à Bondé, au milieu des tribus insurgées, un second poste militaire.

C'est à l'établissement de ce poste que se rattache un de ces faits d'armes héroïques qui tiennent de la légende, et qui en dévouement égalent ce que l'imagination la plus hardie ose créer.

Sur un sommet, à peu près également distant d'Oubatche et de Bondé, seize soldats d'infanterie de marine résistèrent pendant quarante heures, sans vivres et sans eau, à douze cents Canaques qui les cernaient, et qui, en brûlant les hautes herbes jusqu'aux malheureux troupiers, les tenaient enserrés dans un gigantesque cercle de flammes. Malgré le feu de la brousse, malgré les attaques sans cesse renouvelées, cette poignée de braves tint bon jusqu'au moment où l'on vint les dégager. Malheureusement ils eurent à déplorer la perte de deux de leurs camarades.

Les révoltés, réduits enfin par la misère et la disette, se rendirent sans conditions ; on leur assigna des lieux de résidence et, comme toujours, on confisqua leurs terres au profit de l'État. Pour plus de sûreté, pour la protection des colons et pour être à même de pouvoir étouffer dès le début une nouvelle insurrection, on créa un troisième poste, celui d'Oubatche, situé à cinq cents

mètres environ de l'habitation Henry. On le pour-
vut d'une garnison de cinquante soldats et d'un
détachement de soixante transportés chargés des
travaux[1].

Dans ce dernier soulèvement, le fameux Gondou, comme d'habitude, était accusé d'avoir prêté
la main aux rebelles. C'était lui, disait-on, qui
fournissait les armes, les vivres, quelquefois les
hommes; c'était encore lui qui donnait asile aux
vaincus. Le commandant du poste d'Houagape,
fort au courant de la vie des Canaques et connaissant très-bien le pays, avait demandé à plusieurs
reprises l'autorisation de courir sus au bandit.
Lassé enfin d'attendre un ordre qu'il sollicitait
vainement depuis deux ans, cet officier profita
d'une bonne occasion pour en finir.

En janvier 1869, un naturel, nommé Amboa,
dont le frère avait été dévoré par Gondou, indi-
qua le lieu de sa retraite. L'officier se mit aussitôt en route avec les tayos-fusils et quelques centaines d'Ounouas. Il eut la chance de surprendre
le terrible chef, au milieu de la nuit, dans une
case isolée, où il s'était retiré avec une de ses

---

1. Depuis on a pu, sans aucun danger, supprimer, tour à
tour, les postes de Bondé, de Pouébo, et réduire la garnison
d'Oubatche à une trentaine d'hommes.

femmes et deux vieillards. Mis à mort sur-le-champ, son corps fut littéralement haché et dévoré ensuite par nos alliés, les Ounouas.

Démoralisés par ce coup imprévu, n'ayant plus de chef capable, les Poindis essayèrent en vain de perpétuer la révolte en continuant les hostilités. Ils durent borner leurs exploits à tuer deux ou trois indigènes et à brûler quelques cases. Cette fois ils étaient vaincus. La campagne fut courte ; peu de jours après la mort de Gondou, on força les rebelles à se soumettre, et à partir de cette époque, le nord de la colonie est resté tranquille.

CHAPITRE XVI.

La colonie de 1869 jusqu'en 1878. — Importation d'oiseaux insectivores. — La déportation. — La tombe d'un marin.

La mort de Gondou produisit l'effet qu'on devait en attendre : les indigènes n'osèrent plus remuer de longtemps. Les uns, heureux d'être débarrassés d'un tyran odieux, qui, comme la grue de la fable, les croquait, les tuait, les gobait à son plaisir, acceptèrent franchement notre tutelle ; les autres, toujours hostiles, mais craignant un sort fatal, se le tinrent pour dit, et ne songèrent pas à recommencer de sitôt. Aussi, sauf quelques insignifiantes échauffourées, le repos de la colonie ne fut plus troublé jusqu'en 1878, lors de la grande insurrection canaque.

Ces huit années de repos permirent au Gouvernement de faire exécuter une foule de travaux, utiles à l'agriculture, au commerce et à l'industrie; n'étant plus obligé de dépenser ses forces et son temps en expéditions contre les indigènes, il put tourner toute son activité et vouer tous ses soins à la colonisation du pays.

Les colons de leur côté profitaient de la situation nouvelle. Déjà pendant les dernières années de la période des expéditions, de grandes propriétés foncières s'étaient formées vers le centre et dans le sud de l'île. Aux environs de Nouméa, outre les vastes domaines des missions, c'étaient MM. Gresland, Duboisé, Numa et Ferdinand Joubert, Boutang et autres, qui s'occupaient tous ou de la grande culture ou de l'élève du bétail; à Canala c'étaient MM. Fulet, Evain, Naux, Félix, Pion et Albaret qui couvraient de rizières et de maïs les fertiles plaines du pays; à Houagape, M. Lepeut installait une caférie et des rizières;

à Touo, MM. Dinette et Desouches, deux soldats congédiés, s'occupaient activement de l'élève du bétail; à Oubatche M. Henry, que nous avons déjà nommé, s'occupait aussi de reproduction et d'élevage de bestiaux sur son immense propriété.

Une autre personnalité, aujourd'hui la plus importante de la colonie, commençait à se faire connaître alors, c'était M. Higginson, le fameux Higginson, dont le nom est connu non-seulement en Nouvelle-Calédonie, mais dans une grande partie de l'Australie. Arrivé dans le pays sans autre fortune que ses deux petits bras, son sourire malicieux et son regard qui ne laisse jamais lire le fond de ses pensées, il fait aujourd'hui, selon son bon plaisir, la hausse et la baisse, la pluie et le beau temps.

Ne possédant qu'une instruction fort négligée, il avait par contre ce que bien des savants ne peuvent acquérir par de longues années d'étude, un coup d'œil juste et une forte dose de bon sens. Devinant et prévenant toujours les menées de ses adversaires, discernant avec une habileté qui tient de l'instinct les bonnes affaires des mauvaises, se lançant avec hardiesse dans les plus grandes entreprises et les menant presque toujours avec succès, tel est celui qui tient aujourd'hui dans ses mains une bonne partie des destinées de la colonie.

M. Higginson est le possesseur presque exclusif des mines de cuivre et de nickel du nord de la Calédonie; les hauts-fourneaux près de Nouméa sont à lui; les plus grands et les plus riches stocks de marchandises dans tout le pays sont sa propriété. Il est banquier, négociant, armateur, s'occupe de toutes les entreprises, se mêle de tout, et semble n'être content que quand il a toutes les affaires de la colonie sur les bras.

De nationalité anglaise, il demanda et obtint, en 1876, ses lettres de grande naturalisation. Il a voulu être Français dans ce pays français dont il a fait sa nouvelle patrie. Il a ses admirateurs enthousiastes et ses détracteurs irréconciliables; mais sans haïr et sans trop aimer personne, il se sert de tout le monde, triomphe des uns, soutient les autres, et n'en continue pas moins ses hardies spéculations et ses audacieuses entreprises.

Grâce à la paix et à la sécurité relative dont jouissaient planteurs et plantations, tout put se développer à l'aise. Pourtant si les Canaques ne dévastaient plus les cultures, des ennemis d'un autre genre s'en chargeaient de temps à autre, et s'en chargent encore aujourd'hui. Ceux-ci ne viennent point par centaines comme les indigènes, mais par millions; leurs colonnes d'attaque aériennes sont si larges et si compactes, que dans leur vol elles obscurcissent le soleil. Ces terribles envahisseurs, le lecteur les a nommés, ce sont les sauterelles. Les dégâts qu'elles occasionnent aux cultures, principalement aux cannes à sucre, sont incalculables; partout où elles s'abattent, la verdure disparaît; en quelques heures elles ruinent les plus belles plantations. Parmi les divers expédients que l'on employa pour les détruire, nous devons en citer un qui, tout en n'ayant pas produit de résultats appréciables, n'en a pas moins sa valeur. En 1869, des colons firent venir de Bourbon un millier d'oiseaux, d'une espèce insectivore particulière à cette île, et les lâchèrent dans la Nouvelle-Calédonie, espérant ainsi combattre le fléau. Assurément tous ces chasseurs ailés ont fait leur devoir, mais qu'est leur travail en présence de ces nuées de sauterelles qui couvrent quelquefois une étendue de plusieurs lieues? Un rien, c'est la goutte d'eau tombée dans une rivière. Depuis lors, de nouvelles tentatives ont été faites, d'autres moyens ont été employés, mais la destruction des sauterelles reste toujours un problème à résoudre.

C'est encore à l'année 1869 que remonte l'arrêté qui accorde à tout arrivant dans la colonie quatre mois de vivres de marin[1]. Nous devons dire toutefois que le mauvais vouloir et la morgue de certains agents subalternes, la juste fierté de beaucoup de colons qui voulaient bien toucher la ration, mais la tête haute, sans avoir l'air de la mendier, le mauvais emploi que d'autres firent de ces mêmes vivres, enfin les abus qui résultèrent de ce concours de circonstances malheureuses, firent bientôt tomber cet arrêté en désuétude.

Avec l'arrivée du capitaine de vaisseau Gaultier de la Richerie, au mois d'août 1870, une nou-

----

1. La ration journalière du marin se composait alors de :

 750 grammes de pain de froment ;
 250 »   de viande fraîche ;
 140 »   de légumes secs ;
  9 »   d'huile d'olives ;
  22 »   de sel ;
 25 centilitres de vinaigre ;
 20 grammes de café ;
 25 »   de sucre ;
 46 centilitres de vin ;
  6 »   de tafia.

velle ère s'ouvrit à la colonisation du pays. Les premiers soins du gouverneur furent de créer une commission municipale[1], qui, sous tous les rap-

---

1. Par un décret du 8 mars 1879, promulgué dans la colonie par l'arrêté du 23 mai suivant, une commune a été instituée, ayant pour chef-lieu Nouméa et pour circonscription le territoire de la presqu'île de Nouméa, y compris le Pont-des-Français.

Le corps municipal de Nouméa, élu par le suffrage universel, se compose du maire, de deux adjoints et de douze conseillers municipaux.

Un arrêté local, en date du 2 juillet 1879, a, en outre, institué des commissions municipales dans les principaux centres de la colonie.

Ces commissions sont composées de trois membres, dont un président; elles sont élues par les habitants de chaque centre, nommées par le gouverneur et sont renouvelables tous les deux ans.

Les commissions municipales sont appelées à donner leur avis sur toutes les questions concernant la région dont elles représentent les intérêts; elles jouissent de la plus grande initiative pour appeler l'attention de l'administration supérieure sur tout ce qui touche à l'agriculture, au commerce et à l'industrie.

Actuellement, elles sont au nombre de neuf, qui fonctionnent dans les localités ci-après :

La Dumbéa,	Bouloupari,	Houaïlou,
Païta,	Moindou,	Canala,
Saint-Vincent,	Oégoa,	Pounérihouen.

Chaque année il est mis à la disposition des commissions municipales des ressources en vue d'assurer les dépenses de

ports, fût plus apte à connaître et à défendre les intérêts de la colonie que les officiers de l'armée qui en avaient été chargés jusqu'alors. Il demanda en même temps à la métropole l'institution d'un conseil général, comme il en existe dans nos autres colonies.

Des difficultés et des restrictions avaient été faites autrefois pour l'établissement des colons sur les terres où le cadastre n'avait pas encore passé[1]. Par un arrêté du 26 janvier 1871, M. de la Ri-

---

l'instruction publique et d'acquitter certaines autres dépenses urgentes.

De plus, l'arrêté local du 2 juillet 1879 a créé, au point de vue de l'état civil, les circonscriptions suivantes :

La Dumbéa,	Moindou,	Oégoa,	Houaïlou,
Païta,	Bourail,	Hienguène,	Canala,
Saint-Vincent,	Poya,	Touho,	Baie du Sud,
Bouloupari,	Koné,	Pounérihouen,	Mont-d'Or,

et a maintenu celles de l'île des Pins, de la presqu'île Ducos, de l'île de Nou et des Loyalty, qui existaient déjà.

Dans tous les centres où il existe une commission municipale, le président est de droit officier de l'état civil ; dans les autres circonscriptions l'officier de l'état civil est nommé par le gouverneur. (*Annuaire de la Nouvelle-Calédonie*, 1881.)

1. Toutes les terres de la Nouvelle-Calédonie sont partagées en deux catégories : les *terrains levés*, c'est-à-dire ceux dont la triangulation et la topographie ont été exécutées, et les *terrains non levés*.

cherie décida que les colons pourraient aller s'établir sur les terrains non levés, s'ils en faisaient la demande régulière.

D'après les prescriptions de cet arrêté, un permis d'occupation est délivré au planteur, et, dans l'année qui suit la date de ce permis, il est tenu de fournir au cadastre le plan des terres qu'il occupe. Il devient alors locataire du terrain moyennant un droit de location de 1 franc par hectare la première année et de 1 franc 50 cent. chacune des années suivantes. Pendant les six premières années, l'occupant a le droit d'acheter son terrain au prix de 25 francs l'hectare. Un quart se payant au comptant, et le reste dans les six mois qui suivent la conclusion du marché. Du jour où il achète, le colon est soumis à l'impôt foncier si toutefois il a le permis d'occupation depuis quatre ans ou plus; s'il achète avant cette époque, il n'est soumis à l'impôt qu'après les quatre années révolues.

A partir de 1871, les affaires de la colonie prirent une extension nouvelle, mais cette fois, hélas! le faible courant de l'immigration n'y fut pour rien. Un agent plus violent, la déportation, allait amener, pour quelques années, plusieurs milliers de personnes sur la terre calédonienne.

L'insurrection d'Algérie y conduisit des Arabes, et la Commune de Paris, des Français.

Ceux qui étaient condamnés à la déportation simple, furent envoyés à l'île des Pins, et ceux condamnés à la déportation dans une enceinte fortifiée furent internés dans la presqu'île Ducos, près Nouméa. Pourtant cette presqu'île n'a de l'enceinte fortifiée que le nom. Gardée suivant le nombre des déportés et suivant la situation du moment par une ou deux compagnies d'infanterie de marine, la presqu'île Ducos n'a pour toutes fortifications que la mer, un chemin de ronde, quelques poteaux indicateurs délimitant le terrain de la déportation et une plate-forme de 15 mètres carrés environ, armée d'une pièce de 4 de montagne, et devant représenter une batterie, un redan, une redoute, ou... nous ne savons trop quoi.

De même que dans toute réunion d'hommes on rencontre fatalement des honnêtes gens et des canailles, et que l'on peut accorder sa confiance aux uns, tandis que la prudence exige de la retirer aux autres, de même il y eut parmi les déportés de braves et honnêtes travailleurs, appartenant à toutes les classes de la société, et quelques vauriens de la pire espèce.

Les uns n'avaient pris les armes que pour soutenir leurs prétentions, et leur seule faute avait été d'avoir oublié que dans une République ce n'est pas les armes à la main et dans la rue que l'on combat les institutions reconnues défectueuses. Les autres étaient l'écume de la société, ceux qu'on retrouve à toutes les insurrections, ceux qui sont de toutes les émeutes, ceux qui par leurs actes de vandalisme déshonorèrent la cause de la Commune, et qui, en temps ordinaire, tout en ayant une sainte horreur du travail, n'en crient que plus fort qu'on *écorche le pauv' ouveurier.*

Il est évident que l'on ne put agir de la même manière avec tous les déportés. Ceux que leur conduite et leurs bons antécédents signalèrent à l'autorité, obtinrent bientôt l'autorisation de s'établir sur la Grande-Terre, et, disons-le à leur honneur, presque tous ont justifié la confiance qu'on leur avait accordée.

La vie des déportés, à la presqu'île Ducos et à l'île des Pins, n'a certainement pas été exempte d'ennuis ni de tracas, et pourtant elle n'a pas été de beaucoup aussi misérable que certaines personnes se sont plu à le raconter. Les récits des déportés sont en général un peu chargés. Ils ont parlé ou écrit avec passion. Se laissant entraîner par leur ressentiment, ayant toujours considéré leur déportation comme une cruelle injustice, et hostiles par principe à toute tentative de conciliation, ils n'ont vu dans chaque nouvel ordre de l'autorité qu'une mesure vexatoire de plus.

Assurément l'administration de M. Gaultier de la Richerie, en prenant trop à la lettre les ordres de la métropole, aigrit inutilement bien des caractères, mais cela ne justifie pas les exagérations qu'on a publiées.

Néanmoins, nous le déclarons encore une fois, l'administration a eu tort. D'abord, elle a agi avec un manque de tact absolu en confondant trop souvent *déporté politique* avec *criminel*, cependant l'un n'est pas un corollaire de l'autre ; et ensuite, elle a commis une faute impardonnable, celle d'avoir laissé un grand nombre de déportés sans travail ou de ne leur avoir fourni qu'un travail trop peu rémunérateur. Aux termes de la loi, le déporté ne peut être astreint à nuls travaux; mais s'il demande de l'occupation, s'il veut travailler pour gagner honorablement sa vie, si, fier de son individualité, il ne veut pas manger le pain, quelquefois amer, du Gouvernement, eh bien, dans ce cas, on doit lui procurer de l'ouvrage et le lui procurer en abondance. Donner du travail n'est pas accorder un privilège, c'est remplir une obligation, c'est le devoir de l'État.

Une occupation rémunératrice eût amené le bien-être et chassé les soucis. Bien des désespoirs farouches, bien des haines irréconciliables, bien des antipathies insurmontables se fussent calmés et n'eussent plus, de parti pris, rejeté, sans examen, toutes les avances du Gouvernement.

Le manque de travail produisit chez beaucoup de déportés, qui avaient assurément de la bonne volonté, une gêne pénible, une demi-misère insupportable et d'autant plus irritante que la cause en revenait presque exclusivement à l'administration. Mais ce manque d'occupation eut un résultat dont la responsabilité doit peser tout entière sur le Gouvernement: il développa le vice chez quelques-uns, le fit naître chez d'autres et donna à tous l'envie de profiter de leur repos forcé pour s'évader.

Nous devons le dire pourtant, bien peu réussirent dans leurs tentatives d'évasion. Sur les 3 700 déportés politiques qui peuplèrent un moment la Nouvelle-Calédonie, il y en eut à peine une vingtaine qui parvinrent à se sauver.

Parmi les principales évasions nous citerons:

MM. **Deslandes**, condamné à la déportation simple, évadé
sur le *Fénelon*, le 8 novembre 1873.

Robin,   condamné à la déportation simple, évadé
le 3 janvier 1874, par le courrier de
Nouméa à Sydney.

Rochefort,
Pascal Grousset,   condamnés à la déportation dans une enceinte fortifiée
Olivier Pain,

Jourde,
Ballière,   condamnés à la déportation simple
Bastien,

évadés le 21 mars 1874 à bord du trois-mâts anglais le P.-C.-E. [1]

Coutouly, condamné à la déportation simple, évadé
le 23 mai 1874, par le courrier de
Nouméa à Sydney.

L'infortuné docteur **Rastoul** et dix-huit autres
déportés, évadés ensemble le 12 mars 1875 de l'île
des Pins, dans une embarcation qu'ils avaient
construite eux-mêmes, et qui ont tous péri en mer [2].

A l'année 1874 se rattache une *découverte* qui
nous est personnelle. Que le lecteur ne se mette
point en peine, cette découverte n'a rien de com-

---

1. P.-C.-E. sont les initiales des trois mots anglais : *Peace,
Comfort, Ease.*

2. Des épaves d'embarcation trouvées, quelques jours plus
tard, à l'île Uen, non loin de l'île des Pins, n'ont jamais laissé
de doutes sur la triste fin de ces malheureux.

mun avec la géographie. Il s'agit tout bonnement d'un fait que notre conscience de citoyen français ne nous permet pas de passer sous silence.

Voici la chose: en 1869, M. le ministre de la marine donnait des ordres pour l'érection d'une pierre tumulaire sur la tombe du chevalier Huon de Kermadec, mort en Calédonie et enterré dans l'îlot Poudioué. Cette pierre devait porter, outre les armes du chevalier, l'inscription suivante:

ICI REPOSE

LE CHEVALIER JEAN-MICHEL HUON DE KERMADEC,
FILS DE JEAN-GUILLAUME ET D'ANNE DU MESCAM,
NÉ A BREST, LE 12 SEPTEMBRE 1748,
MORT A LA NOUVELLE-CALÉDONIE LE 6 MAI 1793,
CAPITAINE DE VAISSEAU
ET CHEVALIER DE SAINT-LOUIS.

———

SA MÉMOIRE
EST CHÈRE A LA MARINE FRANÇAISE.
IL SE SIGNALA
AU COMBAT D'OUESSANT EN 1778,
A LA PRISE DE LA GRENADE ET AU SIÉGE DE SAVANNAH EN 1779,
AUX COMBATS LIVRÉS
PAR L'AMIRAL DE LA MOTTE PICQUET A L'AMIRAL PARKER,
LES 20 ET 22 MARS 1780.

ILLUSTRE COMPAGNON DE BRUNI D'ENTRECASTEAUX,
IL COMMANDAIT L'ESPÉRANCE,
L'UNE DES FRÉGATES ENVOYÉES A LA RECHERCHE
DE L'INFORTUNÉ LA PÉROUSE,
ET SUCCOMBA AUX FATIGUES DE LA CAMPAGNE.

Le modeste monument fut achevé et envoyé à
Oubatche pour être placé sur la tombe. Or, pendant notre séjour à Oubatche, en 1874, c'est-à-dire
5 ans après, nous découvrions un jour, dans un
coin de l'atelier du poste, derrière un tas de brouet-
tes cassées, de manches de pioches, de vieilles
pelles et de ferraille la susdite pierre tumulaire
que l'on ne songeait pas le moins du monde à placer sur la tombe du vaillant marin[1]. Nous ne voulons point commenter le fait, nous ne faisons que
le dénoncer. Que le lecteur en soit juge.

---

1. On nous a assuré depuis que la pierre a été transportée,
en 1875 ou 1876, sur l'îlot Poudioué et enfin placée sur la
tombe du chevalier. Cependant nous n'insistons pas, nous
n'avons pas vu la chose, et notre découverte d'Oubatche
nous a rendu un peu sceptique.

CHAPITRE XVII.

Conséquences de l'évasion de M. Rochefort. — Conduite d'eau
de Nouméa.

La nouvelle de l'évasion de M. Rochefort produisit un courant d'opinion si vif en France, que
le Gouvernement jugea nécessaire d'envoyer à
Nouméa M. le contre-amiral Ribourt avec le titre
de commissaire extraordinaire et des pleins pou-
voirs.

L'enquête fut sévère et minutieuse; le contre-
amiral Ribourt adressa au Gouvernement un long
rapport concluant à des réformes importantes
dans la législation relative à la déportation et à
la transportation. Le gouverneur de la Nouvelle-
Calédonie, M. le capitaine de vaisseau Gaultier
de la Richerie, fut rappelé en France. Plusieurs
fonctionnaires de la colonie furent révoqués.

Nous devons ajouter toutefois que l'enquête
poursuivie en France ne put rien mettre à la
charge de M. de la Richerie; quant aux fonctionnaires révoqués par le commissaire du Gouvernement à son arrivée en Nouvelle-Calédonie, ils se
pourvurent contre cette décision devant le Con-

seil d'État, qui donna suite à leurs réclamations, en tant qu'elles étaient fondées.

Au départ de l'ancien gouverneur, le colonel-commandant militaire, M. Alleyron, prit la direction des affaires de la colonie.

Il fut remplacé en 1875 par le capitaine de vaisseau de Pritzbuer.

C'est sous l'administration de M. de Pritzbuer que fut exécutée une grande partie des travaux de Nouméa. Comme nous avons mentionné presque tous ces travaux dans le courant de notre ouvrage, nous n'en citerons plus qu'un seul, dont nous ferons l'historique en même temps; c'est, du reste, le grand œuvre : la conduite d'eau.

Dès les premiers temps de la fondation de Nouméa, la petite garnison, et plus tard les quelques colons qui vinrent se placer sous la protection du pavillon français, furent obligés d'avoir recours à toutes sortes d'expédients pour avoir de l'eau douce. On avait bien creusé quelques puits, mais l'eau saumâtre qu'ils rendaient, n'était guère potable[1]. C'est à grand'peine que l'on pouvait s'en

---

1. La presqu'île de Nouméa n'est pas privée d'eau douce dans l'acception rigoureuse du mot, il existe deux ou trois minces filets d'eau descendant du massif de collines dont elle est formée; mais ces ruisseaux tarissent dès qu'il ne pleut

servir pour la cuisson des aliments et le lavage
du linge. Comme boisson on se servait de l'eau
de pluie qui découlait des toits et que l'on recueil-
lait dans de vieilles barriques défoncées par le
haut. Souvent, à la suite d'une sécheresse prolongée, la provision d'eau de pluie venait à
manquer; il fallait alors, bon gré mal gré, chercher
l'eau à la rivière du Pont-des-Français. Naturellement ce moyen était fort coûteux et ne fournissait qu'une quantité d'eau insuffisante à la population qui s'accroissait de jour en jour.

Plusieurs fois le gouvernement colonial s'émut
d'un pareil état de choses. On chercha divers
moyens pour obvier à l'inconvénient. Le plus
simple eût été de faire venir l'eau du Pont-des-
Français, mais les premiers gouverneurs n'étu-
dièrent jamais la question à fond, ou du moins ne
l'envisagèrent jamais du bon côté.

D'après toutes les données, il s'agissait toujours
de faire venir l'eau par le moyen d'un canal; et

---

pas pendant quelques jours. Ce manque d'eau provient de ce
que le sol de la presqu'île est formé à une faible profondeur,
et par endroit à la surface même, d'une couche imperméable
d'argile rouge qui empêche l'infiltration des eaux de pluie et
par conséquent la fondation d'une nappe d'eau souterraine
capable d'alimenter un ruisseau.

comme il y avait bon nombre de collines et de
marais à traverser, cela eût réclamé un travail
énorme et des sommes folles.

Pourtant bien des gens avaient fait des propositions au Gouvernement. Les Maristes voulaient
se charger de faire venir l'eau à Nouméa moyennant un prix de 50,000 fr.; des entrepreneurs
anglais avaient proposé, vers la même époque,
d'amener l'eau du Pont-des-Français par un canal
pour le prix de 60,000 fr. et avec le concours des
transportés ; l'ingénieur Garnier proposa à son
tour d'établir un réservoir des eaux pluviales à
Nouméa même, etc., etc.

Toutes ces propositions furent tour à tour
rejetées. Mais en 1868, à la suite d'une sécheresse,
pendant laquelle les cent litres d'eau douce se
payaient jusqu'à 5 fr., le gouverneur prit le parti
inattendu d'acheter à Sydney deux grands appareils distillatoires qui coûtèrent à l'État la somme
énorme de 60,000 fr., et dont les dépenses de
chauffage et d'entretien annuels dépassèrent
30,000 fr.

Ainsi, dans une colonie pauvre, où l'on faisait
monnaie de tout, où l'on n'employait d'ordinaire
les deniers de l'État qu'avec la plus grande par-
cimonie, l'on ne craignait point de dépenser

60,000 fr. pour l'achat de machines, dont l'entretien seul allait demander annuellement la part du
lion dans le budget colonial.

Heureusement pour le budget, les appareils
furent bientôt hors de service — en partie du
moins — et si l'on n'eut pas plus d'eau qu'avant,
l'on eut au moins la satisfaction de voir utiliser
plus convenablement les trente mille francs que
dévoraient inutilement les appareils distillatoires.

L'idée d'une semblable installation n'a certainement pu venir au gouverneur que par analogie avec ce qu'il avait vu à bord des bâtiments
de l'État, mais la distillerie, qui à bord d'un
navire a sa valeur réelle, incontestable, inesti-
mable, devient une absurdité à terre, dans un
pays où le charbon coûte 60 fr. la tonne.

Après ce malheureux essai, il ne fut plus question de longtemps ni d'eau, ni de conduite d'eau.
Le public de Nouméa en avait pris son parti. Du
reste, il avait remédié, tant qu'il le put, au
manque d'eau, en faisant des provisions plus con-
sidérables à l'époque des pluies. Les tonneaux
furent remplacés, au fur et à mesure, par de
grandes caisses en tôle, pouvant contenir de
2 à 3 mètres cubes de liquide, munies de robinets
et pourvues d'une fermeture convenable, afin

d'empêcher l'évaporation trop rapide de l'eau. La couverture des toits aussi fut changée petit à petit. On remplaça les planches et la paille par des feuilles tuyautées de tôle galvanisée, ce qui permit de recueillir une eau propre et saine.

Outre les caisses à eau, l'on construisit quelques citernes en maçonnerie, enfin l'on s'installa aussi bien que possible pour être en état de parer aux sécheresses à venir.

Cependant, malgré toutes ces précautions, malgré toutes ces mesures, on était encore obligé, de temps à autre, d'avoir recours à la rivière du Pont-des-Français. Dans le moment on s'en plaignait bien un peu, mais la pluie revenue et les caisses remplies, on n'y songeait plus, tellement on avait pris l'habitude de cet état de choses.

Enfin, M. de Pritzbuer, en arrivant dans la colonie, reprit le dessein, tant de fois rejeté, de faire venir l'eau du Pont-des-Français; seulement, au lieu de s'obstiner à vouloir la conduire au chef-lieu par un canal, il trouva plus simple et beaucoup moins coûteux de l'amener au moyen de tuyaux de fonte, comme cela se pratique un peu partout dans nos villes d'Europe. Il était dans le vrai et il réussit.

Pour l'exécution des travaux on se servit

des transportés, et si l'on n'avança pas vite, on avança bien, et l'on mena l'entreprise à bonne fin. Non-seulement on creusa un bassin à la prise d'eau même, mais on construisit encore un vaste réservoir dans une partie élevée de la ville (non loin de l'hôtel du Gouvernement), ce qui permit d'avoir une provision d'eau considérable en réserve à Nouméa même.

Les travaux durèrent près de deux ans, et enfin, dans le courant de 1877, l'eau du Pont-des-Français fit son apparition *officielle* dans la capitale de la Nouvelle-Calédonie.

Les concessions d'eau ont été réglementées par un acte approuvé en conseil privé dans la séance du 3 septembre 1877.

Le prix des abonnements est le suivant :

Pour   500 litres par jour de 12 heures... 150 fr. par an.
Pour 1000 litres par jour de 12 heures... 250 fr. par an.

Au-dessus de 1,000 litres par jour, par un compteur. L'eau, dans ce cas, est fournie à raison de 10 c. l'hectolitre.

L'eau prise aux poteaux de distribution par les navires en rade est payée à raison de 10 c. l'hectolitre; les navires de guerre sont exemptés de cette taxe.

CHAPITRE XVIII.

Insurrection canaque de 1878.

De toutes les insurrections canaques, la plus sérieuse, celle qui a coûté la vie à tant de braves travailleurs est, sans contredit, l'insurrection de 1878. Avant de donner des détails sur cette malheureuse affaire, nous croyons nécessaire de dire quelques mots sur les forces militaires dont disposait la colonie au début de la révolte, c'est-à-dire vers le 19 juin 1878.

La garnison normale de la Nouvelle-Calédonie se composait alors de 1,450 hommes.

La station navale, de son côté, comptait :

			Hommes d'équipage.
L'aviso à vapeur	le *Curieux,*	monté par	85
L'aviso-transport	la *Seudre,*	»	88
»	la *Vire,*	»	88
La canonnière	le *Perrier,*	»	25
»	la *Caronade,*	»	25
La goëlette	la *Calédonienne,*	»	34
»	la *Gazelle,*	»	34

A ces forces il faut ajouter l'équipage du vaisseau-transport le *Tage* — qui, à la nouvelle de l'insurrection, avait été retenu provisoirement à Nouméa — composé de 405 hommes; les passagers militaires que ce bâtiment devait ramener en France, au nombre de 250, et enfin l'équipage de 154 hommes du *Beautemps-Beaupré*, destiné à remplacer le *Curieux*, et qui était depuis quelques jours en rade de Nouméa.

Le gouverneur, M. le capitaine de vaisseau Olry, disposait donc, au commencement de l'insurrection, de 1,700 hommes de troupe et de 900 marins.

Maintenant que nous connaissons l'effectif des troupes, passons aux faits.

Le 19 juin, un colon, le sieur Chêne, qui avait refusé de rendre à la tribu de Dogny une femme canaque qui vivait chez lui, était massacré avec toute sa famille et sa propriété livrée au pillage.

Après cet acte de vengeance, la tribu resta immobile; rien ne fit supposer que c'était le prélude d'une suite effroyable de meurtres, de crimes et d'incendies. Le Gouvernement crut que le mouvement était isolé et se restreignait simplement à la tribu de Dogny; aussi pour atteindre les assassins, qui sont presque toujours introuvables, fit-il arrêter, du 21 au 23 juin, les chefs de la tribu coupable.

Tout paraissait donc être terminé, et la justice devait pouvoir suivre son cours, quand, dans la nuit du 24 au 25, les massacres recommencèrent à la Foa, à Dogny et en descendant la route de Canala à Téremba.

Les tribus qui habitent les villages de Moindou, de Moméa, de Farino, de Poquereux, de la Foa, de la Ouaménie, de la vallée de Thio, de Boulou-pari et de la Ouenghi se soulevèrent simultané-ment. L'insurrection venait d'éclater.

Dans cette nuit du 24 au 25, les Canaques assassinèrent la famille Boizot à Dogny et, à 14 kilomètres de là, les gendarmes de la Foa, puis ils se dirigèrent vers Téremba, croyant pouvoir surprendre le poste de la troupe, comme ils avaient surpris le poste des gendarmes. Heureusement l'éveil était donné; le lieutenant d'infanterie de marine Vanauld, commandant la garnison de Téremba, envoya immédiatement son sous-lieute-nant, M. Le Vaillant de Vaux-Martin, et quelques soldats en éclaireurs dans la direction de la Foa. Leur mission était de s'assurer de la marche des Canaques, de prévenir, de défendre et de rallier, si faire se pouvait, les colons établis dans le cercle.

Le poste de Téremba, qui comptait à cette époque une quarantaine d'hommes de garnison, aurait sans grands efforts pu résister pendant longtemps aux insurgés en cas d'attaque directe, mais il ne s'agissait pas tant de se défendre dans le moment que de venir au secours des colons éparpillés dans toutes les directions. Dans ces conditions, la garnison n'aurait pas manqué d'être insuffisante dès le premier jour si, par bonheur, dans cette même journée du 25, un auxiliaire n'était venu en aide au poste : c'était la *Vire* (commandée par M. le capitaine de frégate Rivière) qui, après avoir passé aux Loyalty et fait le tour de la colonie, en visitant successivement les postes échelonnés le long de la côte, conformément aux ordres du gouverneur, venait aussi visiter le poste de Téremba avant de rallier le chef-lieu.

Le lieutenant Vanauld envoya immédiatement à bord de l'aviso. pour demander du secours, et sans perdre de temps il se mit lui-même en campagne avec une quinzaine d'hommes.

Une heure après l'arrivée, un canot de la *Vire* menait à terre la compagnie de débarquement forte de trente-deux hommes commandés par l'enseigne de vaisseau Le Golleur.

Au moment du débarquement des marins de la

Vire, le lieutenant Vanauld rentrait à Téremba, mais avec l'intention de repartir dans la direction de la Foa pour aller au secours de son sous-lieutenant, dont il craignait que la position ne fût devenue critique. Comme quelques hommes du détachement Vanauld étaient trop fatigués pour fournir une longue course, on les remplaça par des marins, et la petite troupe se remit aussitôt en campagne.

La journée tout entière se passa à faire évacuer les fermes et les pénitenciers des environs. Les colons, les transportés, tout le personnel des établissements agricoles, d'après les ordres de M. Vanauld, devaient se replier sur Téremba, où l'on allait organiser une défense sérieuse en attendant des secours.

Dans l'après-midi, en effet, le pénitencier agricole de la Fonwhari rallia le poste; il apporta les preuves sanglantes de la gravité de la révolte: deux chariots, l'un chargé de blessés, l'autre de seize morts.

A 5 heures du soir, ce fut le tour du cercle agricole (formé de familles de colons libres et de déportés politiques), ayant à sa tête M. de Laubarède, son directeur. Les hommes étaient armés, tant bien que mal, de quelques vieux fusils à piston et de plusieurs fusils de chasse. M. de Laubarède avait fait remettre presque toutes les armes à feu entre les mains des déportés, plus valides en général que les colons du cercle.

Sur ces entrefaites, le capitaine de frégate Rivière avait pris le commandement des troupes. Il organisa de son mieux la défense. Les déportés, qui étaient au nombre de trente-six, furent constitués, sur leur demande, en corps de francs-tireurs. Des postes furent assignés à tout le monde, et la nuit se passa dans l'attente d'une attaque, qui ne se produisit pas.

Le 26 juin, à 8 heures du matin, le lieutenant Vanauld rentrait avec tous ses hommes à Téremba. Il avait passé la nuit à la Fonwhari, après avoir rallié dans le courant de la journée le sous-lieutenant de Vaux-Martin, qui avait eu la hardiesse de pousser, avec quatre hommes seulement, une reconnaissance jusqu'à la Foa, en plein pays d'insurrection.

A 3 heures de l'après-midi, le colonel d'infanterie de marine Gally-Passebosc arriva de Nouméa sur la *Seudre*. Il amenait avec lui la 5e compagnie, commandée par le capitaine Boulle.

Cet accroissement de garnison — elle se montait alors à 120 soldats, 32 marins et 36 déportés (armés de fusils à piston) — mettait Téremba et le voisinage immédiat complètement à l'abri d'une attaque de la part des indigènes; aussi le colonel Gally fit-il réoccuper, le jour même, les établissements évacués la veille.

Pendant que ces faits se passaient à Téremba, le pays compris entre Uaraï et Nouméa s'était mis en insurrection ouverte. Partout on massacrait les colons, on incendiait les habitations, on pillait les propriétés. Le nombre des victimes dépassait déjà la centaine. L'attaque était partout si imprévue, les coups si rapides, que peu de monde parvenait à résister. D'un côté, on surprenait un poste de gendarmes; de l'autre, on tuait l'employé du télégraphe, M. Riou, sur son appareil même, au moment où il prévenait Nouméa de la révolte des Canaques; ailleurs on s'introduisait dans les maisons sous prétexte d'allumer une pipe, et l'on profitait du moment où les personnes tournaient le dos pour les assommer à coups de casse-tête.

Ce n'est pas à dire que les Européens se laissaient tuer partout sans se défendre, au contraire, de nombreux actes de courage signalèrent les débuts de la révolte; nous en citerons deux au hasard:

M. Porcheron arrive chez lui au moment où les

indigènes tuent sa femme; il se précipite aussitôt sur les assassins, donne l'alarme et sauve ainsi ses enfants et son personnel, qui, prévenu à temps, parvient à repousser les Canaques.

Le surveillant de la transportation, Lecas, chef du camp de Bouloupari, en apercevant les indigènes, avertit ses deux collègues de prendre les armes; les malheureux, qui ne croient pas à la révolte, n'en tiennent aucun compte et sont massacrés quelques instants après, ainsi que la dame Lecas et ses enfants. Lecas lui-même, armé d'un chassepot et d'un revolver, oppose aux Canaques une résistance désespérée; il en tue huit, parvient à se dégager, se replie d'abord sur Tomo et arrive enfin à gagner Nouméa.

Comme on peut le voir, l'insurrection avait pris des proportions formidables. Les naturels semblaient obéir à un mot d'ordre (le grand-chef Ataï a été reconnu plus tard comme l'âme et le promoteur de la révolte). Dans les tribus qui ne s'étaient pas encore jointes au mouvement, la fermentation des esprits devenait de plus en plus inquiétante; tout s'agitait, et si l'on ne prenait bien vite des mesures énergiques, la destruction complète des établissements agricoles et le massacre général des colons étaient à redouter.

Le gouverneur — comme nous le savons déjà — envoya, dès le 26, une compagnie d'infanterie de marine à Uaraï, circonscription qui semblait être le foyer de la révolte.

La *Seudre,* qui avait amené ces soldats, repartit le lendemain pour déposer à Bouloupari les cent hommes de la compagnie de débarquement du *Tage,* commandés par le capitaine de frégate Caillet; puis elle revint au chef-lieu, afin d'y embarquer de nouvelles troupes à destination de Téremba.

Le *Beautemps-Beaupré* partit en même temps de Nouméa, ayant à bord une compagnie d'infanterie destinée à renforcer les postes de la côte est. Cinquante hommes furent déposés à Canala, et les cinquante autres à Houaïlou; la compagnie de débarquement de l'aviso fut mise à terre sur les rives du Diahot, afin de protéger l'établissement des mines.

Malgré toutes ces mesures, les massacres continuaient. Les colons qui échappaient aux coups des indigènes, se groupaient dans la plaine et battaient précipitamment en retraite sur le chef-lieu. La route de Païta à Nouméa était couverte d'hommes, de femmes, d'enfants, de chevaux, de voitures et de bétail, qui se retiraient sur le chef-lieu. La panique fut générale un moment. On parlait de plusieurs milliers de Canaques qui devaient venir attaquer Nouméa. Les indigènes résidant au chef-lieu commençaient aussi à prendre des allures douteuses. Craignant quelque mauvais coup de leur part, l'autorité jugea prudent de faire interner tous les Canaques de la ville (ils étaient environ 150) à l'île Nou.

Le 2 juillet, la population nouméienne, voulant faire face aux éventualités d'une marche en avant des indigènes, se réunit aux docks français. On décida de créer un corps à cheval pour la défense de la plaine de Saint-Vincent.

Une députation fut envoyée sur-le-champ au gouverneur, qui donna l'autorisation de constituer le corps. Il fit distribuer en même temps 28 revolvers et un approvisionnement de 24 cartouches par arme.

Les cavaliers, sous la conduite de M. Boutang, un des plus anciens et des plus intrépides éleveurs de la Nouvelle-Calédonie (nous en avons déjà parlé du reste), quittèrent Nouméa dans la nuit du 2 au 3. En route, leur troupe s'accrut de quelques *stockmen* (gardiens de troupeau), qui allaient se replier sur le chef-lieu.

Ils se dirigèrent d'abord sur Païta et résolurent d'aller de là au devant des troupes de Téremba qui, sous la direction du colonel Gally, opérant en sens inverse, allaient traverser le pays insurgé en se dirigeant vers Bouloupari.

La troupe du colonel avait reçu, quelques jours avant, un renfort assez inattendu; c'étaient les indigènes de Canala avec leurs chefs Gélima, Caké et Nondo, sous la conduite du lieutenant de vaisseau Servan, commandant à Canala. Ce renfort avait le double avantage d'aider aux troupes à combattre les révoltés et d'enlever à la cause de l'insurrection une des plus puissantes tribus calédoniennes.

Cette alliance des Canalas, le Gouvernement la dut à l'initiative du lieutenant de vaisseau Servan lui-même, qui, comprenant que le seul moyen d'empêcher ces tribus, dangereusement hésitantes, d'entrer dans la révolte, était de les entraîner à la guerre contre les rebelles, avait demandé et obtenu du gouverneur l'autorisation de partir seul avec les Canaques de son arrondissement pour venir au secours d'Uaraï.

Comme ce fait, vraiment remarquable d'audace et de sang-froid, est un des plus beaux épisodes de l'insurrection, nous le reproduisons en entier, tel que l'a relaté le commandant Rivière lui-même dans ses *Souvenirs de la Nouvelle-Calédonie.*

« Les tribus de Canala se demandaient ce qu'elles allaient faire. On a su plus tard que le mouvement général de la révolte devait avoir lieu le 26 juin. Il avait commencé prématurément à Uaraï le 25. Il y avait donc, suivant le succès, à s'y associer, à s'en abstenir ou à se déclarer ouvertement contre lui. Les sauvages sont lents à se résoudre à quoi que ce soit. Le grand-chef Gelima, autrefois caressé par le gouverneur Guillain et qui, avec ses moustaches grises et tombantes, a l'air d'un vieux troupier débonnaire et fatigué, ne se disposait à rien. Le chef politique, Caké, astucieux et retors, supputait ce qu'il était opportun de tenter. Nondo, le chef de guerre, se fût abandonné à ses passions de haine et d'ambition. Celui-là, aux sensations soudaines, violentes, irrésistibles, est un vrai sauvage. Il l'est aussi d'aspect. Nu, agile et grand, il a les membres velus, le poil rouge, la chevelure fauve, en boule, hérissée et touffue, le visage sillonné, contouré de rides profondes. La peau en est flasque, sans que le masque cesse d'être expressif. Ce sauvage, qui a tous ses vices et qui a pris les nôtres, jeune encore, a, tour à tour, sur les traits, l'audace et la prudence du guerrier, l'impassibilité qui ignore, la férocité implacable. Étant per-

fide et cauteleux, il sait être habile et caressant.
En ces moments-là, il a une sorte de bonhomie;
sa figure s'éclaire à une flamme douce du regard,
à un large sourire. On serait tenté de se fier à lui.
Mais l'ivresse en fait une brute indomptée et
redoutable. Les moindres convoitises, naïves et
sans frein, si elles peuvent se satisfaire, abolissent
dans cette âme obscure toute reconnaissance et
toute générosité. Il s'y glisse ou s'y rue. A côté,
au-dessous de lui, sont ses deux frères, Salomon,
pire que lui, hypocrite et cruel, et Maurice, qui
contraste avec les autres. D'une physionomie
ouverte et franche, très-intelligent, parlant cou-
ramment le français, se plaisant à vivre parmi
nous, Maurice rêve des exploits guerriers et de
l'amour. J'emploie ce mot-là, parce qu'il indique
par exception une nuance de civilisation. Il y a
d'autres chefs aussi, ceux qu'on appelle les petits
chefs, Grepa, Badimoin. Mais tous inclineraient
à la révolte. Ils nous haïssent et nous craignent,
et nous les gênons. Quelle renommée pour eux
s'ils décident la victoire au profit des révoltés,
s'ils nous chassent et nous tuent! Et quelles
richesses! Plus rien des blancs que leurs dépouilles!

« Tandis qu'ils songent à cela, Servan, tout
d'un coup, fait appeler les chefs. Il les accueille

bien, leur fait les politesses habituelles à ces
entrevues et qui ne se hâtent jamais. Puis tranquillement, mais d'un ton ferme et résolu, il leur dit
que les tribus d'Ataï ont surpris traîtreusement
des colons d'Uaraï et les ont assassinés. C'est sur
les tribus de Canala qu'il compte pour châtier les
coupables. Et, afin que l'honneur leur en revienne
tout entier, il ne leur adjoindra pas de soldats; il
ira, lui seul, combattre avec elles. Ce langage
étonne les chefs, leur impose et les domine. Ils se
taisent cependant. Mais. Servan n'a pas besoin
qu'ils lui répondent : — «Allez! leur dit-il en les
congédiant, le rendez-vous est pour ce soir, 8 heures,
à Ciu; c'est de là que nous partirons ensemble.»

«A 6 heures il se met en route. Il monte
Coquette, une jolie jument, qu'il contraint à
marcher au pas et qui blanchit son mors. Il a
avec lui ses cigares, ces éternels compagnons du
voyage et du rêve, et un Néo-Hébridais qui lui
sert de domestique. A Ciu il ne trouve que les
chefs avec un petit nombre de Canaques. On lui
dit qu'il a fallu du temps pour prévenir les tribus,
qu'elles prendront des sentiers de traverse et que
le grand rendez-vous est à Coindé.

«On se dirige sur Coindé en silence. Les chefs
sont taciturnes et préoccupés. Servan fume et ne

leur parle pas. Les tribus sont en effet à Coindé.
Il y a là quatre cents Canaques en tenue de
guerre : la hache, la sagaïe ou le casse-tête à la
main, la poitrine et le visage barbouillés de suie.
Il règne parmi les sauvages une agitation extraordinaire, non qu'elle se traduise par des cris ou
par de grands mouvements, mais par des allées et
venues rapides et discrètes et par des rumeurs
inquiètes et vagues. Les chefs délibèrent. Ils
tiennent entre leurs mains un officier français,
comme victime et comme gage à l'insurrection
s'ils le veulent, comme otage s'ils le préfèrent.
Ce qu'ils voudraient savoir, ce qui cause leurs
tergiversations, c'est si la révolte a des chances
ou non de triompher. Pour cela ils n'ont qu'à
marcher en avant. Le commandant de Canala, en
les emmenant avec lui, sans qu'ils aient eu à se
déclarer encore, a peut-être pris le parti qui leur
convient le mieux. Ils aviseront. Servan s'est tenu
à l'écart. Il a la vertu des sauvages : la patience.
Au bout d'une heure, il tire sa montre et va vers
les chefs. — « Il est temps de partir, » leur dit-il.
On le suit.

« Ils traversent ainsi pendant la nuit la chaîne
centrale par une route muletière parfois dégradée
et le plus souvent en surplomb de précipices. Les

Canaques, qui ont peur du diable, ont allumé beaucoup de torches. Toutefois la présence d'un blanc au milieu d'eux les rassure. Le diable ne pourra rien contre eux. S'ils tuent Servan, ce ne sera qu'au matin. Ils vont à leur allure sautillante, comme des singes au pas gymnastique. De temps à autre, dans les endroits difficiles, Servan met pied à terre, mène son cheval par la bride. Il y a des haltes assez fréquentes. Cependant elles sont courtes. Les chefs paraissent se décider de plus en plus à marcher jusqu'au jour. Il n'y aura de solution qu'au soleil levant.

« Le moment est arrivé, l'aube naît. Du haut d'une colline et grandissant sous la lumière, on aperçoit le pays insurgé. Ce sont les vallées de la Foa et de Fonimolo, les plaines de la Fonwhari et tout au loin la mer. Tout cela est sombre encore, indistinct. C'est une grande verdure et un grand silence. On s'arrête et l'arrêt se prolonge. Les chefs se sont remis à délibérer. Cependant quelques Canaques se sont répandus dans les alentours. Ils découvrent une maison de colon récemment incendiée qui fume encore. Il n'en reste que les décombres. Des cadavres de blancs, mutilés, sanglants, à demi brûlés, gisent sur le sol, dans les cendres. Ces Canaques aussitôt accourent, préviennent les chefs. Ceux-ci vont voir. Il se manifeste parmi les sauvages une émotion extrême. Ils ont senti le sang; la bête féroce s'éveille en eux. Les chefs reviennent très-agités. Ils ne délibèrent plus dans le calme, parlent tous à la fois. Il est clair que l'insurrection est plus forte, il y a lieu d'y prendre rang et de s'y affirmer en tuant l'officier. Gelima seul ne dit rien; Maurice intercède peut-être. Mais le farouche Nondo s'exalte, entraîne les autres. Il a les yeux rouges, le geste menaçant. Il va marcher vers Servan.

«C'est Servan qui marche à lui. — «Nondo, lui dit-il en souriant, je te donne ma carabine.»

«Ces paroles, dans un tel moment, paraissent singulières. Nondo demeure interdit. — «A moi? dit-il. — Oui, à toi. Si nous devons combattre ensemble avec le colonel et les soldats que nous allons trouver là-bas, c'est un cadeau que je t'aurai fait. Si, au contraire, tu me tues, comme tu sembles en avoir l'intention, tu ne pourras pas te vanter de me l'avoir prise. »

«Un murmure de surprise et d'admiration court parmi les sauvages. Nondo reçoit la carabine et rougit de plaisir. Il serre la main de Servan et lui dit: «Nous sommes avec toi, conduis-nous au colonel.»

« Dès lors il n'y eut plus d'hésitation, et quelques heures plus tard, à la Foa, Servan se rencontrait avec le colonel Gally. »

Dès le lendemain de son arrivée à Téremba, le colonel Gally avait exécuté des tournées dans l'arrondissement, mais le 3 juillet commença la véritable opération ; il partit de la Fonwhari avec le gros de ses troupes et les Canalas, et dirigea sa marche sur Bouloupari.

A la Foa, il s'arrêta un instant pour faire brûler tout à fait les corps des gendarmes imparfaitement consumés. Puis il fit suivre à ses troupes la ligne télégraphique — passant en pleine brousse — afin de s'assurer si le télégraphe n'avait pas été coupé de nouveau à l'endroit où il avait été réparé la veille.

Le sentier que suivait la colonne (on l'appela depuis le chemin du Colonel) est si étroit, qu'il ne livre passage qu'à un homme à la fois, aussi dut-on marcher à la file indienne. En route, on s'aperçut que le fil de ligne avait été coupé en effet. L'employé du télégraphe, M. Gueitte, se mit aussitôt à la besogne pour le réparer.

Comme l'opération devait durer un bon moment, les hommes eurent la permission de s'asseoir et de se reposer ; mais avant de commander le repos, le capitaine Boulle fit charger les armes à ses hommes.

Le colonel, qui était resté à cheval, en entendant le commandement de M. Boulle, se retourna et demanda sur un ton où perçait un peu d'humeur: «Pourquoi faire?» — «Me le défendez-vous, mon colonel?» demanda le capitaine. — «Non,» fut la réponse.

Les armes chargées, les soldats s'établirent le long du sentier en attendant la fin du travail.

Au moment de faire halte, M. Gally avait envoyé quelques hommes à cheval, en avant, pour garder les abords du sentier; c'étaient des libérés concessionnaires, tous bons cavaliers, familiarisés avec la brousse, et que le colonel avait armés spécialement pour le service d'éclaireurs.

Tout à coup, l'un des cavaliers, Châtenet, accourut et annonça les Canaques. En un clin d'œil tout le monde fut debout. Le colonel cria: — «En avant!» Mais à peine le cri expirait-il sur ses lèvres, que deux coups de feu retentirent. Ils avaient été tirés si près qu'on vit la fumée sortir du taillis. — «Bien touché!» fit alors d'une voix forte le colonel. M. Gueitte, qui se trouvait à côté de lui, se trompant sur le sens de ses paroles, s'écria: «Ah, mon colonel, vous les avez bien touchés.»

— « Non, mon pauvre Gueitte, c'est moi qui suis bien touché. » La voix du colonel s'était subitement affaiblie. Pourtant il descendit seul de cheval, resta un moment debout en se tenant les flancs, puis il s'affaissa sur le sol.

Le capitaine Boulle, pendant ce temps, fit tirer au juger dans la brousse. Il lança quelques Canalas dans le fourré, essaya même d'y faire pénétrer des soldats. Ce fut peine inutile, les insurgés avaient disparu.

On fit alors un brancard avec des branches d'arbre et du feuillage, l'on y déposa le blessé et l'on rebroussa chemin. La souffrance du colonel était devenue tellement aiguë qu'il dit au capitaine Boulle: « Laissez-moi mourir là, mon ami, je souffre trop. Et vous, marchez sur Bouloupari. » Le capitaine feignit de ne pas entendre et continua son chemin. On n'abandonne pas ainsi son colonel, pour le laisser devenir le jouet de la fureur stupide des sauvages. On marcha doucement, au petit pas, s'arrêtant de cinq minutes en cinq minutes. On refit ainsi dix kilomètres du chemin que l'on venait de parcourir; c'est alors que la troupe fut rejointe, sur la route de la Foa à la Fonwhari, par les cavaliers Boutang, partis dans la nuit de Nouméa.

L'un d'eux courut aussitôt à la ferme de la Fon-whari, d'où l'on expédia un cavalier (un trans-porté) à Téremba.

Sur ces entrefaites, on avait amené le colonel à la ferme, où le docteur Duliscouet, médecin du poste de Téremba, lui prodigua les soins les plus affectueux et les plus dévoués, sans espérer toute-fois pouvoir le sauver. Il mourut, en effet, le 4 juillet à 2 heures du matin, à l'âge de quarante ans, laissant derrière lui une brillante carrière militaire.

Dans le courant de cette même journée, le com-mandant Rivière arriva à la Fonwhari. En route, il avait appris que le colonel n'était plus. Il ne lui restait donc qu'à reprendre le commandement des troupes et à s'occuper de l'inhumation du com-mandant militaire.

Le corps du colonel fut mis dans une bière en présence des officiers; puis le cercueil, déposé dans un break, fut conduit, sous escorte, à Té-remba. Les troupes saluèrent le corps au moment du départ. Le lendemain, il était enterré à Té-remba même, au pied du mât de pavillon. Il re-pose ainsi sous les plis du drapeau qu'il a servi et pour lequel il est mort en combattant.

Après la mort du colonel, il était à craindre

que les Canaques, exaltés par leur succès, ne tentassent une attaque générale sur les établissements de la Fonwhari ; aussi le commandant Rivière fit-il organiser la défense du pénitencier comme il l'avait fait précédemment pour le poste de Téremba. Il fit venir, en outre, de ce poste, douze matelots et six déportés pour renforcer le camp.

Le 5 juillet, au soir, la *Vire* fut de retour à Téremba amenant le chef d'escadron de gendarmerie Pasquier, le capitaine Lafond avec quatre-vingts hommes de la 7e compagnie. L'aviso apportait en même temps au commandant Rivière une lettre du gouverneur, l'invitant à poursuivre le plan du colonel, c'est-à-dire d'aller à Bouloupari et de prouver ainsi aux Canaques que la mort du commandant militaire n'avait ni intimidé ni découragé les troupes.

Des dispositions furent prises aussitôt ; le lieutenant Vanauld reprit le commandement de Téremba ; le commandant Pasquier fut chargé de défendre la Fonwhari avec quarante hommes de la 7e ; la Moindou, qui avait quatre-vingts fusils, dut se défendre toute seule, elle fut placée sous le commandement de son directeur, M. de Laubarède.

Le 7 juillet, la nouvelle colonne, conduite par

M. Rivière, se remet en marche; elle se compose des dix éclaireurs à cheval du colonel Gally, de douze cavaliers Boutang, des francs-tireurs (douze marins et six déportés), la compagnie du capitaine Boulle, quarante hommes de la compagnie Lafond, vingt hommes du détachement de Téremba (5e compagnie) et les Canalas.

En route, on brûle tous les villages indigènes que l'on rencontre; quant aux Canaques, point de traces.

On fait halte, vers 6 heures du soir, à Popidéry, et l'on campe au milieu des ruines de l'habitation de M. de Coutouly. Là, tout porte encore les traces d'un horrible attentat. Deux cadavres, incomplètement consumés, gisent sur l'emplacement de la cuisine. M. de Coutouly avait été massacré avec tous ses serviteurs; sa femme, qui se trouvait à Nouméa au moment de l'attaque, a, pour ainsi dire, survécu seule au massacre.

Le lendemain, dès l'aube, la colonne se remet en marche et arrive à Bouloupari vers cinq heures du soir, après avoir incendié, comme la veille, tous les villages indigènes qu'elle rencontre.

Sur tout le parcours, l'on a pu constater les horribles déprédations des Canaques; partout des habitations incendiées, des propriétés pillées; c'était la dévastation dans toute son horreur.

A peine la colonne arrivait-elle à Bouloupari, quand l'alerte fut donnée. Un cavalier Moriceau (c'était un autre corps de cavaliers qui s'était formé et qui secondait les mouvements de la troupe à Bouloupari) apportait la nouvelle qu'à 3 kilomètres du poste, le capitaine d'infanterie de marine de Joux, parti en reconnaissance depuis le matin avec une vingtaine d'hommes et quelques cavaliers Moriceau, était cerné par les Canaques, au nombre de deux à trois cents. Il ajouta que les soldats écartaient les indigènes à coups de fusil, mais que ceux-ci se cachaient si lestement derrière les arbres, qu'on ne pouvait guère les atteindre; que de plus ils avaient quelques fusils et quelques revolvers, et venaient de démonter un cavalier, en lui tuant son cheval; M. de Joux, serré de près, faisait bonne contenance, mais l'approche de la nuit pouvait rendre sa position critique, et c'est pour cette raison qu'il avait expédié ce cavalier pour demander du secours.

Le commandant Rivière fit partir sur-le-champ ses dix-huit francs-tireurs, commandés par le lieutenant Maréchal. Une heure plus tard soldats et francs-tireurs revenaient. Le capitaine de Joux s'était dégagé tout seul, et les marins l'avaient rencontré à la sortie du bois.

Le lendemain, les opérations commencèrent dans le district de Bouloupari. La garnison de l'endroit était alors assez forte pour permettre des mouvements offensifs, car, outre les cent hommes du *Tage* et la colonne Rivière, il y avait encore quarante hommes d'infanterie de marine, commandés par M. de Joux; dix artilleurs-sapeurs et les cavaliers Moriceau.

Il ne fut cependant pas facile d'atteindre les insurgés. Partout où l'on croyait les surprendre, ils disparaissaient subitement sans laisser de traces; et pourtant, ils ne quittaient pas les environs. Tous les jours ils sagayaient des bœufs dans la brousse; le soir, à deux ou trois kilomètres du poste, ils incendiaient les maisons et les paillottes qu'ils avaient négligé de détruire dans la sinistre journée du 26 juin, où ils avaient couvert le pays de sang et de flammes.

Ne pouvant les atteindre, on désigna quelques bons tireurs, qui le soir, à la lueur des incendies, envoyèrent des balles de chassepot sur les groupes de sauvages. Le moyen réussit: les incendies cessèrent. Un autre stratagème servit encore mieux: M. Servan alla s'embusquer avec quinze soldats dans la maison Chardat, qui est à quatre kilomètres de Bouloupari, en pleine brousse. Toute la nuit se passa sans la moindre escarmouche. Au petit jour, la troupe quitta ostensiblement la maison, mais prête à revenir sur ses pas, car deux soldats et le sergent Crinon étaient restés embusqués dedans. Quelques instants après le départ, les Canaques s'approchèrent en effet. Le chef était en tête, une torche à la main. Crinon, qui s'était placé dans l'embrasure d'une fenêtre entrebâillée, attendit qu'il fût à trois pas, et, tirant son coup de feu, l'étendit raide mort.

Tous les jours M. Servan partait avec ses Canalas, un détachement de soldats ou de marins et quelques cavaliers, et tous les jours aussi l'on brûlait des villages; parfois on surprenait et l'on tuait quelques indigènes, mais rarement. Les sauvages se cachaient trop bien. Un certain nombre d'entre eux, même de ceux qui avaient notoirement pris part aux massacres, se réclamaient des missionnaires ou, promettant de se convertir, sollicitaient leur protection. « C'était ainsi que je dus écrire à un Révérend Père, dit M. Rivière. Je lui disais que je comprenais la sollicitude qu'il portait à ses ouailles, que je comprenais aussi son zèle de prosélytisme et ses espérances à l'endroit des païens, mais que précisément parce que je comprenais tant de choses, je le rendais absolument responsable de ce qui se passerait sur son territoire.»

Depuis que les troupes guerroyaient aux environs de Bouloupari, et parvenaient sinon à soumettre, du moins à rendre inoffensifs les Canaques de cette région, la panique de Nouméa s'était calmée peu à peu, pourtant les corps armés qui s'étaient formés pour aider à la défense du chef-lieu, continuaient leur service, car la révolte était encore loin d'être étouffée, et il fallait être prêt à toutes les éventualités.

Le gouverneur, pour parer à une insurrection qui pouvait devenir générale, avait fait une demande de renfort au ministre de la marine, en même temps qu'il lui annonçait la révolte des Canaques.

En France on ne s'attendait guère à cette insurrection; aussi la surprise fut-elle grande lorsqu'on reçut le télégramme de M. Olry. Un fait à noter en passant, c'est que ce télégramme, expédié par le consul de France à Sydney, arrivait au ministère de la marine le 14 juillet, tandis que 36 heures plus tôt, MM. S. W. Silver & C°, Cornhill 67 London, recevaient déjà une dépêche de

Sydney, mentionnant la révolte canaque. Ce télégramme, communiqué au *Times* par la maison Silver, fut publié le jour même, et c'est par une *voie privée anglaise* que la France apprit d'abord les événements survenus en Nouvelle-Calédonie.

Pour renforcer les troupes de la colonie, le ministre de la marine donna des ordres au gouverneur de la Cochinchine (c'est l'endroit d'où la France peut le plus vite envoyer du renfort en Nouvelle-Calédonie), de diriger immédiatement sur Nouméa le transport la *Rance* avec deux compagnies d'infanterie de marine.

Les deux compagnies quittèrent Saïgon le 18 juillet, et furent les premières troupes de renfort qui arrivèrent en Calédonie; malheureusement elles ne furent d'aucune utilité, car les hommes embarqués en Cochinchine par l'amiral Lafont étaient presque tous des malades et des convalescents, qui, arrivés à Nouméa, durent rentrer, en grande partie, à l'hôpital.

Pendant que la *Rance* quittait Saïgon, la *Loire* et la *Dive* quittaient la France (17 et 20 juillet), emmenant 380 hommes de toutes armes. En même temps, une dépêche fut envoyée à Melbourne, où devait relâcher le *La Motte Picquet*, en route pour

Taïti, afin qu'il se rendit aussi à Nouméa. (Ce bâtiment quitta Melbourne le 19 août.)

Le général de Trentinian (chargé de l'inspection des troupes en Nouvelle-Calédonie), qui se trouvait à Paris lors de l'arrivée de la dépêche, quitta presque aussitôt la France pour se rendre, par les voies rapides, à Nouméa. (Il y arriva le 21 septembre.)

Maintenant que le lecteur connaît les dispositions prises par la métropole, revenons sur le théâtre de l'insurrection.

Le 18 juillet, la colonne Rivière, conformément aux ordres du gouverneur, reprit le chemin d'Uaraï. En route, elle brûla le grand village indigène de Tom, sur la lisière du territoire d'Areki. Ce chef que l'on accusait de l'incendie et des meurtres de l'habitation Coutouly, s'était retiré dans la montagne avec les siens depuis que les hostilités avaient commencé, et restait dans l'expectative, ne sachant s'il devait entrer dans le mouvement de la révolte ou s'il devait se déclarer l'allié des troupes.

Pendant l'absence de la colonne Rivière, les tribus avaient recommencé leurs déprédations dans l'arrondissement d'Uaraï; elles avaient brûlé toutes les propriétés abandonnées, coupé de distance en distance les fils télégraphiques, détruit par le feu un pont de bois, sur la route; pourtant ils n'avaient dirigé d'attaque ni contre la Fonwhari, ni contre Téremba.

En somme la situation n'avait guère changé. Depuis quatre semaines que la révolte avait éclaté, on n'avait réussi qu'à brûler un certain nombre de villages et à tuer quelques Canaques. Quant à l'attitude des insurgés, elle était toujours la même, elle avait plutôt empiré. Sur divers points de l'île, tranquilles jusqu'alors, on commençait à sentir des mouvements.

A Bourail, des symptômes alarmants se faisaient voir. Les gens de Nékliaï et ceux d'Adio (Haute-Poya) se battaient entre eux à cause d'un enlèvement de femmes. M. Houdaille, un colon dont la propriété se trouvait entre les tribus belligérantes, se sentait menacé par les deux partis. L'autorité du chef d'arrondissement, qui avait voulu intervenir, avait été complètement méconnue par les naturels.

A Oubatche, les Canaques incendient, le 21 juillet, une habitation et ses dépendances. Par bonheur, la prompte intervention du commandant du *Beautemps-Beaupré*, qui se met en relation avec les chefs indigènes, empêche cet incident de prendre de plus grandes proportions.

Dans tout le nord, les colons sont obligés de faire bonne garde. Eux aussi ont créé des corps de cavaliers, car dans ces parages, il ne s'agit pas de réprimer la révolte, mais de l'empêcher, de la prévenir.

Entre temps, la colonne Rivière s'était établie, à poste fixe, à la Fonwhari, et envoyait, de là, tous les jours des détachements dans la brousse. Le centre de la révolte était la vallée de la Foa, et c'est sur ce point qu'on dirigeait principalement les attaques. Mais les insurgés se gardaient si bien, et se sauvaient toujours si loin, qu'il n'était pas possible de leur donner la chasse d'une façon sérieuse, au milieu des fourrés impénétrables où ils se cachaient.

Cela ne veut pas dire que de temps à autre on ne parvînt pas à tuer quelques indigènes, mais ce n'était pas là étouffer la révolte. La base d'opérations était trop éloignée des lieux de refuge des Canaques. Le commandant Rivière le comprit, aussi demanda-t-il l'autorisation au gouverneur d'établir un poste retranché à la Foa et de se placer ainsi au cœur même du pays insurgé.

L'autorisation obtenue, le poste fut créé. On

était au 12 août, le 24 il devait être achevé. Tout à coup, un bruit singulier, faible d'abord, mais grandissant rapidement, court parmi les soldats et les travailleurs de la Foa: le poste sera attaqué le 24.

D'où vient ce bruit? Personne ne le sait. Pourtant il existe et les événements vont lui donner raison.

Le 21 les Canaques attaquèrent la Moindou (cercle agricole). Ils incendièrent quelques paillottes, surprirent et massacrèrent en plein champ six colons qui, malgré des ordres précis, étaient allés isolément à leur travail.

M. Rivière fit partir aussitôt ses francs-tireurs, qui franchirent huit kilomètres de chemin en trente-cinq minutes, mais ne rencontrèrent plus les Canaques. Ceux-ci s'étaient enfuis à la première alerte.

Le 24 août arriva enfin. La veille le poste palissadé de la Foa avait été armé d'une pièce de 4 de montagne. Malgré l'origine énigmatique du bruit de l'attaque, malgré le peu de vraisemblance d'un mouvement offensif de la part des indigènes, on fit bonne garde ce jour-là; mais on ne vit rien pendant longtemps, déjà l'on se mettait à rire de l'idée saugrenue qui avait occupé tout le monde depuis quelques jours, lorsque, vers 5 heures du soir (les corvées extérieures étaient rentrées et l'on venait de fermer les deux portes charretières qui donnaient accès dans le poste), deux cents Canaques environ surgirent de la brousse, en poussant de grands cris, et se mirent à gravir lestement la pente qui mène au poste.

Aussitôt on court aux armes, mais au lieu de se précipiter vers le point menacé, chacun va s'installer au pourtour de la palissade, à la place qui lui a été assignée d'avance; et bien leur en prend à tous, car à peine les postes de combat sont-ils occupés, que plusieurs centaines de Canaques, sans pousser un seul cri, viennent, en bondissant, s'élancer sur le retranchement par le côté opposé à celui de l'attaque, croyant sans doute que les soldats, à la vue des premiers indigènes, s'élanceraient tous sur le point menacé et laisseraient ainsi une partie de la palissade sans défenseurs. Mais à leur grand désappointement, un feu bien nourri les arrête à mi-chemin, puis les oblige à se réfugier précipitamment derrière un bourrelet de terrain qui leur avait servi d'abri. Quant aux assaillants de la première attaque, ils n'avancent plus, se contentant de hurler et de gesticuler à distance. Pourtant le répit n'est pas de longue durée; voyant que l'assaut ne réussit pas, les indigènes commencent une sorte de bombardement. Ils font pleuvoir sur le poste une grêle de cailloux, lancés au moyen de leurs frondes. Ils envoient aussi quelques balles, car plusieurs Canaques sont armés de fusils, dont ils se servent à ras du sol.

L'attaque du poste de la Foa, concertée et étudiée longuement par les indigènes, devait avoir amené au combat toutes les tribus insurgées de l'arrondissement. Les femmes aussi étaient présentes, et, cachées derrière les niaoulis, excitaient les guerriers par leurs gestes et leurs cris.

La surprise déjouée, l'attaque n'avait plus aucune raison d'être, mais les sauvages s'obstinèrent pendant deux heures à lancer des pierres contre la palissade, sans beaucoup d'effet du reste. Néanmoins un caillou atteignit le surveillant Mercury au front et le renversa à terre; pourtant la blessure n'eut pas de suites; une autre pierre brisa les dents à un condamné; une troisième enfin contusionna un soldat à l'épaule.

La lutte prit fin avec la nuit et les Canaques se retirèrent dans les bois, abandonnant pour toujours l'idée d'attaquer le poste.

Cette affaire dut évidemment coûter la vie à

quelques naturels, à en juger par les taches de sang répandues dans la brousse. Pourtant on ne trouva point de cadavres, ce qui, du reste, est fort naturel, car les assaillants doivent avoir eu soin d'enlever leurs morts. On a su plus tard, par des prisonniers, que le chef Moraï, l'allié et le complice d'Ataï, avait été tué pendant l'action.

A l'époque où l'on construisait le poste de la Foa, le commandant Rivière avait créé un nouveau corps, plus apte que la troupe de ligne à cette guerre de brousse, où le soldat doit être doublé d'un chasseur, doit posséder une parfaite connaissance de la vie des bois, y être habitué et marcher avec autant de facilité au milieu des lianes et des fourrés que sur les chemins battus.

Les dix-huit francs-tireurs servirent de noyau à cette guérilla. On leur adjoignit six autres marins et six autres déportés; puis on arma résolûment vingt condamnés désignés par M. Hayes (le directeur du pénitencier agricole), non comme les mieux notés, mais comme les plus capables de servir dans les coups de main qu'on allait tenter. Ces transportés furent placés sous la direction du surveillant Mercury (un ancien sous-officier de l'armée), qui recevait ses ordres du chef des francs-tireurs, l'enseigne de vaisseau Le Golleur. Comme ce dernier ne connaissait pas la brousse, on lui donna pour guide M. Gallet, un géomètre, qui connaissait à fond le terrain des environs.

D'après M. Gallet, il fallait, pour réussir, changer à tout prix, le système de marche employé jusqu'alors. Dans les différentes opérations qui s'étaient succédé depuis deux mois, la troupe avait toujours suivi les routes et les sentiers du pays; naturellement, les Canaques, qui n'avaient qu'à surveiller les divers passages praticables, étaient toujours renseignés, avec la plus grande exactitude, sur les mouvements des soldats, et parvenaient ainsi à leur échapper sans peine. Il s'agissait donc de laisser les chemins battus, de s'enfoncer dans la brousse et de se frayer un passage à travers les lianes. C'est dans ce but que l'on venait de créer, ou plutôt d'agrandir le corps des francs-tireurs.

Le 26 août, une heure avant le jour, les francs-tireurs se mirent en route et inaugurèrent le nouveau système de combat, dont le bon succès ne se fit pas attendre. Au petit jour, ils tombèrent sur un parti de révoltés, qui avait bien eu soin de garder les abords de son campement, du côté des sentiers, mais qui avait négligé d'en faire autant du côté de la brousse.

Le chef de la bande était déjà levé et se promenait tranquillement au milieu des dormeurs. Tout à coup il aperçoit les blancs; la surprise et la terreur le clouent sur place. M. Gallet l'abat d'un coup de fusil. Malheureusement, le bruit du coup de feu donne l'éveil, les Canaques bondissent de tous côtés dans le taillis et s'échappent non sans perdre quelques-uns des leurs.

Sans s'arrêter davantage, la colonne continue son chemin, espérant surprendre d'autres campements. En effet, à quelque distance du premier, elle en trouve un second. Mais là tout le monde est sous les armes. On attend. En voyant les Français, les Canaques poussent des hurlements et lancent leurs pierres de fronde; mais les francs-tireurs, animés par la chasse, poussent, eux aussi, un cri de guerre, et mettant la baïonnette au canon, courent droit aux insurgés qu'ils poussent pêle-mêle devant eux.

Cependant la brousse s'emplit de bruits; de toutes parts les sauvages accourent. Ils forment, comme d'habitude, un cercle autour des assaillants; cercle qui doit aller se rétrécissant, et dont les bords vont converger sur le centre. La position devient critique; le clairon Duteich (de la 5ᵉ compagnie), qu'on avait adjoint au corps franc, sonne la *casquette*, signal convenu pour demander du secours. Il est décoiffé pendant l'action, ainsi que l'illustre maréchal désigné par la légende, comme l'auteur involontaire de la sonnerie que Duteich lance, à pleins poumons, aux échos d'alentour. Mais rien n'émeut le brave clairon; il sonne, il sonne toujours.

Toutefois, le nombre des Canaques augmente. Il faut rompre à tout prix le cercle qui s'est formé. MM. Le Golleur et Gallet imaginent une feinte. Les francs-tireurs se forment en colonne, et, faisant mine de vouloir abandonner la lutte, se replient à toute vitesse sous bois. Le cercle se rompt aussitôt; les Canaques se groupent à leur tour pour attaquer l'ennemi en fuite; mais au même instant la troupe fait volte-face; Duteich sonne la charge, et avec de grands cris, la baïonnette croisée, les francs-tireurs culbutent et dispersent les sauvages.

Tout le monde reprend alors le chemin du poste, mais deux ou trois fois encore, sur le parcours, les Canaques se montrent, non pour assaillir ou pour envelopper la colonne, mais pour lui envoyer quelques cailloux. On les écarte à coups de fusil, et l'on revient joyeux et content chez soi, heureux d'avoir surpris une fois ces insaisissables révoltés.

A la suite de ce premier succès, qui indiquait clairement la manière pratique de réduire les insurgés, le commandant Rivière fit organiser, avec l'autorisation du gouverneur, une battue générale pour le 1er septembre.

La base d'opérations fut, comme précédemment, la Foa. Pour seconder les troupes, M. Servan, qui était retourné à son poste, amena deux cents Canalas.

« Voici, dit M. Rivière, les dispositions que l'on prit. Tandis que le commandant Pasquier resterait avec très-peu de monde à la Fonwhari, le lieutenant Cluzel, ayant Neigre[1] pour guide, en partirait avec trente hommes pour occuper au sud de la vallée le gué d'Amboa et en défendre le passage aux révoltés. Un petit détachement prenait position dans les marais qui s'étendent à gauche de la Fonwhari à Téremba, afin de recevoir ceux des fuyards qui auraient échappé au gué d'Amboa. Ces fuyards trouveraient ce poste devant eux et, sur leur gauche et sur leur droite, Téremba et la Fonwhari. En outre, au delà de la route, Vanauld, après n'avoir laissé que quelques soldats à Téremba, échelonnerait une ou deux embuscades

---

1. M. Neigre était géomètre.

dans la direction de Moindou à la Fonwhari et, de sa personne, avec une trentaine de ses soldats et de ses francs-tireurs, suivrait les crêtes de Moindou à Farino. Au nord de la vallée, les cavaliers Boutang seraient chargés de garder le chemin des Bœufs et le sentier de la Foa à Bouloupari. Au delà, en seconde ligne, vers le nord-est, Vaux-Martin, avec ses éclaireurs à cheval, se tiendrait aux montagnes Rouges. A l'ouest même de la vallée, sur un espace qui, par suite des embuscades, devenait relativement étroit, il y avait le poste de la Foa. Lafond et moi, nous nous y tiendrons avec quelques hommes. Restait le côté est. Il confine à la vallée de Poquereux, aux montagnes d'Aréki, à la baie Chambeyron. Faute de monde et de temps, à cause de la distance à parcourir et des chances d'éveiller l'attention des Canaques, il n'était point possible de le garder à l'avance. C'est par un mouvement qui se ferait du poste même de la Foa qu'on s'occuperait de lui. Trois colonnes partiraient du poste. Deux d'entre elles contourneraient la vallée : l'une par le sud, l'autre par le nord, et l'enserreraient jusqu'à se rejoindre à l'est ; la troisième irait droit devant elle de l'ouest à l'est et se réunirait aux deux premières. En supposant que dans leur marche les colonnes n'eussent pas trouvé les Canaques, elles se rabattraient en demi-cercle vers le poste et les rencontreraient au retour. Il y avait une dernière entreprise, mais celle-là distincte des autres. On supposait que les tribus des environs de Moindou s'étaient établies au treizième kilomètre de la route de Moindou à Bourail, dans des bois épais qui ont des retraites presque inaccessibles de grottes et de fourrés. Maréchal, au 1er septembre, devait fouiller ces bois avec ses quarante colons armés et dix de ses soldats. »

Le 1er septembre, à 5 heures du matin, les dernières dispositions sont prises en silence et avec les plus grandes précautions. M. Boutang part avec ses cavaliers; M. de Vaux-Martin avec ses éclaireurs. Les trois colonnes qui doivent opérer de la Foa se mettent en marche. « Celle de droite, dit le commandant Rivière, Le Golleur-Gallet, a dix-huit francs-tireurs, douze Mercury et trente Canaques. Celle de gauche, commandée par Servan, se compose de vingt soldats du lieutenant Auzeille, de quinze soldats du poste, de cinq francs-tireurs, de cinq Mercury et de cent cinquante Canalas que conduit Nondo. Becker, au milieu, a quinze de ses soldats avec le sergent-major Artus, dix Auzeille, cinq francs-tireurs,

cinq Mercury et vingt Canalas. » Le capitaine de
frégate Rivière, comme nous le savons déjà, s'est
installé lui-même au poste de la Foa, gardé par
le capitaine Lafond.

La matinée se passe sans aucun bruit; vers
10 heures pourtant, on entend distinctement des
cris canaques et des coups de feu. A 11 heures,
on annonce la colonne Servan. Elle s'avance
rapide, joyeuse, conduisant au milieu de ses
rangs un troupeau de cinquante-huit Canaques
prisonniers. A un signe de M. Servan, la colonne
s'arrête. Les Canalas, brandissant leurs armes,
poussent leur cri de guerre et Nondo, avec la
solennité et le sérieux dont se pare le Canaque
dans les grandes occasions, dépose aux pieds de
M. Rivière quatre corbeilles en feuilles de bananier, d'où il sort quatre têtes fraîchement coupées.

Voici ce qui s'était passé. La colonne Servan
avait surpris un camp d'insurgés, qui, à l'approche de l'ennemi, se sont enfuis dans les bois.
Pourtant les alliés étaient parvenus à tuer ou
blesser neuf sauvages et à faire prisonniers ceux
qu'ils ramenaient, parmi lesquels on voyait des
femmes et des enfants.

A midi, l'on signale une seconde colonne, c'est
celle de MM. Le Golleur et Gallet. Elle arrive,

comme la première, au pas redoublé, fière et contente de soi-même. Celle-ci n'amène point de prisonnier, mais les Mercury (c'était le nom des transportés armés comme francs-tireurs) ont des têtes au bout de leurs baïonnettes. La colonne s'arrête aussi devant le capitaine de frégate. Les Canalas poussent leur cri de guerre; les marins, les déportés et les Mercury font chorus. On enlève les têtes du bout des baïonnettes et on les aligne sur une table. Il y en a sept. Quelques hommes du poste les reconnaissent; ils donnent les noms; on accourt de tous côtés. Cette fois, la révolte a reçu un coup mortel dans l'arrondissement d'Uaraï, ces trophées sanglantes le prouvent; ce sont les têtes d'Ataï, de son fils, de son takata (médecin-sorcier) et de quatre de ses guerriers.

De même que la colonne Servan, la colonne Le Golleur-Gallet était tombée sur un campement d'insurgés : c'était celui d'Ataï et de ses gens. Dès que les Canaques du grand-chef aperçurent les blancs, ils s'enfuirent de tous côtés, abandonnant tout, laissant leur chef, son fils, son takata et quatre guerriers seuls aux prises avec l'ennemi. Ataï tenait à la main un sabre de gendarmerie provenant du pillage de la Foa, mais il n'eut pas le temps de s'en servir, car une sagaïe lancée par un Canala lui traversa le bras. Deux autres indigènes alliés s'élancèrent sur lui et l'abattirent à coups de hache. Ses compagnons, cernés de toutes parts, ne tardèrent pas, eux aussi, à tomber sous les coups.

A 1 heure, la colonne Becker rentrait à son tour. Elle avait rencontré et poursuivi les fuyards, en avait tué quelques-uns et ramenait des femmes et des enfants. Puis vinrent les cavaliers Boutang et de Vaux-Martin. Des Canaques s'étaient sauvés de leur côté, mais ils les avaient chargés et obligés de retourner dans la brousse.

Dans l'après-midi des nouvelles arrivèrent de la Fonwhari et de Téremba. Le détachement Cluzet avait fermé le passage d'Amboa aux fuyards du campement d'Ataï qui avaient tenté de s'échapper de la vallée, mais pour ne pas quitter son poste d'observation, il ne les avait pas poursuivis. M. Vanauld, après une course longue et fatigante, était revenu à Téremba sans rien avoir vu. A la Moindou, le lieutenant Maréchal avait eu plus de chance, il avait rencontré les Canaques dans les bois du treizième kilomètre, et après une sérieuse affaire, où il eut deux hommes blessés, il avait tué Baptiste, le chef des Moindous, sa fille et un indigène, et détruit plusieurs campements.

Le 1er septembre porta le coup décisif à la révolte dans l'arrondissement d'Uaraï, mais elle ne l'étouffa pas complètement. Il fallut parcourir le pays pendant plusieurs mois encore pour obtenir la pacification pleine et entière des tribus. Nous résumerons les derniers événements d'Uaraï en disant que l'on tua de temps à autre encore quelques Canaques; que beaucoup d'entre eux, pressés par la faim et la misère, se rendirent à merci, et que l'on fit prisonnier ce qui restait. Ces insurgés, d'après les ordres du gouverneur, furent en majeure partie déportés, les uns à l'île des Pins, les autres aux îles Bélep.

Voilà ce qui se passa dans l'arrondissement d'Uaraï après la mort du promoteur de l'insurrection. Mais si la battue du 1er septembre porta le grand coup aux tribus d'Ataï, d'Areki et consorts, il n'en fut pas de même ailleurs. Le 11 septembre, les Canaques de Nekliaï, pour qui M. Houdaille avait imprudemment pris parti, et pour qui il avait acheté des armes à Nouméa, jetant brusquement le masque, firent cause commune avec leurs ennemis, les indigènes d'Adio, cimentant leur nouvelle alliance par l'assassinat du malheureux M. Houdaille, ainsi que de ses compagnons et de leur propre chef Mavimoin. Les tribus de l'arrondissement de Bourail, répondant aussitôt par un soulèvement général, massacrèrent les colons et recommencèrent les scènes d'Uaraï et de Bouloupari.

Après Bourail, ce furent les tribus de Gomen qui se soulevèrent. Il serait trop long, et, de plus, le cadre de cet ouvrage ne nous permet pas d'entrer dans les détails de toutes ces expéditions; nous nous contenterons de dire que les choses se passèrent, dans ces diverses régions, à peu près de la même manière qu'à Uaraï. L'on se servit partout des tribus alliées pour combattre les rebelles, et la fin de l'histoire fut la déportation des coupables. Ainsi que le commandant Rivière avait agi à Uaraï, le chef d'escadron d'artillerie Bagay à Bouloupari, de même opérèrent le commandant de Maussion à Bourail et le lieutenant-colonel Wendling à la Poya et à Gomen.

Dans le cours de ces expéditions, il y eut des blessés et quelques morts du côté des blancs. L'infanterie de marine eut à regretter la perte du sous-lieutenant Rochel, mort à 23 ans, frappé d'une balle au cap Goulvain, à l'attaque d'un retranchement indigène.

Ajoutons, à titre de renseignement, que la

Loire était arrivée à Nouméa le 26 octobre amenant des troupes de France, et la *Dive* mouilla dans le même port quelques jours plus tard. Dans les premiers jours de novembre, les tribus révoltées de la Poya furent cernées et prises par trois colonnes, qui pendant l'action tuèrent une centaine de Canaques.

A la suite de tous ces combats, de nombreux postes furent établis dans le pays, les redditions se firent peu à peu, et vers le mois d'avril 1879 on put enfin croire l'insurrection éteinte et la paix assurée. Dieu veuille qu'elle ne soit jamais plus troublée.

NOTES.

LISTE CHRONOLOGIQUE DES GOUVERNEURS.

M. FEBVRIER-DESPOINTES (Auguste), contre-amiral, commandant en chef les forces navales françaises dans la mer Pacifique, prend possession de la Nouvelle-Calédonie et de ses dépendances le 24 septembre 1853, et la quitte, à bord du *Catinat*, le 1er janvier 1854.

M. TARDY DE MONTRAVEL, capitaine de vaisseau, arrive en janvier 1854, à bord de la *Constantine*, fait reconnaître l'autorité de la France par la plupart des chefs de l'île, fonde Port-de-France, aujourd'hui Nouméa, et quitte la colonie le 31 octobre 1854.

De 1853 à 1860, la Nouvelle-Calédonie est placée sous les ordres supérieurs du gouverneur des établissements français de l'Océanie, commandant la subdivision navale de l'Océanie et, en l'absence du gouverneur, un commandant particulier dirige l'établissement de la Nouvelle-Calédonie.

M. DU BOUZET, capitaine de vaisseau, nommé gouverneur des établissements français et commandant de la subdivision navale de l'Océanie par décret du 22 mars 1854, arrive dans la colonie le 18 janvier 1855, à bord de l'*Aventure*, et la quitte définitivement le 26 octobre 1858. Il remet le service au commandant particulier.

M. Testard, chef de bataillon d'infanterie de marine, commandant particulier, prend possession de son emploi en janvier 1855. Il dirige le service général en l'absence du gouverneur.

M. du Bouzet part pour la France sur le *Duroc*, le 4 juin 1855, et revient à la Nouvelle-Calédonie le 5 mai 1857.

Pendant cette absence :

M. Le Bris, capitaine de corvette, commandant la *Bayonnaise*, exerce le commandement supérieur de la Nouvelle-Calédonie et dépendances à partir du 26 mai 1856.

M. Testard quitte la colonie le 21 décembre 1858 et est remplacé provisoirement par

M. Roussel, capitaine du génie, jusqu'au 20 mars 1859.

M. Durand, chef de bataillon d'infanterie de marine, prend les fonctions de commandant particulier du 20 mars 1859 au 1er juillet 1860.

M. Saisset, capitaine de vaisseau, nommé gouverneur des établissements français et commandant de la subdivision navale de l'Océanie le 19 mai 1858, arrive dans la colonie le 22 mai 1859, à bord de la *Provençale*, et part pour la France le 2 avril 1860.

Par décret du 14 janvier 1860, la Nouvelle-Calédonie et ses dépendances sont séparées des autres établissements français de l'Océanie et érigées en colonie distincte, sous l'autorité d'un commandant, à dater du 1er juillet 1860. L'emploi de commandant particulier est supprimé à la même date.

M. Durand, chef de bataillon d'infanterie de marine, est nommé par décret du 14 janvier 1860, commandant de la Nouvelle-Calédonie et dépendances, pour compter du 1er juillet de la même année. Il est promu lieutenant-colonel le 14 juin 1861, et remet le service, le 2 juin 1862, à M. le capitaine de vaisseau Guillain.

M. Guillain, capitaine de vaisseau, est nommé gouverneur de la Nouvelle-Calédonie et dépendances, par décret du 14 décembre 1861, et chef de la division navale par décret du 17 mars 1862. Est promu contre-amiral le 4 mars 1868, et part pour la France en congé le 13 mars 1870.

M. Ruillier, lieutenant-colonel d'infanterie de marine, prend la direction de la haute administration de la colonie pendant l'absence de M. le contre-amiral Guillain, par décret en date du 17 juin 1869. Cet officier supérieur continue ses fonctions jusqu'au 26 août 1870.

M. E.-G. de la Richerie, capitaine de vaisseau, nommé gouverneur de la Nouvelle-Calédonie et dépendances par décret du 11 juin 1870, arrive à Nouméa le 26 août suivant.

M. Alleyron, colonel d'infanterie de marine, commandant militaire, prend par *interim* les fonctions de gouverneur, M. de la Richerie est rappelé en France le 25 septembre 1874.

M. de Pritzbuer, capitaine de vaisseau, nommé gouverneur par décret du 7 octobre 1874, arrive dans la colonie le 27 février 1875. Est promu contre-amiral le 9 mars 1876. Rappelé en France sur sa demande, il remet le service, le 11 avril 1878, à

M. Olry, capitaine de vaisseau, nommé gouverneur par décret du 8 janvier 1878. Rappelé en France sur sa demande, il remet le service le 8 août 1880 à

M. Courbet, capitaine de vaisseau, nommé gouverneur par décret du 26 mai 1880. Est promu contre-amiral le 18 septembre 1880.

(Annuaire de la Nouvelle-Calédonie.)

LISTE CHRONOLOGIQUE

DES

COMMANDANTS MILITAIRES.

(Emploi créé par décret du 18 avril 1872.)

MM. ALLEYRON, colonel, nommé par décret du 18 avril 1872.

HERBILLON, prend par *interim* les fonctions le 25 septembre 1874.

GALLY-PASSEBOSC, nommé par décret du 22 juin 1874, prend les fonctions le 1er septembre 1875 et meurt le 4 juillet 1878.

WENDLING, prend par *interim* les fonctions le 4 juillet 1878.

OUTRÉ, nommé par décret du 27 avril 1878, prend les fonctions le 26 octobre 1878.

LIGIER, colonel, nommé par décret du 6 septembre 1880, prend les fonctions le 1er novembre 1880.

(*Annuaire de la Nouvelle-Calédonie.*)

TABLE DES MATIÈRES.

———

Strasbourg, imprimerie de R. Schultz & Cⁱᵉ.